KB266994

공익개발론

공익개발론

ⓒ 전병구, 2026

초판 1쇄 발행 2026년 2월 24일

지은이   전병구
펴낸이   이기봉
편집   좋은땅 편집팀
펴낸곳   도서출판 좋은땅
주소   서울특별시 마포구 양화로12길 26 지월드빌딩 (서교동 395-7)
전화   02)374-8616~7
팩스   02)374-8614
이메일   gworldbook@naver.com
홈페이지   www.g-world.co.kr

ISBN   979-11-388-5513-6 (03320)

공익개발론

| 불평등을 키운 땅에 관한 이야기 |

전병구 지음

좋은땅

　도시는 단순한 공간이 아니다. 도시에는 사람들의 삶이 담기고, 세대의 꿈이 이어지고, 공동체의 운명이 결정되는 공간이다. 그러나 오늘날 우리가 서 있는 자리에서 도시를 바라보면, 그것은 더 이상 희망과 기회의 상징만은 아니다. 화려한 빌딩과 아파트 단지 뒤에는 치솟는 집값과 불평등하게 쌓이는 자산들 그리고 소외된 시민들의 삶의 그림자가 드리워져 있다. 한국, 특히 서울은 이러한 현실이 가장 극명하게 드러나는 곳 중에 하나다.

　서울의 주택 가격은 세계 주요 수도들과 비교해도 상위권에 속한다. 뉴욕이나 런던 못지않게 집을 사기가 어렵다는 말을 과장으로 여긴지 오래이며, 이제는 넘을 수 없는 장벽이 되었다. 더 큰 문제는 소득 대비 집값이 지나치게 높아, 젊은 세대와 서민층이 내 집 마련은커녕 안정적인 거주조차 힘들어졌다는 점이다. 통계에 따르면 서울 시민이 평균 소득을 한 푼도 쓰지 않고 모아도 집 한 채를 사기까지 수십 년이 걸린다. 이는 단순히 시장의 문제가 아니라, 사회의 정의와 공정성, 그리고 공동체의 지속 가능성과 직결되는 심각한 문제이다.

　역사를 돌이켜보면, 이 질문은 오래전부터 인간 사회가 풀지 못한 숙제였다. 고대의 아리스토텔레스는 사유재산의 필요성을 강조했지만 동시에 공공선을 위해 재산이 사용되어야 한다고 보았다. 근대의 존 로크는 노동을 통해 얻은 재산권을 옹호했지만, 동시에 공동체의 생존을 해치지 않는 선에서만 정당화될 수 있다고 말했다. 루소는 사유재산의 출현이 불평등의 시작이라 지적했으며, 헨리 조지는 토지의 불로소득을 환수해 사회 전체의 이익으로 돌려야 한다고 주장했다. 이러한 사상들은 오늘날 우리의 고민과도 깊게 연결된다.

도시개발 현장에서 20년 가까이 일해 온 나는 이 문제의 뿌리가 토지에 있다는 사실을 늘 실감해 왔다. 도시의 토지는 개인이 땀 흘려 만든 것이 아니라, 보상 협의와 강제수용에 행정력이 결합하여 만든 것으로 이는 사회 공동체가 만들어 낸 산물이다. 이는 누구에게나 열려 있어야 할 자연과 같다. 일반 토지가 도시 용지로 바뀌는 순간, 그 가치는 폭발적으로 상승한다. 그 과정에서 생겨난 막대한 개발이익은 지금까지 대부분 대기업과 일부 개발업자, 소수의 자산가의 손에 들어갔다. 도로와 학교, 공원 같은 사회 기반 시설은 모두 토지에서 비롯되는데, 정작 그 이익은 사회가 아니라 특정 집단의 전유물이 된 셈이다. 이러한 현재의 사회 규칙이 과연 공정한가에 대한 의문이 생겨났고, 현재의 불공정한 사회구조를 바로잡아야 한다는 생각이 '공익개발'을 고민하게 된 출발점이다.

토지를 둘러싼 논의는 인류 역사만큼 오래됐다. 어떤 사상가는 토지를 차지하고 일하는 사람이 소유할 권리가 있다고 말했고, 또 다른 사상가는 사유재산이야말로 불평등의 시작이라고 주장했다. 시대와 나라에 따라 관점은 달랐지만, 핵심 질문은 늘 같았다. "땅에서 생겨난 이익은 누구의 것인가?"

　오늘날 한국의 상황은 이 질문이 얼마나 절실한지를 잘 보여준다. 한국은 소득 불평등보다 자산 불평등, 특히 부동산 격차가 더 큰 사회다. 같은 도시 안에서도 어떤 사람은 아파트 두세 채를 갖고 임대 수익을 얻는 반면, 어떤 사람은 평생 집을 사지 못하고 월세에 의존한다. 더구나 우리나라 특유의 전세 제도는 겉보기에는 임대료 부담을 줄여 주는 것 같지만, 사실은 집값 거품을 더 키우는 역할 또한 해 왔다. 집주인들은 월세 대신 전세보증금으로 금융 이자를 충당하거나 대출을 갚을 수 있었고, 세입자는 선진국에 비하여 일시적으로 월세를 줄일 수 있었지만, 그 결과는 결국 더 비싼 매매가격을 형성하고, 이는 다시 임대료를 상승시켜 세입자를 더욱 옥죄는 방향으로 흘러왔다. 이러한 현상으로 한국의 부동산 시장은 자산 불평등이 OECD 국가들 가운데서도 가장 심각한 수준으로 심화시켰다. 소득 불평등은 비교적 완화된 편이지만, 자산의 집중은 그 자체로 세대를 가르는 장벽을 이룬다. 특히 부동산은 한국 가계 자산의 70% 이상을 차지하며, 이는 미국이나 유럽 주요국(50% 내외)에 비해 현저히 높은 수치다. 이러한 자산 구조는 집값 상승을 단순한 개인의 문제를 넘어 사회적 위기로 만든다. 더 큰 문제는 임대시장에서도 나타난다. 한국의 전세 제도는 선진국에서 찾아볼 수 없는 독특한 방식으로 임대료 부담을 완화하는 듯 보인다. 전세보증금을 월세로 환산하면, 서울의 임대수익률은 선진국 주요 도시보다 낮게 나타난다. 그러나 이는 착시이다. 뉴욕이나 런던에서의 임대수익률에 비하여 서울은 절반 수준에 머무르는 현상은 한국이 임대 수익보다 자산가치 상승에 기대는 구조임을 보여 준다. 다시 말해, 임대료는 낮은 듯 보이지만 상승 폭과 매매가격이 비정상적으로 높고, 빠른 상승주기는 전체 주거비 부담을 훨씬 무겁게 만든다. 결국 전세 제도는 임대시장의 안정성을 높이거나 과거 서민의 목돈마련을 보조하는 장치였으나, 현재는 주택 가격 거품을 은폐하는 메커니즘이 된 셈이다.

이런 구조 속에서 나는 새로운 길을 제안하고 싶다. 바로 공익개발이다. 공익개발은 공공이 직접 땅을 사고 짓는 방식이 아니다. 대신 민간의 자본과 공공의 제도를 결합해 개발을 추진하되, 개발로 생긴 이익은 개인이 아니라 사회에 환원하는 것을 원칙으로 한다. 민간이 투자한 비용과 금융 이자는 정당하게 보상하되, 토지 용도 변경과 같이 제도적 결정으로 생겨난 초과 이익은 모두 시민의 몫으로 돌리는 것이다. 이것이야말로 개발의 정의를 바로 세우는 길이며, 이익 귀속의 공정이라고 믿는다.

누군가는 묻는다. "과연 그런 제도가 가능할까?" 하지만 생각해 보면, 지금의 방식이야말로 가능하지 않은 길이 아닐까? 한정된 땅에서 끝없이 오르는 집값, 부모 세대의 자산에 따라 자녀 세대의 삶에 관한 기회가 갈라지는 현실, 이런 구조를 그대로 두는 것이야말로 우리 사회의 지속을 불가능하게 만든다. 공익개발은 단순히 새로운 도시정책이나 제도를 의미하지 않는다. 그것은 우리가 살아갈 공동체의 방향을 묻는 질문이자, 불평등을 넘어서는 하나의 해법이며, 우리 사회의 공정에 관한 문제이다.

공익개발론은 불평등에 관한 첫 번째 이야기로 그 여정을 독자와 함께 나누려 한다. 토지와 집은 단순히 돈을 버는 수단이 아니라, 우리 모두와 다음 세대가 인간답게 살아가기 위한 터전이다. 그렇다면 그 터전의 개발에서 생겨나는 이익 역시 모두의 것이 되어야 하지 않을까. 공익개발은 그 당연한 원칙을 사회적 합의로 구현하려는 시도다. 이 책을 펼치는 순간, 우리는 함께 새로운 길을 모색하게 될 것이다. 그리고 그것이 한국 사회에 어떤 변화를 가져올 수 있는지를 함께 고민할 것이다. 독자 여러분께 바라는 것은 단순히 제도의 찬반을 넘어, 토지와 인간적 삶, 도시개발 이익에 관한 공정 문제를 함께 공유하는 것이다. 도시는 인간의 얼굴을 닮는다. 앞으로 우리가 만들어갈 도시가 어떤 얼굴을 가질지는, 지금 우리가 어떤 선택을 하느냐에 달려 있다. 공익개발은 그 선택의 출발점이 될 수 있다. 우리는 더 정의롭고, 더 지속 가능하며, 더 인간적인 도시를 만들어야 한다.

필자는 자본주의를 넘어설 대안을 찾기보다는, 자본주의를 성숙시키는 제도로서 공익개발을 설계하고자 하였다. 헨리 조지에 이은 토지 철학 논쟁을 21세기형으로 재탄생 시키고자 한다. 그러한 관점에서 부의 불평등에 앞서 공정의 관점에서 20년의 토지개발 경험을 되돌아보면서, 현실의 관점에서 미래를 설계해 보고자 한 책이다.

"다음 세대에 재산을 남기는 것보다 중요한 것은,
그들이 공정한 환경 속에서
살아가도록 공정한 제도를 만드는 것이다."

공익개발을 위한 선언

　나는 오늘, 인류가 오랫동안 외면해 온 한 가지 질문 앞에 서 있다. 왜 토지라는 근본적이고 한정된 자원이 강제수용과 행정적 형질변경을 통해 막대한 이익을 만들어 낼 때, 그것이 특정인의 투자 이익으로 정당화되는가? 왜 사회 전체의 공적 개입으로 발생한 이익이 사적 소유로 환원되는 부정의를 우리는 수 세기 동안 묵인해 왔는가?

　이 물음은 단순히 제도나 법률의 기술적 허점을 넘어, 인류의 도덕적 무게를 가리킨다. 무지 때문이 아니었다. 철학자와 사상가, 종교인과 시민운동가들은 이미 오래전부터 이 문제를 직시했고, 언론은 대장지구와 같은 사회구조를 비판해 왔다. 그러나 이해관계, 욕망, 그리고 권력의 저항이 정의를 가로막았다. 우리는 알면서도 모른 척했고, 깨닫고도 거부했다. 그 결과, 수많은 세대는 불평등을 당연한 듯 이어받아야만 했고, 다음 세대를 이어 갈 우리들의 청년들은 부동산 문제로 자립의 희망조차 잃어 가고 있다.

　헨리 조지는 19세기 산업자본의 거센 소용돌이 속에서 이 불평등의 뿌리를 토지에서 찾았다. 그의 토지 단일세 주장은 분명 정치적이었고, 현실적 한계도 컸다. 하지만 그가 던진 근본적 메시지 "토지는 인간의 노동으로 창조된 것이 아니며, 따라서 사회적 분배가 요구된다는 점"은 여전히 우리를 일깨운다. 나는 그가 모든 세금을 폐지하고 토지세 하나로 사회가 유지될 수 있다고 믿었는지에 대한 비판보다, 그가 진보 속의 가난과 벼랑 끝 노동자를 외면하지 않았다는 큰 이유에서 깊이 있는 인간적 동지애가 느껴진다.

그렇다면 오늘 우리는 어디에 서 있는가? 세계 인구 82억 명이 살아가고 있는 지금, 여전히 도시개발의 이익은 일부 특권층에게 집중되고, 공공은 보상금이나 형식적 절차로만 위무 된다. 강제수용은 평화로운 거래가 아니며, 그로 인한 개발이익을 사적 투자라 부르는 것은 사회 정의에 역행한다. 그럼에도 인류는 침묵하며 외면해 왔고, 이러한 무력감 앞에서 절망이 파도처럼 밀려온다. 그러나 동시에 깨닫는다. 그것은 절망이 아니라 우리 사명의 근원일 수 있다는 것을.

내가 바라는 공익개발은 단순히 부동산 개발이익을 다시 나누는 제도가 아니다. 그것은 인간의 존엄을 회복하는 실험이며, 다음 세대를 위한 유산이다. 도시 속의 대규모 공원, 공원 속의 도서관, 사회적 약자를 위한 커뮤니티시설 등, 누구나 누릴 수 있는 생활 기반 시설은 현재 세대의 휴식이자 현재의 우리가 미래 세대에게 물려주어야 할 삶의 기회이자 기반이다. 이것이 바로 우리가 개발이익을 공익으로 돌려야 하는 이유다. 공익개발에서 개발이익에 대한 사용 결정은 무지의 베일 속에서 결정되어야 한다. 이는 특정 세대와 특정인의 이익과 영향으로부터의 완전한 배제를 의미한다.

역사를 돌아보면 정말 많은 철학자, 사상가, 정치가, 종교, 시민단체가 옳음을 보았지만, 그것을 완성 시키는 데에는 억 겹의 시간이 걸렸다. 노예제를 폐지하는 데도 수천 년이 흘러 19세기에 끝났고, 여성의 참정권도 수많은 저항과 핍박 속에서야 가능했다. 이러한 변화들이 너무 늦었지만 결국 일어났다는 점은 인류의 이성이 결코 완전히 무력한 건 아니라는 희망을 보여 준다. 토지에 관한 철학은 질문에서 시작하지만, 이제는 제도로 이어져야 한다. 수많은 선조가 멈춘 자리에서 우리는 다시 걸음을 내디뎌야 한다. 이해관계와 권력의 저항을 넘어, 사회 전체가 누려야 할 몫을 회복해야 한다. 그것이 정의다. 그리고 그 정의는 추상적 이상이 아니라 구체적 정책과 도시 공간으로 실현되어야 한다.

나는 이 글을 선언문이라 부른다. 그러나 이는 고정된 문장이 아니라 살아 있는 약속이다. 나와 같은 시대를 사는 이들이, 그리고 아직 태어나지 않은 다음 세대가, 더 이상 불의한 체제를 물려받지 않도록 하기 위한 약속이다. 우리가 외면해 온 질문들에 대하여 이제는 응답할 때다. 우리는 그 대답을 더 이상 미룰 수 없다. 이유는 명확하다. 우리는 현재 자라거나 오늘 이후에 태어날 다음 세대의 부모이기 때문이다.

제4장 토지공개념과 토지공정재

제5장   공익개발[PIO development]

제6장   세계의 비영리 개발-공익개발과의 비교 연구

토지에 대한
시대적 사상과 철학

인간의 삶에 있어서 토지는 매우 중요한 요소이다. 원시공동체(또는 원시공산체)는 남자가 수렵이나 어로에 종사하고, 여자는 간단한 농경이나 육아에 종사하는 사회로서 상대적 계급관계도 없었다고 한다. 생산물은 사회 전체의 소유이고, 평등하게 분배되었다는 의미에서는 공산제로 보는 견해가 많다. 그러나 농경과 목축을 하게 되면서 혈연을 매개로 씨족공동체 사회가 구성된다. 하지만 이러한 씨족공동체 또한 여전히 보잘것없는 생산도구의 사용으로 생산력 또한 매우 낮았기 때문에 집단적 노동 활동 없이는 생활의 유지가 어려웠고 특히 자연이나 맹수로부터 위험을 막을 수도 없었을 것이다. 씨족공동체는 다른 부족으로부터 침공을 막기 위해 남녀노소의 순서에 따라 상하 관계를 구별하여 내부적 조직화를 도모한다. 창, 활, 토기, 직물 등 다양한 기술의 발달과 동물의 가축화 등에 의하여 채취 경제에서 농업 목축 생산 경제로 옮아감에 따라 가족 단위 생존을 기준으로 채취나 사냥 활동과 같은 공동노동의 필요성이 적어지게 되어 수확물이나 토지에 대한 사적 점유의 시대가 시작되고, 부족 간의 정복에 따른 토지와 수확물 등의 수탈로 인류 최초 사유재산제와 계급사회가 형성되면서 원시공동체는 해체되고 인류는 노예제사회로 옮겨간다. 사유재산제 즉 소유에 관한 철학적 담론은 기원전 380년경 철인 정치론을 전개한 플라톤에서 찾아볼 수 있다. 플라톤은 아카데메이아(Ἀκαδημ(ε)ια) 학원을 건립하고 제자 양성에 전력하며 『국가』(Politeia)를 저작한다. 그는 『국가』 제5권에서 "어떤 사람도 개인적인 소유를 가져서는 안 되고, 모두가 형제처럼 공동의 재산을 사용해야 한다."라고 주장하며, 모두가 공동의 재산을 갖고 살아야 정의와 조화가 유지된다고 보았으며, 소유는 이기심과 분열을 낳는 씨앗으로 보았다. 반면에 그의 제자 아리스토텔레스(Aristotle)는 정치학(Politics) 2권에서 플라톤이 말한 이상국의 이론이나 현실의 최선이라고 하는 스파르타와 크레타 등의 국가 제도를 비판하며, "재산은 공동보다는 사적으로 소유하되, 공동의 이익을 위해 사용해야 한다."라고 주장했다. 공동 소유를 반박하고 사유재산은 인간 본성과 조화되며, 공유는 책임 회피와 갈등을 초래하고, 사유는 노동과 절제, 정의로운 사용을 가능하게 만든다고 보았다. 즉, 아리스토텔레스는 사유는 자연스럽고, 공공의 덕을 위해 절제된 소유가 바람직하다는 중용적 관점을 제시하였다. 한편, 동양에서 기원전 5세기 묵자는 사유를 경계하고 "겸애와 평등한 재산 분배"를 주장하였고 공자와 맹자는 사유를 인정하고 "덕치와 최소 생계 보장"을 강조하였다. 이처럼 인간 사회에서 '소유'는 철학적으로 가장 오래된 질문 중 하나로 소유를 윤리적, 정치적 질서와 연결된 문제로 인식하고 "소유와 공동체, 도덕, 권력"의 관계를 탐구하였으며, 이러한 점에서 현대적 토지제도에 중요한 사상적 기초를 제공한다.

이후 9세기에서 15세기에 걸쳐 유로 국가의 정신세계를 지배한 신학 바탕의 사상가이자 스콜라 철학자인 토마스 아퀴나스(Thomas Aquinas, 1225~1274)는 소유의 본질을 신의 질서 속에서 인간의 권리로 정의한다. 그는 아리스토텔레스 철학과 기독교 신학을 종합하여, 소유권의 정당성을 신을 중심으로 전개한 것인데, 그의 핵심 저작인 『신학대전(Summa Theologiae)』에서 소유에 대해 다음과 같이 깊이 있게 논의한다. 그의 핵심 전제는 모든 재화는 본래 신의 창조물임으로 인간은 그것을 관리하는 책임만 가진다. 즉, 소유란 절대적 지배가 아니라, 신의 섭리에 따라 공동 선을 위해 쓰이는 권한이라는 것이다. 그는 신학대전 제2부 제2편 문제 66 에서 "인간이 사유재산을 갖는 것이 자연법에 부합하는가?"란 질문을 던진 다. 그리고 그는 사유재산에 관하여 두 가지 차원으로 구분하여 조건부로 그렇다고 정의한다. 사물의 사용권에 대하여 모든 사람은 필요에 따라 재 화를 사용할 수 있다고 보았으며, 사물의 관리권은 특정인이 관리자로서 재산을 효율적으로 책임지고 배분할 수 있다고 보았다. 사용권은 오늘날 공동 사용권과 일반적 사용권을 의미하며, 관리권은 현대의 소유권과 법 적 지배권을 의미한다고 볼 수 있을 것이다. 그는 a.2에서 이렇게 이야기 한다.

"재산을 사유하는 것이 자연법에 위배되는 것은 아니다.
인간의 이성적 본성은 재화를 개별적으로 관리하는 것이
공공의 이익에 더 도움이 된다고 인식한다."

아퀴나스가 사유재산을 인정하는 세 가지 논리는 첫째(increased diligence) 소유하면 더 열심히 일하고, 관리도 철저해지며, 둘째(prevention of conflicts) 사유재산이 없으면 다툼과 혼란이 일어나고, 셋째(orderly distribution) 전체가 공동으로 사용하는 것보다, 일부가 관리하고 분배하 는 것이 효율적이라고 설명한다. 이는 인간의 근면과 책임, 사회질서 유 지, 공공복지 실현에 사유재산 인정이 유리하다고 보았기 때문이다. 그러 나 그는 절대적 소유는 부정하였다. 인간이 사용하거나 소유하는 모든 재 화는 궁극적으로 신의 것이고, 필요한 자가 있다면 나누어야 할 의무가 있

　　　　　　　　　　　　　　　공익개발론

다고 보았기 때문이다. 즉, "정의로운 사용권의 원칙"에 따라서 긴급한 상황에서는 타인의 재산도 정당하게 사용할 수 있다고 보았고, "필요에 처한 사람에게 자신의 재산을 나누지 않은 것은 절도와 같다."라고 주장하였다. 따라서 사유는 가능하지만, 신의 창조 질서 안에서 절대적 권력으로서의 사유는 정당화되지 않으며, 공공의 선·정의·도덕적 책임과 반드시 연결되어야 한다는 점에서는 오늘날 토지공개념 또는 공익사업을 위한 토지수용 제도의 철학적 정당성에 기초를 제공한다고 볼 수 있다.

근대 정치철학의 창시자인 토마스 홉스(Thomas Hobbes, 1588~1679)는 그의 대표작 『리바이어던(Leviathan, 1651)』에서 소유권을 포함한 모든 권리를 자연 상태에서 국가 권력에 위임해야 한다고 주장한 인물이다. 그는 인간이 국가(정부) 없이 존재하는 "자연 상태(state of nature)"는 매우 위험한 상태로 보았다. '자연 상태'의 위험 요소는 모든 사람에겐 모든 것에 대한 권리가 있는 완전한 자유 상태에서 '만인의 만인에 대한 투쟁' 즉, 생존을 위한 끊임없는 투쟁으로 인하여 강자가 약자의 것을 쉽게 빼앗을 수 있는 불안정하고 무질서한 상태에서는 소유 자체가 불가능하다고 보았다.

"자연 상태에서 재산이란 존재하지 않는다."
"거기에는 정의도, 불의도 없다."

-『리바이어던』 제13장-

따라서 소유는 국가가 권리를 보장할 때 에만 존재가 가능하고, 소유권은 개인이 주장할 수 있는 법적으로 승인된 권리로서 소유란 자연권이 아닌 법률이 창조한 인공적 개념이다. 따라서 소유권의 본질은 국가 권력에 의해 만들어진 법적 권리를 의미한다는 것이다. 그러므로 안정적인 소유권과 정의로운 질서를 위하여서는 강력한 절대주권(리바이어던)이 필요하다고 보았다. 그는 이렇게 주장한다.

"법 없는 곳에 재산은 없다."
"국가 권력은 정의와 소유를 정의하고 보장하는 권한이다."

소유에 대하여 홉스는 자연 상태에서는 소유가 성립되지 않으며, 소유의 본질은 법과 국가에 의해 창출되는 인공적 권리로서 국가가 없는 상태에서는 정의의 개념 또한 성립될 수 없으므로 소유, 생명, 안전을 지키기 위한 필수조건으로 절대권력이 필요하다고 주장하였다.

1.2. 근대 사유재 사상과 토지 철학

대한민국 헌법에서 '모든 국민의 재산권은 보장하며, 그 내용과 한계는 법률로 정하도록 하고 있다. 그리고 재산권의 행사는 공공 복리에 적합해야 하며, 공공의 필요에 따라 재산권의 수용·사용 또는 제한할 수 있다. 사용 및 수용 시에는 그에 대한 보상을 법률로써 규정하되, 보상은 정당한 보상금을 지급하여야 한다.'라고 규정하고 있다. 헌법에 따라 토지 또한 재산의 일부분으로 보호받아야 할 사유재산이고, 토지의 사유재는 소유권을 기반으로 토지의 사용권, 임차권, 처분권, 점유권 등 토지에 관한 모든

                                                    공익개발론

권리를 포함하고 있으며, 타인으로부터 배타적 권리를 가진다. 다만, 헌법 제121조에서 농지는 경자유전의 원칙이 달성될 수 있도록 하여야 하며, 농지의 소작제도는 금지하되, 농업 생산성의 제고와 농지의 합리적인 이용을 위하여 농지의 임대자와 위탁경영은 법률이 정하는 바에 따라 인정한다. 제122조에서 국가는 국민 모두의 생산 및 생활의 기반이 되는 국토의 효율적이고 균형 있는 이용·개발과 보전을 위하여 법률이 정하는 바에 의하여 그에 관한 필요한 제한과 의무를 과할 수 있다고 규정하고 있다. 즉, 모든 토지에 관하여 사유재를 인정하되, 농지만은 경자유전의 원칙을 적용하여 농사를 짓는 사람만이 농지를 소유할 수 있도록 규정하고 있다. 이와 같은 토지의 소유와 제한에 관하여서는 국민 모두 인지 및 인정하고 있을 것이다. 하지만 우리 사회에서의 문제는 법률 조항, 후단의 적용 범위에서 발생한다. 토지의 사유재를 인정하고 보호 대상임에도 불구하고, 재산권의 행사는 공공 복리에 적합하여야 하며, 국토의 효율적이고 균형 있는 이용·개발과 보전을 위하여 제한과 의무를 과할 수 있다는 규정에 있어서 다양한 해석이 존재하고 있다. 그리고 부동산 경기가 과열 팽창하는 과정에서 다양한 이념적 논리는 논쟁으로 가열된다. 이와 같은 논쟁의 원인은 현재까지 우리 사회가 "토지에 적용할 수 있는 공익적 제한과 의무에 관한 범주"와 나아가 토지를 사유재로 볼 것인가와 공공재로 볼 것인가에 대한 시각과 해석을 달리하면서부터 발생한다. 이러한 시각과 해석에 있어서 보수 성향은 국가로부터의 제한과 의무 범위를 최소화하거나 없어야 한다고 주장하는 반면, 진보 성향의 국민은 한정된 토지의 공공재 개념 또는 토지공개념을 통한 부의 불균형 해소 등, 부동산 소득을 부의 재분배 도구로 활용하여야 한다고 주장하고 있기 때문이다. 따라서 이와 같은 논쟁

의 근원을 알아보기 위하여 근대 철학의 토지 소유제 주장부터 알아보고
자 한다.

(1) 존 로크(John Locke)

먼저 토지 사유재에 관한 주장들부터 살펴보고자 한다. 토지 사유재를
주장하는 사람들은 자유시장 경제와 개인주의를 지지하는 경제학자, 정치
철학자 그리고 일부의 고전적 자유주의 혹은 보수주의적 사상가들을 예
로 들 수 있으며, 첫 번째로 소개할 수 있는 인물은 존 로크이다. 존 로크
(John Locke, 1632~1704)는 잉글랜드 왕국의 철학자이자 정치 사상가로
영국 경험론 철학자(최초의 영국 경험론자는 프랜시스 베이컨이다.)로 평
가받는 사람이며, 사회계약론, 인식론과 더불어 정치철학에 매우 큰 영향
을 준 인물이다. 그의 영향은 미국의 독립 선언문에 반영되어 있다. 즉, 로
크는 토지 사유재의 이론을 확립한 대표적인 사상가로 그의 이론은 자유
주의와 자연법의 기초에 뿌리를 두고 있다. 로크는 '자연 상태에서 사람은
자유롭고 평등하지만, 각자의 재산권은 보호되어야 한다고 주장하면서 사
유재의 중요성을 강조하였는데, 로크의 주장에 따르면 '노동이 결합 된 재
산은 개인의 것'이라는 관점에서 소유에 대한 관찰을 시작한다. 즉, '사람
들이 토지를 경작하거나 개발할 때 그 노력(노동)이 그 토지에 가치를 부
여하고, 그 결과 그 토지는 개인의 사유가 되어야 한다.'는 주장이다. 따라
서 토지 사유재를 개인의 자연적 권리로 보았으며, 이는 사회계약에 따라
보호받아야 하는 권리라는 것이다. 그는 1689년 통치론을 통하여 자연 상
태에서는 비교적 평화적으로 개인의 소유가 있지만 이는 불안전한 상태이

기 때문에 이를 해소하고자 개인은 사회계약을 체결해야 한다고 보았다. 개인은 자신의 생명, 자유, 자산을 안전하게 보장, 향유, 보존을 목적으로 계약하지만, 일부의 권리는 공동체(국가)에게 신탁(양도)하는 것이 사회계약이라고 하였다. 따라서 생명, 자유, 재산권에 대한 시민 저항권 또한 필요하다고 주장하였는데, 홉스가 주장한 절대군주제와는 대치되는 주장이었다. 토마스 홉스는 개인은 자기 보전과 자기 이익의 안정성을 확보하기 위하여 개인의 모든 권리를 한 사람(왕)이나 합의체(의회)에 양도하여야 한다고 주장하였다. 따라서 절대 군주제하에서는 국민 저항권은 존재할 수 없으며, 권력을 양도받은 왕과 의회의 권력 경쟁만이 존재할 수 있다고 하였다.

로크의 사상은 인식론과 더불어 정치철학에 매우 큰 영향을 주었다. 그는 평화·선의·상호부조가 있는 낙원 적인 자연 상태에서 노동에 의한 자기 재산을 보유하는 자연권의 안전 보장을 위하여, 사회계약에 따라 국가가 발생하였다고 보았다. '야경국가론'에 따르면 국가의 임무는 이 최소한의 안전 보장에 있고, 국민은 계약에 의하여 국가에 권력을 신탁(信託)하였다는 개념으로 국가 권력은 국민 주권에 기초한다는 이론이다. 이와 같은 로크의 사상은 명예혁명 후의 영국 민주주의의 근원이 되었다. 로크의 주장에 따르면 사람의 권리는 자연 상태에서부터 존재한다. 따라서 개인이 토지를 가질 권리 또한 인정되어야 한다고 보았다. 그럼에도 불구하고 개인의 토지 사용은 공공의 이익에 해를 끼쳐서는 안 된다고 보았다. 즉, '노동이 결합 된 재산은 개인의 것'이라는 결론을 통해 토지 사유화를 정당화하던서도 그 토지나 자원을 사용함에 있어서는 공동체의 이익을 고려한 공익적 가치도 함께 고려되어야 한다는 주장이다. 나아가 개인의 토지와 자원의 소유 및 거래는 공정하고 투명하게 거래되어야 하며, 개인의 재산에 대한 권리행사는 사회적 의무와 균형을 이루어야 한다고 주장하였다.

(2) 애덤 스미스(Adam Smith)

두 번째로 소개할 인물은 애덤 스미스(Adam Smith)이다. 애덤 스미스(Adam Smith, 1723년 6월 5일~1790년 7월 17일)는 영국의 자유주의 철학자이자 경제학의 아버지이다. 1776년에 발표한 저서『국부론』에서 그는 정부가 민간의 경제생활에 간섭해서는 안 된다고 표명하였다. 그가 국부론을 출판할 당시 각 개인의 경제적 자유는 지금처럼 중요하게 여겨지고 있지 않았으며, 국가가 개인의 경제 활동을 통제하는 것이 자연스럽게 여겨졌고, 세금, 수출입 규제 등은 체계적인 이론적 바탕 없이 권력자의 자의적 의지에 따라 이루어지고 있던 시기였다. 그는 직접적인 국가 개입 없이 각 개인이 자신의 이익을 추구하도록 둔다면 '보이지 않는 손'이 작용하여, 결과적으로 사회 전체의 복지가 증진되고, 국가의 경제 발전에 있어서 이전보다 많은 부를 창조할 수 있다고 보았다. 한편, 그는 국가의 기능을 최소한으로 축소하여, 치안유지 수준으로 유지하여야 한다고도 하였다. 야경국가론의 필수적인 정부 의무는 세 가지로 ① 국가는 다른 나라의 폭력과 침략에서 사회를 보호하기 위해 군사력을 보유해야 한다(외부의 침입으로부터의 방어, 국방). ② 국가는 사회의 모든 구성원을 다른 구성원의 불의나 억압에서 보호하기 위해 사법제도를 엄정하게 세워야 한다(내부 질서 유지, 치안·사법). ③ 국가는 사회 전체에는 큰 이익을 주지만 거기서 나

　　　　　　　　　　　　　　　　　　　　공익개발론

오는 이윤이 비용을 보상해 줄 수 없기 때문에, 어떤 개인도 건설하고 유지할 수 없는 공공사업과 공공기구를 건설하고 유지해야 한다(사회 기반 시설의 건설 및 유지)고 주장하였다.

한편, 극단적 자유시장주의자 '루드비히 폰 미제스'와 같이 스미스의 "보이지 않는 손"을 확장적 개념으로 해석하여 "모든 것을 시장에 맡겨라."로 인용하여 많은 오해를 받기도 하였는데, 스미스는 극단적인 시장 자유주의자가 아니라 당시 중상주의자들이 정부와 손을 잡고, 독점을 허가받아 부를 독차지하는 폐해 등이 빈번하게 발생하였기 때문에 "차라리 개인에게 시장을 맡기면, 부패한 정부의 독점적 행태보다는 낫지 않겠느냐."라는 맥락과 상황들을 고려한 이상적인 주장으로 '보이지 않는 손'을 이해함이 바람직할 것이다. 따라서 그의 '보이지 않는 손'을 들어 시장의 독점을 긍정적으로 보는 근거로 사용하거나, 정부의 시장 간섭을 완전히 배제하여야 한다고 주장한다면, 그것은 스미스의 주장과 다른 주장이 될 것이다. 애덤 스미스는 정부가 특정 기업을 위해 시장에 개입하는 행위는 정경유착이므로 이와 같은 정경유착을 비판하려는 주장이라고 보아야 하고, 200년이 지난 지금도 세계 여러 곳에서 정경유착 현상은 상당히 많이 존재하고 있다. 스미스는 시장에서 개인적 이익 추구가 전체 경제의 효율성을 높일 수 있다는 신념에 기반을 두고, 사유재가 경제의 효율성을 높이는 중요한 역할을 한다고 보았다. 특히 자유무역과 자유경쟁을 통해 자원 배분의 효율성을 강조하면서, 사유재가 개인의 재산을 적극적으로 보호하고, 그 재산을 이용하여, 보다 효율적으로 생산적인 활동을 전개할 수 있게 한다는 주장으로 이해할 수 있다.

(3) 프리드리히 하이에크(Friedrich Hayek)

다음 세 번째로 소개할 사상가는 프리드리히 하이에크(Friedrich Hayek, 1899년 5월 8일~1992년 3월 23일)이다. 오스트리아에서 태어난 영국의 경제학자이자 정치철학자로서 신자유주의의 아버지이다. 하이에크는 1974년 스웨덴의 경제학자 군나르 뮈르달(이데올로기적 라이벌)과 같이 화폐와 경제 변동에 관한 연구로 노벨 경제학상을 수상했다. 하이에크는 화폐적 경기론과 중립적 화폐론을 전개하였고, 자유주의 입장에서 계획경제에 반대하였는데, 사회주의 및 전체주의, 좌파의 경제 정책을 비판하였고, 존 메이너드 케인즈의 이론에 대항하여 자유시장 경제체제를 옹호하며, 자유시장과 사유재의 개념을 중요한 요소로 정부의 개입을 최소화해야 한다고 주장하였다. 즉, 자유와 개인의 재산권을 보장하는 것이 시장 경제의 핵심이라고 보았고, 사유재가 개인의 선택과 자율성을 보장한다고 믿었다.

하이에크는 토지 사유재는 개인의 자유와 시장 경제의 기본적인 요소로 사유재산은 자유로운 선택과 경제적 효율성을 가능하게 한다. 이를 통해 자원의 효율적 분배와 경제적 발전을 이룰 수 있다고 주장하였다. 토지에 사유권이 보장되면 개인은 자신이 소유한 토지를 가장 효율적으로 활용하고, 그에 따른 경제적 이익을 추구할 수 있게 되는데, 이런 자유로운 활동이 시장 경제의 효율성을 증진 시키고, 사회 전체의 번영을 가져온다고 보았다. 시장 경제에서 자원 배분의 효율성을 강조하였는데, 사유재로서의 토지는 자유시장 원리에 의해 효율적으로 배분될 수 있으며, 가격 시스템을 통해 사람들은 각자의 필요에 따라 자원에 대한 최적의 결정을 내릴 수 있다고 보았다. 즉, 토지의 사유화는 사람들이 시장에서 토지의 가치를 제대로 평가하고, 이를 기반으로 생산활동을 할 수 있도록 만든다고 주장하였으며, 정부의 과도한 개입에는 반대하였다. 그는 정부가 자원의 배분을 담당하는 것은 비효율적이고, 비생산적이기 때문에 개인들이 시장에서 자원을 자유롭게 거래하고 배분할 수 있어야 한다고 주장하고, 토지의 사유화와 개인의 소유권 보호만이 시장 경제에서 자원의 최적 활용을 가능하게 만든다고 주장하였다. 결론적으로 말하자면 하이에크는 토지의 소유가 개인의 자유로운 선택을 바탕으로 이루어져야 하며, 토지 사유재에 대한 개인의 재산권 보호와 자유시장 원리를 강조하면서, 정부의 과도한 개입은 반대하면서도 사회적 불평등이나 불공정 문제를 해결하기 위한 기본적인 정부 정책은 필요하다고 주장하였다.

(4) 밀턴 프리드먼(Milton Friedman)

네 번째로 소개할 사람은 자유시장 경제의 지지자인 '밀턴 프리드먼'을 들 수 있다. 밀턴 프리드먼(Milton Friedman, 1912년 7월 31일~2006년 11월 16일)은 사유재와 경제적 자유에 있어서 중요한 인물이다. 프리드먼은 20세기 기장 영향력 있는 미국의 경제학자 중 한 사람으로 자유시장경제를 강하게 옹호한 신자유주의 경제학의 대표 인물이다. 그는 경제학의 여러 분야에 지대한 영향을 끼쳤으며 특히 '통화주의(monetarism)'를 통해 존 메이너드 케인스의 수정자본주의 경제학에 대행하였다. 1976년 '소비 분석, 통화의 이론과 역사 그리고 안정화 정책의 복잡성에 관한 논증' 등의 업적으로 노벨 경제학상을 수상하였다. 그러나 진보주의자들로부터는 신제국주의를 효율적으로 실행하기 위한 이론을 만든 '금융 제국주의의 앞잡이'라는 평을 받기도 하였다. 프리드먼은 그의 아내 로즈 프리드먼과 공동 저자로 출판한 『선택할 자유』가 사람들에게 널리 읽혔다. 선택할 자유는 1980년대 PBS 방송국에서 방영된 텔레비전 시리즈로서 프리드먼은 자유시장이 어떻게 작동되는지를 설명하고, 여타의 체제에서 풀지 못한 정치적, 사회적 문제를 해결할 수 있는 자유시장의 작동 원리와 효율성을 강조하였으며, 프리드먼의 정치철학은 미국 보수주의자와 자유주의자들의 견해를 가다듬었고, 리처드 닐슨, 로널드 레이건 정부 그리고 1980년 이후 많은 나라들의 경제 정책에 다양한 영향을 끼쳤다. 그는 정부의 개입을 최소화하여, 개인이 본인의 재산을 자유롭게 이용할 수 있도록 하여야 하고, 시장의 자율성을 존중하며, 자원 배분의 효율성은 자유경쟁에 의해 이루어진다고 보았다. 그의 자유주의적 경제학에서 사유재의 중요성과 사유재 보호가 경제 성장과 혁신을 촉진한다고 보았으며, 1962년 자본주의 정치와 사회에서 자유시장 내 정부 역할을 최소한으로 축소하고, 시장의 자율성을 존중하여야만 자유와 국가의 번영이 가능하다고 주장하였다.

그 외 토지 사유재의 주장으로 미국의 자유 지상주의 정치철학자 로버트 노직(Robert Nozick, 1938년 11월 16일~2002년 1월 23일)을 들 수 있다. 노직은 개인은 결코 침범 받을 수 없는 자유의 권리를 가졌기 때문에 국가는 공공성이라는 명목으로 개인의 정당한 소유 권리를 침해해선 안 되며, 국가는 단지 강압, 절도, 사기로부터 개인을 보호하거나, 계약 집행 등등이라는 좁은 기능들로 제한된 국가의 역할만을 수행하여야 한다고 주장하였다. 그는 재산권은 자유로운 교환의 결과로써 보호되어야 하며, 개인이 자신의 재산을 어떻게 사용하든지 간섭할 권리가 정부에게는 없다고 주장하였다. 이와 같은 주장을 같이하는 인물로 국내 자유기고가인 연세대학교 김정호 특임교수는 사유재산은 문명의 주춧돌이라고 주장하였다. 따라서 원시사회일수록 사유재산은 사라지고 모든 것을 공유의 시각으로 바라본다. 어쩌면 그렇게 사는 것이 인간의 본성에 맞는 것일지도 모른다. 하지만 파푸아뉴기니 부족의 삶에서 볼 수 있듯이 원시의 삶은 굶주림과 질병과 부족 간의 전쟁과 약탈, 영아 살해 같은 것들로 가득한 것이 현실이다. 토지 공유제는 그런 현상들과 어울리는 것이다. 인간이 그런 원시의 상태를 벗고 문명을 이룰 수 있었던 것은 폭력을 자제하면서 평화를 이룰 수 있었기 때문이고, 무엇보다도 타인의 사유재산을 인정할 수 있었기 때문이라고 했다. 그는 공공재의 정의에 대하여 공공재란 세금으로 생산비를 조달하지 않으면 공급이 이루어지지 않는 재화나 서비스에 한정되어야 한다고 주장한다. 따라서 이러한 공공재의 특징은 소비자인 국민으로부터 요금을 징수할 수 없는 국방을 예로 들었고, 공공재는 비경합성(non rivalry) 성질과 같이 한 명이 쓰든, 백 명이 쓰든 여전히 다른 사람이 쓸 수 있는 것이 전과 같이 남아 있는 재화나 서비스로 한정해야 한다고 주장하였다. 대한민국에만 있는 토지공개념에 대하여 다음과 같이 비판하였다. 첫째로 토지공개념은 토지가 공공재이기 때문에 국가가 소유하고 관리해야 한다는 식의 견해는 그리 신선하지도, 논리적이지도 않았다고 보았고, 두 번째로 토지 개발권을 소유권에서 분리하겠다는 개념에서 출발하여, 토지의 용도를 바꾸거나 개발하는 모든 행위를 토지공개념이라는 이름으로 국가에 귀속하고자 하는 행위는 토지 효율성을 저하하여 국부를 감소시키는 결과를 초래할 것으로 보았다. 세 번째로 토지에서 나오는 이익을 정부가 환수해야 한다는 주장에 대하여 자유시장 경제체제를 위반한다는 비판과 1990년대 초반에 제정된 토지공개념 3법에 대하여도 비판하기도 하였다. 이에 대하여 공병호경영연구소 공병호 소장은 토지문제를 해결하려면 토지공개념이 아니라 사유재산에 대한 인식부터 새롭게 해야 한다고 하였고, 서강대학교 김경환 경제학과 교수는 '토지시장이 완벽하지는 않지만, 정부 규제 역시 완전하지 않다. 좁은 국토를 효율적으로 이용하기 위해서는 사유 재산권의 안정을 통해 적절한 인센티브를 부여해야 한다. 감정과 편견을 접어놓고 우리나라 토지문제를 냉정하게 바라보아야 한다.'고 주장하였다.

1.3. 근대 공공재 사상과 토지 철학

공공재(公共財, Public Goods)는 비경합성과 비배제성이 결합 된 특징으로 구성된다. 반면에 사유재는 경합성과 배제성이 결합된 특징이 있으며, 의류, 가구, 자동차 등의 생활용품 등으로 주로 사기업 간의 시장 경쟁을 통하여 합리적 가격과 품질이 보장되는 재화를 의미하는 것과 배제성은 있으나 국가나 지방자치단체로부터 특정한 조건으로 승인을 받아서 운영되는 전력, 수도, 하수도시설 등의 시설 재화를 포함하고 있다. 이들 대부분은 국가로부터 특정한 조건으로 위탁받거나 허가받아 운영되는 사회기반 시설 등을 말한다. 그리고 타인으로부터 비배제성과 경합성이 결합된 '공유 자원' 등으로 구분되는 물, 어업, 광물 등이 사유재이다. 따라서 비배제성과 비경합성이 결합 된 공공재는 국방, 치안, 전력, 상하수도 등으로 대부분 공공기관이나 공기업들이 국민에게 제공하는 재화를 의미한다. 공공재는 비경합적이므로 여러 사람이 동시에 소비할 수 있으므로 공공재의 사회적 편익은 각자의 한계 편익의 합계로 정의될 수 있다.

토지 공공재는 중국과 베트남 등 사회주의 국가에서 시행되며, 홍콩과 싱가포르, 남아공, 대만 등에서도 헨리 조지의 사상을 일부 인용하여 시행되고 있으나 시행 방식에는 사회적 여건에 따라 적극적이거나 일부의 인용 등 다소 차이가 있다. 사회주의 토지 공공재와 토지공개념은 철학과 사회적 이념에서부터 적용 방식까지 많은 차이가 있다. 대한민국에서도 헨리 조지 사상을 일부 받아들여 토지공개념에 적용하고 있으나 사회사상에 따라 적용 범위를 달리하고 있다. 보수와 상당 부분의 국민이 인식하고 있는 토지공개념은 도로, 공원, 하천, 상하수도 등의 공익사업을 위하여서는 사유 토지에 제한(수용)을 적용할 수 있다는 반면, 진보주의자 중 일부인 조지 주의자는 헨리 조지의 사상을 받아들여 토지 공공재의 완성이 '토지 공개념'이라고 주장하고 있다. 이들이 말하는 토지 공공재는 사회주의 국유제가 아니며, 토지로부터의 모든 소득을 '조세화'하는 방식으로 사회주의 토지 국유화와는 다른 개념이다. 그러나 토지공개념을 확대하는 조지주의 토지 공공재는 경제 및 사회학자로부터 많은 비판을 받고 있는데, 가장 많은 비판은 시장 중심의 자본주의 경제를 위협하거나 시장의 효율성을 저하하며, 지극히 추상적이거나 이상적으로 현실성이 매우 부족하다는 점 등을 지적받고 있다. 특히 토지를 국유화한 중국의 경우, 토지 국유제(공공재)를 시행하고 있음에도 불구하고, 부동산 투기가 대도시를 중심으로 만연하게 존재하는 이유는 토지 국유제(공공재)가 토지 사유재의 대안이 될 수 없다는 점을 지적한다. 따라서 본 장에서는 사회주의 토지제도와 헨리 조지의 토지 사상 등을 통하여 토지의 공공재에 대한 정치, 경제, 철학적 이념들에 대하여 살펴보고자 한다.

(1) 카를 마르크스(Karl Heinrich Marx)

토지 공공재를 주장한 첫 번째 소개 사상가는 카를 마르크스이다.

카를 하인리히 마르크스(Karl Heinrich Marx, 1818~1883)는 독일의 사상가, 작가, 언론인으로 철학·사학·경제학·사회학에 걸쳐 지대한 학문적 업적을 남겼으며, 특히 공산주의를 체계화하고, 자본주의의 작동 원리에 대한 분석을 통해 마르크스 경제학을 만들었다. 마르크스 경제학은 철학적 측면에서 헤겔의 변증법과 포이어바흐의 유물론으로부터 영향을 받았으며, 경제학적 측면에서 애덤 스미스와 데이비드 리카도로부터 영향을 받았다. 마르크스는 각 역사적 시대의 경제적 생산과 그로부터 발생하는 사회구조가 그 시대의 정치, 법, 종교, 예술 등의 기초가 되며, 따라서 원시 공산제 사회의 해체와 계급제 사회의 형성 이래, 모든 역사는 피착취 계급과 착취계급 간 계급투쟁의 역사라고 보았다. 즉 그의 근본적인 사상을 한마디로 요약하자면 "토대가 상부구조를 결정한다."이다.

마르크스는 초창기 자유주의적 성향의 청년헤겔학파로 활동하였으나, 후에 사회주의자로 전향한다. 1842년은 마르크스에게 있어 매우 중요한 해로서 프리드리히 엥겔스와 조우 한 해이다. 1845년과 1848년 각각 『독일 이데올로기』와 『공산당 선언』을 엥겔스와 함께 공저하였고, 그로부터 본격적인 경제학 연구에 착수한다. 1864년 국제노동자협회(제1인터내셔널)의 독일 담당 서기로 선출되었으며, 1867년 그 유명한『자본론』제1권을 출간한다. 그는 1883년 사망하는데, 사후에 엥겔스가 그의 원고를 바탕으로『자본론』제2권과, 제3권을 출간한다. 마르크스의 자본론 이론은 그가 핵심으로 삼았던 과학적 공산주의 측면을 매우 극적으로 묘사한 것으로 역사가 변증법적으로 발전하는 경향을 띤다는 헤겔의 관점과 인간의 노동에 따른 생산 양식의 발전과 이로 인한 자본주의에서 공산주의 사회로의 경향적 이행의 유물론을 결합한『변증법적 유물론』은 그의 대표적인 철학이다.

정치 철학자이자 이탈리아 공산당 창당인 안토니오 르람시(Antonio Gramsci)는『우리들의 마르크스』에서 마르크스를 다음과 같이 매우 긍정적으로 평가했다. '우리에게 카를 마르크스는 도덕적, 정신적 생활의 거장이지, 지팡이를 휘두르는 목자가 아니다. 그는 정신적으로 게으른 자들을 때려 깨우는 자이며, 반쯤 잠들어 있기에 선의의 전투를 위해 자각돼야 할 훌륭한 에너지들을 깨워 일으키는 자이다. 그는, 관념들의 저 선명함과 통합성을 달성하기 위해, 그리고 만일 우리가 추상들에 대해 헛되이 이야기를 늘어 놓길 원치 않을 경우, 필요한 저 건실한 문화를 달성하기 위해, 필요로 하는 강렬하고 끈질긴 성격의 작업에 대한 사례이다. 그는 의식적이며 사색적인 인간의 한 벽돌 조각이다. 말하면서 자신의 혀를 살피거나 심장의 떨림을 느끼기 위해 가슴에 손을 얹거나 하지 않으며, 현실을 그 본질로부터 포괄함으로써 이를 지배하는, 즉, 민중의 심성에 침투하여 편견의 성장을 분쇄하고 관념들을 일정하게 명칭화하며, 도덕적 성격을 강화하는 견고한 논법(syllogism)을 건설하는 그런 사람이다.'라고 논평하였다.

마르크스는 근대사회가 봉건주의-자본주의-공산주의 과정으로 발전할 것으로 보았고, 각각의 사회별 문제들이 한계와 모순에 직면할 때, 자본주의 사회 갈등은 최종 한계에 이르게 되며, 자본주의 사회는 갈등-혁명-진화 과정을 거칠 것으로 예상했다. 그에 관한 예로서 프랑스가 혁명을 통하여 봉건제가 무너지고 왕을 사형시킨 이후 부르주아 자본주의 형성을 예로 들었다. 여기에 집필자의 생각을 첨가하자면, 마르크스가 생존하던 19세기는 그러한 초기 자본주의 사회에서는 노동과 인권에 대한 개념이 전무하였으므로 노동자를 착취하는 매우 안 좋은 이면들이 사회에 팽배해져 있어 이러한 사회 현상을 마음 아파하고, 또, 이러한 문제들을 개선하고자 한 선량한 인간의 마음을 단편적으로 담아낸 철학이라고 생각된다. 이후 20세기의 이념대립이 끝난 후 자본주의와 공산주의 모두는 마르크스의 생각과는 전혀 다르게 변화하고 진화한다. 당시 미국과 서유럽의 자본주의가 바라본 공산주의 진영에서 노동자들에게 자본가 세력이 어떻게 파괴되는지를 지켜보았기 때문에 공산 세력의 확장을 막고 자본주의를 유지하기 위하여 사회주의에서 주장하던 노동자 권리를 점진적으로 확장하여 인정하는 방식으로 사회의식을 심화하고 발전을 거듭하였다. 하지만 공산주의 국가들은 자본주의가 고도로 발전하여 시장 논리가 한계에 이르렀을 때 노동자 혁명으로 공산주의가 등장할 것이라는 마르크스 예상과 달리, 러시아는 봉건주의 체제의 정점인 시기에 공산주의가 발생하는 등 태생부터 공산주의 이론과 괴리가 생긴다. 결과적으로 마르크스가 바라던 공산주의는 마르크스를 추종하는 자들에 의하여 독재와 부패, 가난과 궁핍한 세상으로 변해갔으며, 이러한 공산국가는 더 이상 인민의 요구를 들어주지 못하는 상황에 빠짐으로써 세상에서 버려질 수밖에 없는 사회로 한 발 한 발

   공익개발론

나아가고 있었다. 한편, 대공황을 거치며 형성된 현대 자본주의는 노동자의 권리를 헌법과 법률로 보장함으로써 마르크스가 꿈꾸어 왔던 행복한 노동자 사회를 현대의 자본주의가 계승, 발전시키고 있다는 점은 우리에게 많은 생각을 안겨 준다.

마르크스는 토지 사유에 대하여 다음과 같이 판단했다. 마르크스는 토지와 자원의 소유가 사회구조와 계급투쟁에 직접적인 중요한 요소로 작용한다는 점에서 자본주의 사회에서 토지 소유가 불평등과 착취를 일으키는 중요한 원인으로 보았다. 이러한 사회 불평등을 해소하기 위하여 토지는 사회적 재산이어야 하며, 토지로 인한 이익은 공동체의 복지 자원으로 활용되어야 한다고 주장하였다. 따라서 토지의 소유와 생산수단을 공공이 소유하여 불평등과 착취를 원천적으로 차단함으로써 사회적 평등을 이룰 수 있다는 주장이다. 자본주의에서의 토지 사유화는 상류 계층에게만 이득을 주고, 하류 계층을 착취하는 구조이기 때문에 평등한 세상을 위하여서는 토지와 자원을 공유하는 절차가 필요하고도 보았다. 자본주의는 과학의 발전으로 경제가 고도로 성장하게 될 것이며, 이러한 고도의 과학적 성장은 인민 모두가 필요한 만큼의 충분한 잉여 생산물을 확보하게 될 것이라고 보았다. 이때 프롤레타리아(Proletarier, 프롤레타리아 어원은 로마 제국 당시 군에 입대시킬 자신들의 아들 이외에 부를 소유하지 못하는 무산계급들을 비하하는 의미로 사용되었으나, 마르크스가 사회학적인 용어로 '자기 자신의 생산수단을 갖고 있지 않아서 살기 위해 부득이 자신의 노동력을 판매해야 하는 현대 임금 노동자'라고 정의하였으며, 프롤레타리아에 대응하는 용어로 프랑스어에서 유래한 부르주아(bourgeois)를 사용함)

는 계급투쟁을 통하여 토지와 자본을 공유화하면서 부의 불평등을 해소하여 평등한 세상을 만들 수 있다고 주장하였다. 이러한 마르크스의 주장을 근거로 공산주의 국가들이 모든 토지를 국유화하였으나, 현대의 공산국가인 중국과 베트남 등은 개혁 개방 정책을 통하여 국유와 사유를 혼용하여 국가를 운영하고 있으므로 마르크스가 상상하던 공산사회는 지구상에 존재하지 않는다.

(2) 프리드리히 엥겔스(Friedrich Engels)

두 번째 인물은 프리드리히 엥겔스(Friedrich Engels, 1820년 11월 28일~1895년 8월 5일)이다. 그는 독일의 사회주의 철학자이자 경제학자로 카를 마르크스와 함께 마르크스주의 창시자 중 한 사람으로 국제 노동자 계급운동의 지도자였다. 독일 라인 주(洲)의 바르멘 시에서 방적공장 경영자 가정의 부유한 집 출신이다. 젊은 시절부터 당시 사회의 개혁에 관심이 많아 사회 개혁운동에 많이 참가하였는데, 베를린 체류 중에 청년헤겔학파의 일원이 되었고, 또 베를린 대학교수였던 셸링의 반동적, 신비적 철학에 대하여 「셸링과 계시」(Schelling und Offenbarung, 1842) 등 여러 논문으로 반박하기도 하였다. 동시에 헤겔의 보수적 결론, 그 관념론적 변증법의 모순을 비판하기도 하였다.

엥겔스는 아버지에 의해 자신이 경영하던 영국 맨체스터의 공장에서 근무하게 되면서, 당시 자본주의가 최고로 발달하였던 영국의 노동자 계급과 접하게 된다. 엥겔스는 그가 접한 노동자들로부터 지독한 경제적 생활상태, 정치적 무권리의 원인 탐구에 뜻을 키워 가며, 동시에 그 당시 전개되고 있던 차티스트 운동의 견해와 운동의 결정을 보고, 그 성과를『정치, 경제학 비판 요강』(A Contri-bution to the Critique of Political Economy, 1844) 및『영국에 있어서의 노동자 계급의 상태』(Die Lage der arbeitenden Klasse in England, 1845)를 집필하게 된다. 이들 저서로 프롤레타리아의 위대한 미래와 그들이 담당하는 역사적 사명을 명확히 한 최초의 인물이 되면서 확고한 사회주의자로 성장하게 된다.

1844년 9월 영국에서 독일로 귀국 도중에 파리에서 마르크스와 만난 후 이들의 확고한 우정과 협력은 계속된다. 이들은 공동으로『신성 가족』(Die heilige Familie)과『독일 이데올로기』(Die deutsche Ideologie)를 저작하여 출판하고, 1846년에 '공산주의 통신위원회'를 조직하였으며, 1847년에는 '정의자 동맹'을, 그 후에 프롤레타리아 혁명 정당으로 이어진 '공산주의자 동맹'으로 조직을 개편하여 실천적 활동들을 수행한다. 그 동맹의 강령으로 1848년 '공산당 선언'(Manifest der Kommunistischen Partei)을 발표한다. 1849년 라인 지방과 남부 독일에서 무장투쟁을 실패한 엥겔스는 마르크스의 제의로 런던으로 돌아와 앞으로의 자신은 '마르크스의 과학적 사회주의 운동을 돕는 것'만이 자기 삶의 의미로 부여하고, 1850년 마르크스의『자본론』1권을 탈고하고 마르크스가 생을 마감할 때까지 한평생을 같이하며, 마르크스 가족을 위하여 물질적 기부를 수행하며 헌신을 다한다. 마르크스가 죽은 후 그가 완성하지 못한『자본론』의 2권과 3권을 정리하여 1885년과 1894년에 각각 출판한다. 그는 유럽 국가들에 있어 노동운동의 중심인물로 활동하다 1895년 8월 식도암으로 세상과 이별하고, 엥겔스의 유해는 유지에 따라 바다에 수장된다.

엥겔스는 마르크스의 동료이자 사회주의 이론가로 토지와 자원의 공공적 가치를 강조한 인물이다. 엥겔스는 마르크스와 유사하게, 토지는 사회적 자원이어야 한다고 주장했다. 그는 개인의 사유재가 아닌 공동체가 관리하고 이를 통해 모두가 공평하게 이익을 나누는 사회가 필요하다고 주장했다. 필자는 그의 주장에는 많은 비평을 하지만, 그가 가지고 있던 자본가적 물질적 환경 속에서 노동자를 위한 인간애와 친구를 위한 마음, 그리고 그의 신념은 일류의 역사에서 최고의 사상가 중 한 명으로 존경받을 만한 사람이라고 생각한다.

(3) 헨리 조지(Henry George)

세 번째로 소개할 사람은 자유시장경제 하에서 토지의 공공재를 주장한 대표자 헨리 조지(Henry George, 1839년 9월 2일~1897년 10월 29일)이다. 조지는 미국의 저술가, 정치 경제학자이자 정치가이다. 조지는 그의 저서 『진보와 빈곤』에서 토지에 대하여 단일세(Single tax)라 불리는 토지가치세(land value taxation, LVT)를 주장했으며, 19세기 후반에 토지와 자본을 구분하지 않는 카를 마르크스와의 깊은 논쟁을 통하여 자신의 철학을 주장하였다. 1891년 로마 교황청이 레오 13세의 회칙 '새로운 사태(Rerum Novarum)'에서 토지가치세 개념에 대한 반대 의견을 반포하자 이에 반발하여, 교황 레오 13세에게 공개서한으로 교황청 회칙을 조목조목 비판한 인물이다.

헨리 조지는 미국 펜실베이니아 필라델피아에서 리차드 S. H. 조지(부)

와 캐서린 프랫 V. 조지(모)의 10남매 중 둘째로 1839년에 태어났다. 그의 아버지는 헌신적인 미국 성공회 신자로서 종교 서적 출판업에 종사하였지만 헨리 조지는 종교적 훈육에 대한 강한 거부감으로 학교를 떠났기에 헨리의 공식적인 학력은 14세가 전부이다. 이후 호주 멜번과 인도 콜카타로 항해하는 '힌두호'에서 선원 생활을 하였고, 캘리포니아로 돌아와 식자공 견습성 생활 등으로 소년기를 보낸다. 19세기 중반에 골드러시가 일어났을 때 미국 서부로 이주하여 브리티시 컬럼비아 등지에서 금광 채굴을 하였으나, 금광 채굴의 실패로 생계의 어려움을 극심하게 겪는다. 이후에 인쇄공이 되어 신문산업에 종사하게 되는데, 시간이 지나면서 기자와 편집인을 거쳐 발행인까지 승진하게 된다. 그는 여러 곳의 신문사에서 근무하게 되고, 나중에 자기 소유의 신문사 'San Francisco Daily Evening Post'도 운영한다. 조지는 신문사 뉴욕 특파원 생활 중 캘리포니아로 돌아가기 전 어느 날 지나가던 농부와 대화하던 중 그곳의 농지 가격에 관한 대화를 나누다가 '부가 증가함에도 가난이 사라지지 않는 원인이 토지의 가치 때문'이라는 결론에 도달하면서 이를 학술적으로 표현하고자 경제학을 독학하고 '우리 토지와 토지정책(Our Land and Land Policy)'이라는 작은 팸플릿을 제작한다. 그러나 본인 스스로가 팸플릿에 미진한 부분이 많음을 느끼게 되고, 이를 완성하고자 당시 38세부터 『진보와 빈곤』의 저술을 시작한다. 40세에 원고를 완성하며 1878년에 출간하는데, 원고를 완료하고 감정이 복받쳐와 크게 울었다고 한다. 저명한 작가이자 연설가가 된 헨리 조지는 1886년에 뉴욕시의 연합노동당(United Labor Party) 후보로 뉴욕시장 선거에 출마하지만 68,000표를 얻어 근소한 차이로 2위로 낙선하는데, 참고로 이 선거에서 3위를 차지한 후보가 미국의 26대 대통령 '시어도어 루즈벨트'다.

정치가로 변모한 헨리 조지의 소속 정당은 '뉴욕시 연합노동당'이다. 뉴욕시 연합노동당(United Labor Party)은 1886년, 중앙 노동 연합(Central Labor Union), 노동기사단(Knights of Labor), 사회주의노동당(Socialist Labor Party) 등 115개의 노동조합과 노동단체들이 연합하여 결성한 정당이다. 조지는 이듬해인 1887년 뉴욕주 국무장관 선거에도 도전하였으나 낙선하였고, 이후 연합노동당은 힘이 약해지기 시작한다. 당 조직의 와해에 있어서 중요한 원인 중 하나가 구성원 간의 이념 갈등이다. 연합노동당 관리조직 대부분은 조지주의자로 구성되었고, 그 외 마르크스주의자들과 가톨릭 노동운동가들로 구성되었다. 토지와 자본에 대한 해석을 달리한 마르크스주의자들과 조지주의자들은 서로를 강도 높게 비판하고 있었으며, 가톨릭 노동운동가들은 에드워드 맥클린 신부의 파면 사건으로 크게 낙담한 상태로 자유무역에 대한 옹호와 반대 의견 등은 당내 갈등을 최고조에 이르게 하며, 결국 연합노동당을 해체로 이끈다.

경제학계에서는 다수가 헨리 조지를 주류 경제학자로 분류하지 않는 경향이 있다. 어쩌면 헨리 조지는 경제학계의 론 울프(Lone Wolf, 외로운 늑대)라고 표현하는 것이 정확한 평가일 것 같다. 그러한 경제학계의 외면 이유에 대하여 필자의 개인적인 생각을 표현하자면, 헨리 조지의 주장들이 경제학적인 이론에 집중하기보다는 거리의 노동자를 가난에서 구하고자 하는 철학적 통찰에 가깝다는 느낌에서이다. 그의 저서『진보와 빈곤』의 후반부에서는 철학적 성향과 종교적 신앙심이 문학적으로 강하게 표현되어 있고, 따뜻한 인간애를 문학과 비문학을 오가며 화려하고 아름답게 표현되어 있다. 이러한 빈곤에 대한 통찰과 예술적인 문장은 톨스토이나 헬렌 켈러에게도 깊은 감화를 주었다고 하며, 10개국 언어로 번역 출판되어 논픽션 분야에서 19세기 말까지 성경 다음으로 많이 보급된 책이다.

서방에서는 자본의 필요성과 투자와 수익을 옹호하는 헨리 조지의 사상을 근거로 그를 자유 지상주의자로 분류한다는데, 대한민국에서 상당의 보수주의자들은 헨리 조지를 좌파 사상계의 수장 중 한 명쯤으로 생각하고 '미국의 마르크스'라고 이야기하는 사람도 있다. 하지만 마르크스가 토지와 자본이 노동자를 빈곤하게 만드는 중요한 요소로 판단하여 공산주의를 주장한 반면에, 헨리 조지는 토지의 소유가 부의 불균형 원인이고, 자본은 노동자와 자유시장경제를 더욱 자유시장경제답게 만들기 위한 협력의 주체로 규정한 것에서 큰 차이가 있는 인물이다.

진보와 빈곤은 책의 표지 소개 글에서 '산업 불황의 원인과 부의 증가에 따라 빈곤도 증가하는 원인에 대한 탐구 및 해결책'을 서술한 책으로 설명하고, 책의 전반부에서는 고전경제학파에 대한 논박으로 시작하는데, 고전 경제학은 1776년 애덤 스미스의 국부론을 시발점으로 헨리 조지가 살던 19세기 중반까지의 주류 경제 이론이며, 1870년 시작된 영국의 신고전 경제학의 발현의 근원적 역할을 하였다. 퍼티, 스미스, 리카르도 등에 따르면 시장 가격은 일시적인 수많은 원인에 의해 영향을 받아 변동하므로 이를 추상적인 단계로 이론화하는 것은 매우 어려운 일이나, 자연 가격은 규칙적이며, 항구적인 지점을 나타낸다. 그들은 여러 요인에 의해 흔들리는 시장 가격은 결국 중력에 끌리는 물체처럼 자연 가격에 근접한다고 보았다. 이러한 자연 가치를 형성하는 요인에 대하여 퍼티는 토지와 노동을 동등한 가치 형성의 원인으로 파악하는 토지-노동가치설을 주창하였고, 스미스는 '노동가치설'을, 리카르도는 '생산 비용설'을 가치 형성의 요인이라고 주장하였다.

　진보와 빈곤은 임금이 자본에서 나온다는 스미스를 비롯하여 고전파의 임금기금설과 맬서스의 인구론에 대한 비판으로 시작한다. 임금기금설은 사회에서 임금의 지불을 충당하기 위하여 일정액의 임금 기금이 존재하고, 임금 기금을 노동자가 수로 나눈 것이 평균임금이라고 하는 학설이다. 즉, '임금=자본/인구'로써 임금은 존재하는 자본에서 일정 비율에 해당하는 기금이라는 이론이다. 따라서 노동자가 저임금에 항의하더라도 임금을 위한 기금을 초과하는 임금은 지급할 수 있는 돈이 존재할 수 없다는 이론이다. 따라서 임금기금설은 자연적 현상과도 같다는 주장이다. 나아가, 이 이론은 가난한 사람들을 지원하려는 모든 시도가 헛될 뿐 아니라 역효과를 초래한다는 것을 암시한다. 구빈원(救貧院, workhouse)에 있는 극빈자에 대한 모든 지원이 고정적인 국가 임금, 즉, '기금'에서 인출되기 때문에 필연적으로 고용 노동자들에게 보상할 기금이 줄어든다는 것이다. 임금기금설은 개념적으로는 난해하고, 현실적으로는 노골적인 잔인함과 냉혹함으로 가득하다. 이러한 이유로 초판을 익명으로 출판하였다고 한다. 『인구론』은 영국 고전학파 경제학자 로버트 맬서스의 저서로서 초판은 익명으로 출판되었다. 『인구론』은 인구의 자연적 증가는 기하(등비)급수적이지만 식량은 산술(증차)급수적으로 증가하기 때문에 결과적으로 과잉인구와 이로 인한 식량부족은 필연적으로 발생할 것이란 예측 주장이다. 그 결과 빈곤과 죄악이 많이 발생하는 것은 불가피하며, 소극적 해결책으로

　　　　　　　　　　　　　　　　　　　　　　공익개발론

는 산아제한, 결혼 연기, 독신, 성적 금욕 등을 통해 출산율을 낮추는 예방적 조치가 필요하며, 결국은 상당수가 가난 속에서 살다가 기근, 질병, 전쟁 등을 통해 사망률을 높이는 적극적인 억제책으로 인구 대비 식량의 불균형을 해소할 것이라고 말한다. 맬서스의 인구 이론은 찰스 다윈과 알프레드 월리스 등의 과학계와 진화론에 영향을 준다. 찰스 다윈은 인구론을 읽은 후에 진화의 기제가 적자생존, 즉 자연도태라는 사실을 깨닫게 되었다고 한다. 하지만 『인구론』은 자본주의 미래에 대하여 어느 것 하나도 예측하지 못하였다. 가장 많은 지적은 기술 진보의 위력을 과소평가하는 실수로 산업 혁명 이래 인류의 기술 진보는 눈부시게 빠른 속도로 진화한다. 따라서 현재 임금기금설은 폐기되었으며, 『인구론』 또한 이론적 비판으로 주류 경제학에서 제외되었다. 고전학파의 "임금은 자본에서 나온다."를 비판하고, 임금은 자본에서 나오는 것이 아니라, 노동이 투여된 현재의 생산물로부터 나온다고 주장으로 대체되었다. 조지는 『인구론』에 대하여 사실적인 측면과 논리적인 측면, 그리고 비유적 접근방식 모두를 비판하였으나 통계를 활용한 수학적 접근이 없는 헨리 조지의 주장 또한 비판받을 수 있는 부분이라 생각한다.

헨리 조지는 제3권에서 분배의 법칙을 설명하고, 제4권에서 진보가 부의 분배에 미치는 효과에 있어서 역동성을 추가하여 재해석한다. 그는 제3권 제1장 분배의 법칙에 관한 필연적 관계를 다음과 같이 정의한다. "생산요소는 토지, 노동, 자본이다. 토지라는 용어는 자연이 제공하는 모든 기회와 힘을 의미한다. 노동이라는 용어는 모든 인적 노력을 의미한다. 자본이라는 용어는 더 많은 부를 생산하기 위해 사용되는 모든 부를 의미한다.

총생산물은 이 세 가지 요소에 대한 대가로 모두 분배된다. 자연적 기회의
사용에 대한 대가로 토지 소유자에게 지불되는 부분을 지대라고 한다. 인
적 노력에 대한 대가가 되는 부분을 임금이라고 한다. 자본 사용에 대한
대가가 되는 부분을 이자라고 한다. 이 세 용어는 상호 배타적이다." 여기
서 제시되는 토지는 땅만을 의미하는 것이 아니며, 자연이 제공하는 모든
기회와 힘으로 사람이 창조할 수 없는 모든 것이라고 규정하는데, 책의 후
반부에서 인간은 자연의 어떠한 것도 창조할 수 없고, 단지 자연을 변형할
뿐이라고 주장한다. 즉, 헨리 조지의 주장에 따르면,

$$생산량은 = 토지(지대) + 자본(이자) + 노동(임금)$$

으로 설명되는데, 이는

$$생산량 - 토지(지대) = 자본(이자) + 노동(임금)$$

와 같다는 것을 알 수 있다.

위 공식에 따라 생산량이 증가함에도 임금과 노동이 일정하게 유지되
면, 지대만이 증가하게 됨을 알 수 있다. 이와 같은 현상은 토지의 소득은
증가하는 반면에 노동자는 현 상태만을 유지하거나 노동자가 증가하는 당
시 상황은 임금의 하락이 발생함으로 빈곤이 더욱 악화한다고 보았다. 더
구나 이러한 상황에서 노동과 자본이 서로 대립할 경우, 양자 간에 끝없는
소모전이 될 것이 자명함으로 자본과 노동은 연대하여 토지주에 대항함으

                    공익개발론

로써 자본 수익(이자)과 임금을 높일 수 있다고 주장한다.

진보와 빈곤 제5권에서는 반복적으로 발생하는 산업 불황의 근본 원인과 부의 증가 속에 빈곤이 영속되는 문제를 돌출하고 제6권에서 진정한 해결책을 제시하는데, 그것이 '토지가치세'다. 제7권에서 토지 사유재의 부정의성고 노동자가 노예화되는 궁극적 결과를 설명하며, 이에 대한 역사적 고찰고 미국의 토지 사유재를 설명한다. 제8권에서 토지에 대한 평등한 권리를 확립하고 보장하는 방법과 조세의 원칙에 의한 검토, 그리고 여러 가지 반대 의견으로 끝낸다. 제9권에는 부의 생산, 분배, 개인과 계층에 미치는 효과를 설명하고, 문학적 표현이 돋보이는 제10장에서 인간 진보의 법칙과 현대 문명의 쇠퇴, 중심적인 진리를 설명한다. 마지막 결론으로 개인이 삶의 문제를 논하며 아래와 같이 진보와 빈곤을 끝맺음한다.

솟아나는 희망은 모든 종교의 핵심이다. 시인도 희망을 노래했고, 예언자도 희망을 전했으며, 인간의 심장 깊은 곳에서도 희망의 진리에 감응하며 맥박이 뛴다. 어느 시대든 순결한 정신과 강력한 통찰력을 가지고 사상의 절정에 올라 그늘진 바다를 바라보면서 희미한 육지를 감지한 사람은 플루타르크가 했던 말을 모든 언어로 전한다.

『진보와 빈곤』 중에서

① 시대적 배경

우리는 진보와 빈곤을 이해하기 위하여 보조적으로 그가 살아가던 사회적 상황을 이해할 필요가 있다. 헨리 조지가 청소년기를 지나서 주요 사회 활동을 하던 시기는 19세기 후반의 미국 사회이다. 1865~1900년을 의미하는 19세기 후반의 미국 사회는 급격한 변화와 발전을 경험하던 시기이다. 급속한 산업 혁명을 겪으며 공업화가 진행되고, 철강, 석유, 철도산업이 크게 성장하며 미국 경제의 중심이 됨과 동시에 이들 기업은 대기업이라는 형태로 사회에 등장하고, 독점기업(트러스트, 카르텔)으로 형성한다. 록펠러의 스탠더드 오일과 카네기의 철강회사 등이 그 대표적인 예이다. 따라서 이와 같은 공업화의 진행은 인구의 도시화와 집중 현상을 만들어 뉴욕과 시카고, 필라델피아와 같은 대도시가 탄생하는 원동력이 되었고, 도시는 급격하게 성장하게 된다. 또한 이러한 도시 성장을 기반으로 남유럽 및 동유럽 출신의 이민자가 증가하게 되고, 시장은 풍부한 노동력을 기반으로 추가적인 성장 동력을 얻게 된다. 하지만, 당시 인권에 대한 개념이 충분하지 못한 미국 사회는 노동자, 농민, 인종차별 등과 같은 심각한 사회 문제들이 동시에 발생한다. 도시의 빈민가는 확대되며, 열악한 주거환경과 저임금에도 불구하고 장시간의 노동, 여기에 더한 위험한 작업환경은 노동자들의 불만을 폭발적으로 증가시킨다. 따라서 이러한 노동 문제들로 인하여 노동자들은 노동자 권리를 주장하는 노동조합(Knights of Labor, American Federation of Labor, AFL)을 조직되고, 1886년 '헤이마켓 폭동' 과 같은 노동운동이 발생한다. 노동운동에도 불구하고 당시 인권에 대한 의식 부족은 미국 정부와 기업들이 노동운동에 매우 강경하게 대응하게 만드는 원인이 된다. 이러한 과정에도 미국 동부와 서부를 연결하는 대륙 횡단 철도가 1869년 완공됨으로써 서부 지역의 개발이 가속화 한다. 정부는 1862년 '홈스테드 법'을 제정하여 많은 이들이 서부로 이동하여 농지를 개척하도록 하였으나, 이 과정에서 원주민들과의 충돌이 심화 되었고, 결국 원주민들을 강제로 이주시키는 조치를 단행한다. 한편, 정치적 부패도 극심한 시기였다. '태머니 홀(Tammany Hall)'과 같은 정치 보스가 부패한 정치 조직을 운영하며, 영향력을 행사함이 드러남에 따라 정부 개혁 요구가 커지면서 '펜들턴 공무원 개혁법(1883년)'이 통과되어 공무원 임용시험도 도입된다. 19세기 후반과 20세기로 이어지는 또 다른 미국의 사회문제는 인종차별과 팝울리즘((Populism, 농민운동) 등의 사회적 갈등을 지적할 수 있다. 남북전쟁 이후 흑인 노예가 해방되었지만, '짐크로 법(Jim Crow laws)'이 시행되며 남부에서는 인종차별이 심화 되고, 1896년 '플레시 대 펴거슨 사건(Plessy v. Ferguson, 163 U.S. 537, 1896년)' 판결에서 "불리하되 평등하다."라는 말도 안 되고, 있어서는 안 될 원칙들이 인정되며, 인종 분리가 법률적으로 정당화되는 어처구니가 없는 사태도 발생한다. 여기에 더하여 1882년 중국 이민자들에 대한 '중국인 배척법'이 통과되면서 아시아계 이민자들에 대한 차별 또한 극심해진다. 이 시기에 미국 동부의 도시화와 산업화에 따른 금융자본이 발달하게 되는데, 이러한 산업 및 금융자본 발달은 농민들에게 매우 심한 경제적 어려움을 겪게 한다. 그리고 이러한 농민들의 경제적 어려움을 바탕으로 1892년 인민당(팝울리스트당, Populist Party)이 등장하며, '은 본위제' 도입과 철도 및 은행 규제 등을 주장한다. 이처럼 19세기 후반의 미국은 산업화, 도시화, 이민 증가, 노동문제, 정치 부패, 서부 개척, 인종차별과 같은 다양한 사회문제들의 특징을 보이는데, 이는 미국 사회발전에 있어서 '중요한 변화를 위한 경험의 토대'의 시기라 할 수 있다. 그리고 헨리 조지는 위에서 나열한 다양한 사회문제들을 직간접적으로 경험하거나 접함으로써 더 나은 세상을 위한 방안으로 진보와 빈곤을 저술하였을 것으로 생각하고 이해한다.

② 마르크스와 헨리 조지의 논쟁

당시 자본주의에 반대한 마르크스는 토지와 자본을 구분하지 않고, 토지와 자본 모두를 공유해야 한다고 주장하였지만, 헨리 조지는 토지와 자본을 구분하여 그중 토지만을 공유 상태에 근접하게 만드는 토지제도(토지 단일세)를 주장하였다. 즉, 헨리 조지는 시장 경제에 대하여 가격과 기능의 효율성을 인정하였는데, 이는 마르크스가 사유재산을 부인하는 것과 대치되는 주요한 사상적 대목이다. 이러한 상반된 견해는 그의 저서 여러 곳에서 알 수 있으며, 국부의 증가를 위하여 시장 경제와 시장 경제에서 선의의 경쟁은 필수 요소로 보았다. 보호받지 못한 노동자의 비참함이 사회 전반에 퍼져 있는 동시대를 살면서, 노동자의 인권과 권익을 옹호하고자 한 것은 마르크스와 같았지만, 자본이 노동자에게 미치는 견해를 달리함으로써 서로가 적대적인 관계를 이룬다. 헨리 조지는 "마르크스의 공산주의 사상을 현실에 적용하게 된다면 종결에 가서는 독재로 끝날 것."이라고 비판했고, 마르크스는 "헨리 조지의 토지단일세 시스템은 공산주의 사회보다 못하거나 한 단계 낮은 불완전한 체제에 불과하다."라고 비판했다. 즉, 마르크스와 헨리는 부의 불평등을 해소하고자 하는 점에 있어서 '자본'의 기능과 이해를 달리하였는데, 헨리는 자유경쟁의 긍정적인 점들을 옹호하였기에, 토지만이 부의 불평등을 발생하게 하는 원인으로 지적하였고, 마르크스는 자본과 토지 모두가 부의 불평등의 원인으로 보았다. 이에 관한 필자의 생각은 마르크스와 헨리 조지 모두는 노동자가 가난과 궁핍으로부터 해방되어 인간답게 삶을 영위할 수 있기를 바라는 이타심에서 『자본론』과 『진보와 빈곤』을 집필하였다고 생각한다. 그러나 마르크스가 말한 공산주의는 너무도 과격하고, 현실적으로 실현 가능성이 없는 몽상적 국가형태라고 생각하며, 헨리의 비판에 동의한다. 그리고 헨리 조지의 의견처럼 결과적으로 공산주의 국가 대부분이 독재화되었음은 역사가 확인해 주었다. 그러나 독재국가는 아닐지라도 공산당 일당 정치체제를 유지하는 중국과 베트남도 개혁개방정책을 시행함으로써 시장 경제를 받아들였고, 배급 체제는 점차 폐기되고 있다. 다만 북한은 사회주의 국가를 표방하고 있으나, 엄밀히 말하자면 북한은 공산주의도 사회주의도 아닌, 그냥 독재국가다.

③ 헨리 조지 사상으로부터의 영향

헨리 조지의 주장은 세계의 많은 학자, 사상가, 정치가, 문학가 등에 영향을 주었다. 영향을 받은 사람으로는 인류 역사상 위대한 물리학자 중 한 명인 알베르트 아인슈타인(Albert Einstein), 미국의 보수주의운동 작가 윌리엄 F. 버클리 주니어(William F. Buckley, Jr), 제2차 세계 대전 중에 영국 총리가 되어 연합군을 승리로 이끈 윈스턴 처칠(Sir Winston Leonard Spencer-Churchill), 미국의 기술자이자 포드 모터 컴퍼니 창설 기업가 헨리 포드(Henry Ford), 중국의 신해혁명을 이끈 혁명가이자 중국국민당의 창립자 쑨원(孫文), 사실주의 문학의 대가이며 세계에서 가장 위대한 작가로 꼽히는 러시아의 소설가 레프 니콜라예비치 톨스토이(Граф Лев Николáевич Толстóй), 미시시피강 유역을 배경으로 개구쟁이 소년 톰 소여와 허클베리 핀의 모험을 그린 동화 작가 새뮤얼 랭혼 클레먼스(Samuel Langhorne Clemens) 등을 포함하여 세계 각국의 사람들에게 영향을 주었다.

(4) 장 자크 루소(Jean-Jacques Rousseau)

네 번째로 소개할 사상가는 장 자크 루소이다. 장 자크 루소(Jean-Jacques Rousseau, 1712~1778)는 스위스 제네바 공화국에서 태어나 프랑스에서 활동한 사회계약론자이자 직접민주주의자, 공화주의자, 계몽주의 철학자이다. 시계공인 아버지 아이작 루소(Issac Rousseau)와 수잔 버나드(Suzanne Bernard) 사이에서 태어난 루소는 10세 때 아버지마저 집을 나가 숙부에게 맡겨져 여러 직업에 종사하며 떠돌이 생활을 해야만 했다. 이탈리아 토리노에서 루소는 드 베르셀리(de Vercellis) 부인의 시종과 구봉 백작의 서기, 신학교 입학과 자퇴 후 르 메트르의 지도하에 음악을 공부한다. 1732년 파리로 돌아온 그는 샹베리와 샤르메트에서 바랑 부인 곁에 살면서 음악에 몰두하고, 많은 독서를 하며 다방면에 걸쳐 교양을 쌓았다. 계몽주의자 달랑베르, 디드로와 파리에서 만나 친교가 인연이 되어 후에『백과전서』편찬에 합류하게 된다. 그는『백과전서』의 음악과 정치·경제 항목을 할당받아 다음 해에『학문 예술론』을 출판한다. 1754년 디종의 학술원의 "무엇이 인간 불평등의 근원인가?"라는 학술 연구 공모전을 준비하면서 '자연 상태의 자유롭고 평등한 상태가 문명사회의 소유제를 만나 부의 불평등을 만들고 인간을 비참하게 만든다는 원인을 대립시켜 설명하였는데, 이러한 주장은 이후『사회계약론』의 바탕이 된다.『사회계약론』은

『인간 불평등 기원론』을 바탕으로 새로운 사회의 적극적인 구상이라고 할 수 있다. 『사회계약론』은 총 4편으로 나누고 이론적으로는 '일반의지론'과 '사회계약론'으로 나뉜다. 그는 '일반의지'에 대하여 '자유와 평등을 지향하는 인간(people)의 의지'로 사회 상태에서는 발견할 수 없고 인간의 마음속 의지로서 이는 주권의 기초이며, 법이나 정부도 일반의지에 의한 주권으로부터 나온다고 설명한다. 이러한 일반의지는 절대적이며, 예외도 없고, 타인에게 양도나 분할도 불가능함으로 주권 또한 같은 원리로서 이러한 주권 국가는 '직접민주제 국가'로 정의된다. 이러한 그의 주장은 "빈 서판에는 아무것도 없다"와 "자연으로 돌아가라"에 기반을 두고 있으며, 이는 동양철학의 성선설(性善說)과 매우 흡사하다. 유가의 대표적 사상가인 맹자는 사람의 본성(本性)은 본래 선하고, 누구나 측은(惻隱)·수오(羞惡)·사양(辭讓)·시비(是非)의 능력을 갖추고 있는데, 이 능력들은 수양을 통해 각각 인(仁)·의(義)·예(禮)·지(智)의 덕(德)으로 발전하게 된다는 사상이다. 따라서 루소나 맹자는 인간은 태어날 때(또는 자연 상태)부터 선한 본성을 가지고 태어나지만, 살아 가면서(사회, 문명) 자신의 욕구(사유재)와 주변 환경(사회) 등에 의해 옳지 못한(부의 불평등과 빈곤) 행위를 할 수 있다는 관점으로 순자(荀子) 성악설(性惡說, 토마스 홉스, 지그문트 프로이트)의 반대 개념으로 이 두 가지 가설은 과거부터 지금까지 서양이나 동양이나 인간이 살아가는 사회에 있어서는 논쟁의 대명사로 자리잡고 있으나 어느 이론에 대해서도 과학적으로 입증된 어떠한 사실도 없는 이론이다.

루소는 모든 사회악과 사회갈등의 원인을 '소유권에 기인한 경제 불평등'에 있다고 단언하고, 사회 불평등 해소 방안으로 '일반의지론'을 제안하였다. 그가 제안한 '일반의지론'은 플라톤의 선의 이데아로부터의 영향이고 로마 가톨릭에서의 신의 의지를 원용한 말이라고 생각된다. 따라서 그가 말하는 일반의지는 지금의 우리 사회에서 보편 상식적 의지가 아니고 진리와 선을 전제하는 의지이지만, 신비적, 초월적 진리가 아니라 현실 속에서 구현되는 정의로서 공공선이 된다고 했다. 정의와 선은 당연히 평등이고, 평등은 경제적 평등으로 공동체 모두의 이익을 보장해서 공존함으로 루소는 공화주의 근본 이념이 된다고 하였다. 그는 기존의 '자유와 평등은 양립할 수 없다'와 같은 입장을 정면으로 배척하고, 자유와 평등은 양립할 수 있으며, 여기에 더하여 평등을 자유의 근거로 제시하고 평등 없이는 자유가 존재할 수 없다는 점을 들었다. 인간에 의한 인간의 지배라는 부당한 사태로부터 평등하고 독립적인 삶을 영위할 수 있는 경제적 평등이 우선되어야 한다고 강조했다. 이와 같이 루소는 사회 불평등의 원인이 사유재산제이고 사유재산으로 인한 결과는 인간과 인간 사이의 지배 종속관계로 보았다. 따라서 인간 존엄성이라는 관점에서 비판하고 이상적으로 극복하고자 한 점은 높이 평가할 수 있다.

그 외에 에버니저 하워드 경(Sir Ebenezer Howard, OBE, 1850~1928)이 있으며 그는 영국의 도시 계획학자로, 현대 도시 계획의 선조이다. 전원도시를 주창하여(Garden city movement) 자연과의 공생, 도시의 자율성을 제시하였다. 그는 유토피아 소설『뒤를 돌아보면서』에서 영감을 얻어『내일: 진정한 개혁에 이르는 평화로운 길(To-morrow: a Peaceful Path to Real Reform)』을 1898년 출간하였고, 1902년에『전원도시(Garden Cities

　　　　　　　　　　　　　　　　　　　　　　　　　공익개발론

of To-morrow)』라는 제목으로 재출간되었다. 국내에서는『내일의 전원도시』로 출간되었다. 그의 전원도시는 자족 기능을 갖춘 계획도시로써, 주변에는 그린벨트로 둘러싸여 있고 주거, 산업, 농업 기능이 균형을 갖추도록 했다. 도한 그가 주장한 '전원도시(Garden City)' 개념 제안에는 토지를 공공이 관리하는 도시개발 모델로써 토지를 사적으로 소유되는 것이 아니라 공동체가 관리하고 임대하는 방식이 바람직하다고 보았다. 현대의 신도시 개발 모델은 전원도시로부터 많은 영향을 받았으나 토지 공공제는 받아들여지지 않았다. 마지막으로 소개할 사람은 미국의 경제학자 조지프 유진 스티글리츠(Joseph Eugene Stiglitz)로 세계은행 부총재를 역임한 컬럼비아 대학교수이다. 그는『불평등의 대가』,『거대한 불평등』,『경제 규칙 다시 쓰기』를 출판하였으며, 건물이나 기타 자산에는 세금을 부과하지 않고 토지 가격상승에 따른 불로소득(지대, rent)을 공공이 환수하는 "토지가치세(LVT, Land Value Tax)"개념을 주장하였다. 이는 헨리 조지의 주장과 유사하며, 일반적인 재산세(Property Tax) 또는 부동산세는 토지뿐만 아니라 건듈에도 세금을 부과하는데, 이는 건설 및 개발을 저해함으로 건물에는 세금을 부과하지 않고 토지 가치만 과세하자는 주장이다. 토지는 자연적으로 주어진 것이며, 가치상승은 정부의 도로, 지하철 등의 공공 인프라 투자로 인한 경제 성장으로부터 발생하는 것이지 개인의 노력이 없으므로 불로소득이고 사회 정의상 불로소득은 공공이 환수해야 한다는 논리를 펼쳤다. 지대 상승분을 공공이 환수하여 땅 투기를 방지하고, 토지소유자가 토지의 사회적 가치상승 혜택을 독점하지 못하게 공정성을 확보하여야 하며, 나아가 정부 재정이 변동성으로부터 안정성을 취할 수 있다고 보았다. 스티글리츠의 토지가치세(LTV)는 헨리 조지의 사상을 발전시켜 공공

인프라 발전과 불평등 완화 효과를 주장하였지만, 현실적 토지소유자들의 저항과 세금 부과 기준의 모호함과 집행의 어려움 등의 해결이 어려워 현재까지 직접적인 도입 사례는 없다.

1.4. 공유지의 비극

(1) 공유지의 비극

공유지의 비극 이론은 미국의 생물학자이자 캘리포니아주 샌타바버라 대학의 생태학 교수인 개릿 하딘(Garrett Hardin, 1915~2003)에 의해 알려졌다. 하딘 교수는 1968년 과학 저널에 「공유지의 비극」을 게시하고 자원 관리 필요성에 대한 문제를 제기한다. 공유지의 비극(The Tragedy of the Commons)은 개인이 이기심에 따라 행동할 경우, 자원의 고갈을 일으키는 경제 과학적 상황을 설명한 논문이다. 최초 '공유지의 비극' 개념은 영국의 경제학자 윌리엄 포스터 로이드(William Forster Lloyd, 1794년~1852년)가 1833년에 발표한 소책자 『Two Lectures on the Checks to Population』에서 아래와 같이 '공유지의 비극(Tragedy of the Commons)' 개념을 처음으로 제시했다.

"만약 어떤 사람이 자신의 소유지에 가축을 더 많이 풀어놓는다면, 그 가축들이 소비하는 먹이는 전적으로 자신의 가축들이 이용하던 양에서 차감됩니다. 그러나 공유지에 가축을 추가로 풀어놓는다면, 그 가축들이 소비하는 먹이는 다른 사람들의 가축과 자신의 가축 모두에게서 비례적으로 차감됩니다. 따라서 개인은 추가적인 가축을 공유지에 풀어놓음으로써 얻는 이익이 손해보다 크다고 판단하게 됩니다."

이러한 논리는 개인의 합리적인 선택이 전체 자원의 고갈로 이어질 수 있음을 보여 주는데, 1968년, 생태학자 하딘 교수에 의하여 인구 증가와 환경 문제에 대한 논의로 확장함에 따라 '공유지의 비극'이라는 용어로 재조명된다.

그는 영국과 아일랜드에서 규제되지 않은 방목의 영향을 가상의 예로 사용했다. 이 개념은 1968년 개릿 하딘(Garrett Hardin)에 의해 쓰인 기사 이후 1세기 후에 '공유지의 비극'으로 널리 알려지게 되었다. 이러한 공유지의 비극에 관한 사례로는 그랜드 뱅크 어장 붕괴, 대서양 참다랑어 남획, 지하수 과다 사용, 기후변화, 도시 교통 혼잡 등을 들 수 있다. 그랜드 뱅크 어장(Grand Banks)은 캐나다 뉴펀들랜드 인근 북서 대서양의 세계적인 대구 어장으로, 1992년 대구 자원의 붕괴로 인해 역사상 가장 심각한 어업 재앙 중 하나를 겪었다. 1950년대 이후, 레이더와 소나 등 첨단 장비를 갖춘 대형 트롤 어선의 도입으로 대구를 대량으로 포획할 수 있게 되었고, 이것으로 인하여 1968년에는 연간 81만 톤에 달하는 대구를 어획하였는데, 이는 자원의 재생산 속도를 초과하는 수준이었다. 또한 당시 대형 트롤 어업 방식은 대구뿐만 아니라 생태계에서 중요한 역할을 하는 비상업성 어종까지 함께 포획하였는데, 이러한 혼획은 생태계 먹이사슬을 교란하여 대구의 생태 회복을 더욱 어렵게 만들었다. 1992년 캐나다 정부는 대구의 자원이 역사적 수준의 1%대로 감소하자 대구 어획을 전면적으로 금지하고, 약 3만 7천 명의 어부와 가공업 종사자들이 일자리를 잃었다. 이는 당시 캐나다를 포함한 역사상 최대 규모의 산업 폐쇄로 기록된다. 대구의 어획 금지 이후, 캐나다 정부의 기대와 달리 대구의 주요 먹이였던 작은 어류들이 급격하게 증가하면서 대구의 알과 치어를 먹어 버림으로써 대구 어장의 회복은 더욱 어려움을 겪는다. 2005년 이후 이러한 작은 어류들의 개체 수가 감소하면서 대구의 회복 가능성이 보이는 듯하였으나, 최근 기후 변화로 북서 대서양의 수온 상승이 대구의 생존과 번식에 부정적인 영향을 미치고, 해수온 상승에 따른 서식지 이동 등 캐나다의 대구 자원 회복은 더욱 복잡하고 어려운 상황에 놓이게 된다. 그 외에도 대서양과 지중해에서의 참다랑어 남획은 이 종의 개체 수를 급감시켰다. 일부 국가들은 국제 규제를 무시하고 계속해서 남획을 이어 갔으며, 그 결과 흑해와 카스피해에서는 참다랑어가 멸종되는 참사가 발생한다. 어류의 남획에 관하여 유엔 식량농업기구(FAO)에 따르면, 전 세계 어류 자원의 약 34%가 남획되고 있으며, 60%는 완전히 어획된 상태라고 하는 심각한 상황들을 보고하고 있다. 그 외 지하수 과잉 사용, 패스트 패션, 화석연료의 과도한 사용에 따른 온실가스 증가 등은 지구 전체의 기후를 심각하게 변화시켜 인류의 생존을 위협하는 결과를 초래하는 사실들이 대표적인 '공유지의 비극' 사례이다.

토지와 관련된 대표적인 현대의 '공유지의 비극'은 교통 체증이다. 도시의 도로는 누구나 이용할 수 있는 공유 자원이다. 그러나 모든 사람이 자가용을 이용하려 하면 도로는 혼잡해지고, 대기는 자가용 사용량에 비례하여 오염될 것이다. 하버드 공중보건대학원의 연구에 따르면 도시지역의 교통 체증으로 인한 대기 오염은 미국에서만 매년 2,200명 이상의 조기 사망을 초래한다고 한다.

(2) 공유지의 비극을 넘어

미국의 여성 정치학자이자 경제학자인 엘리너 오스트롬(Elinor Ostrom, 1933~2012)은 다양한 제도적 장치가 공유재를 관리하고 사용하는 개인들의 선택과 행동에 미치는 영향 등을 연구하였는데, 특히, 정부의 간섭 없이 개인들이 자치적으로 사회문제를 해결할 수 있는 조건과 가능성을 연구하였다.

스위스의 고산 목초지, 네팔의 서부 Dang 마을 관개 시스템, 일본의 산림 관리 등을 관찰하며, 일부의 시도들이 성공을 거두지는 못하였으나 생태계 붕괴를 막기 위한 다양한 제도적 시도들을 사회가 어떻게 개발할 수 있는지에 대하여 실증적 사례를 중심으로 연구했다. 인간과 생태계의 다면적인 성질에 의한 상호 작용을 강조하며, 국가 또는 시장만이 공유 자원 문제를 해결할 수 있다는 이분법적인 접근법들에 대해 비판함으로써 자치(Self-governance)를 통해 공유 자원 문제를 해결할 수 있음을 설명한다. 그녀의 연구는 기존의 전통적인 경제학 이론, 특히, 개럿 하딘의 '공유지의 비극'과 맨슈어 올슨(Mancur Olson, 1932~1998)의 '집단행동의 논리, The Logic of Collective Action'에 대하여 그들은 현실의 복합한 자원 관리 상황을 충분히 설명하지 못한다고 비판한다. 그리고 이러한 통념을 깨고, 공유 자원의 지속 가능한 관리 가능성을 실증적 사례와 공동체가 자율적으로 자원을 관리하고 있음을 1990년 『공유의 비극을 넘어(Governing the Commons)』를 통하여 설명한다. 그녀는 경제 거버넌스, 특히 공유 자원의 분석에 대한 공로로 2009년 노벨 경제학상을 수상하는데, 이는 공유 자원의 자율적 관리 가능성을 학문적으로 인정받는 중요한 계기 되었다. 오스트롬은 공유 자원 관리를 위하여 ① 명확한 경계 설정, ② 지역 조건에 맞는 규칙 제정, ③ 참여적 의사결정 구조, ④ 모니터링 시스템 구축, ⑤ 점진적인 제재 구축, ⑥ 분쟁 해결 메커니즘, ⑦ 외부 권위의 최소 개입, ⑧ 중첩된 조직 구조 등의 8원칙을 제시하며, 지금까지 공유 자원의 문제를 해결하지 못한 정부나 시장 사유화를 최소화하고, 지역 공동체의 자율성과 참여로 공유지 문제를 해결할 수 있다고 주장하였다.

(3) 공유지 이론들에 대한 비판과 예방

이와 같이 오스트롬의 『공유의 비극을 넘어』는 공유 자원의 자율적 관리 가능성 부분은 학문적으로 많은 기여를 하였다. 하지만 오스트롬의 이론은 계약 사회학의 변형된 것으로 기존의 사유 재산권이나 정부 개입과 크게 다르지 않은 것으로 새로운 거버넌스 모델로 보기는 어렵다고 생각된다. 이는 오스트롬이 제시한 사례들이 대부분 소규모 공동체에 국한되어 있고, 공유의 비극을 대표하는 대기와 수질 오염 등의 기후변화는 국경을 넘어서는 문제들로 자율이 적용될 가능성 전혀 없다. 기후변화와 참다랑어 조업 같은 공유해역에서의 문제와 대기 및 환경에 관한 기후변화 문제는 국가의 개입 없이 해결은 불가능함을 지적할 수 있다. 또한 공동체 나의 권력 불균형과 정치적 갈등을 충분히 고려하지 못하고 있으며, 공유 자원의 관리에는 권력관계와 사회적 불평등의 문제들이 공유의 의사결정에 중요한 요소로 작용될 수 있다는 점도 간과되고 있다. 또한 어장과 산림 등의 자연 자원 사례로는 지식, 문화 등의 다른 자산 형태의 적용이 어려우며, 소규모 집단의 공유는 특정 지역 문화에 국한되어 있으므로 인구가 집중되어 있는 도시에서의 공유문제에 사용하기에는 보편적 적용의 한계와 맥락의 일반화도 어렵다는 문제를 지적할 수 있다.

현실에서의 사회는 공유지의 비극을 막기 위한 적극적인 해결방안과 예방 활동을 전개하여야 할 것이다. 현대의 우리는 소비에 중독되어 있고 이러한 습관으로 한정된 천연자원은 고갈되고 있으며, 생활 쓰레기로 환경이 파괴되고 있음은 모두가 잘 알고 있는 사실이다. 천연자원의 고갈은 인류 생존과 지구의 생태계에 중대한 영향을 미치기 때문에, 지속 가능한 자원 관리는 전 세계적인 과제이다. 따라서 천연자원의 고갈을 막기 위해선 기술, 정책, 교육, 국제협력 등이 유기적으로 연결되어 공유지의 비극을 막고 지속 가능한 사회구조로 전환이 필요할 것이다. 공유지는 결국 우리 모두의 미래다. 따라서 공유지를 지키는 일은 "남을 위해 양보하는 일"이 아니라 곧 "자신과 다음 세대를 위해 지혜롭게 선택하는 일"임을 잊지 말아야 한다.

(4) 인류 최대 공유지의 비극 "개발이익"

공유지의 비극은 흔히 목초지의 이야기로 설명된다. 모두의 땅에서 각자는 조금씩 더 많은 이익을 취하려 하고, 그 결과 목초지는 황폐해진다.

이 이야기는 인간의 탐욕을 경계하는 교훈으로 널리 인용되어 왔다. 그러나 오늘날 우리가 마주한 도시의 풍경은, 이 고전적 비극보다 훨씬 더 복잡하고 치명적인 형태의 공유지의 비극을 보여 준다. 도시에서 가장 큰 가치 상승은 노동이나 생산에서 오지 않는다. 그것은 토지가 어떠한 용도로 사용될 수 있는지가 결정되는 순간 발생한다. 농지가 상업지가 되고, 녹지가 아파트 용지가 되며, 낮은 용적률이 높은 용적률로 전환되는 순간, 토지는 이전과 전혀 다른 재산이 된다. 이러한 변화는 자유시장이 만들어 낸 결과가 아니라, 지방정부의 인허가, 즉 '도시 계획 제도'에 의해 결정된다. 따라서 토지의 형질변경은 곧 개발이익이며, 이 개발이익은 오로지 공권력의 승인으로부터 발생한다.

여기서 중요한 질문이 하나 생긴다. 이 승인 권한은 누구의 것인가. 지방정부는 토지의 주인이 아니다. 지방정부는 시민으로로부터 위임받아 공동의 재산을 관리하는 관리자일 뿐이다. 도로, 공원, 용도지역, 사회 기반시설 계획 등 이러한 도시 계획 전부가 시민의 삶을 위해 존재하는 공동자산이다. 토지의 형질변경 권한 역시 마찬가지다. 그렇다면 그 권한 행사로 발생한 개발이익은, 누구의 것인가. 우리는 이러한 개발이익에 관하여 우리 사회가 지키고자 하는 공정과 정의의 관점에서 논리적으로 판단하여야 한다. 따라서 이러한 개발이익은 특정 토지소유자나 투자자의 것이라기보다는, 시민 전체의 재산이라고 보는 것이 훨씬 자연스럽고 논리적이다. 그럼에도 불구하고, 우리는 오랫동안 이 개발이익을 개인의 성취나 투자수익으로 취급해 오고 있다. 개발이익은 '잘 투자한 사람의 보상'이 되었고, 일반시민은 그 결과로 상승한 집값과 임대료를 감당해야 하는 존재로

 공익개발론

전락하고 있다. 이러한 과정에서 도시가 가진 가장 강력한 가치 창출 수단은 기득권층과 정치인 그리고 그들과 동조하는 비양심적인 특정인들에게 조용히 사유화되고 있다. 가장 큰 문제는 이러한 사회계약들이 무지나 실수에서 비롯된 결과가 아니라는 점이다. 우리는 우리가 만든 제도에서 불평등이 비롯된다는 사실을 우리 모두 알고 있다. 다만, 시민들은 그것을 관리하고 공유하는 일이 불편했고, 이해관계자들은 그것을 이용했을 뿐이다.

이러한 결과로 현대의 도시개발은 인류 최대의 공유지의 비극과 불평등을 만들었다. 고전적 공유지의 비극이 '모두의 것이기에 아무도 책임지지 않은 결과'라면, 도시개발 이익의 비극은 '모두의 것임을 알면서도 특정 소수에게 귀속되도록 제도를 설계한 결과'다. 이는 관리 책임 부재가 낳은 방치된 공유지가 아니라, 의도적으로 분배를 포기하고 왜곡된 공유지를 우리 스스로가 만든 것이다. 그리고 그러한 방치와 왜곡의 대가는 불평등으로 우리 사회에 되돌아왔다. 형질변경 인허가를 받을 수 있느냐의 여부가 개인의 노력이나 기여와 무관하게 자산 격차를 결정하고, 이러한 왜곡 현상은 도시를 투기의 장으로 만들었다. 우리는 종종 개발이익을 환수하면 투자가 위축된다고 말한다. 그러나 이것은 원인과 결과를 혼동한 주장이다. 민간 투자가 창출한 것은 건축물과 운영 효율이지, 토지 가치의 급격한 상승이 아니다. 토지 가치 상승의 핵심은 언제나 법률과 제도였다. 법률과 제도를 통해 발생한 이익을 시민과 공유하는 것이 투자를 부정하는 것은 아니다. 오히려 그것은 공공과 민간의 역할을 정확히 구분하는 일이다. 그리고 정확한 역할 구분은 민간의 투자 안정성을 높이는 중요한 요소로 이는 투자에 있어서 위험 요소인 정치적 안정성과 맥락을 같이한다.

도시개발 이익을 시민의 재산으로 되돌리는 일은 토지 사유제를 부정하는 것도, 사회주의적 몰수를 의미하는 것도 아니다. 그것은 단지 "어디서 이익이 발생했는가?"라는 질문에 정직하게 답하는 것이다. 개발이익이 공적 결정에서 발생했다면, 그 귀속 역시 공적이어야 한다. 이 단순한 원칙을 외면해 온 것이 오늘날 불평등의 핵심 근원이다. 어쩌면 도시의 가장 큰 비극은, 우리가 공유지를 잃어버린 것이 아니라, 공유지임을 알면서도 관리하지 않기로 선택해 왔다는 데 있다. 토지의 형질변경으로 인한 개발이익을 사유화하는 제도는 자연의 법칙이 아니라 대부분 인류의 선택이다. 그리고 그러한 선택은 언제든지 다시 설계될 수 있다. 도시를 시민의 삶을 위한 공간으로 되돌리고자 한다면, 가장 먼저 회복해야 할 것은 건물이 아니라, 도시가 만들어 낸 가치에 대한 정의이다.

도시의 땅값이 오를 때, 우리는 흔히 이렇게 말한다. "운이 좋았네.", "투자를 잘했네.", "시장의 결과지.", 하지만 조금만 생각해 보면, 이상한 점을 금방 발견할 수 있다. 땅이 갑자기 나스닥 주식과 같이 값이 오르는 이유는 무엇일까. 그 땅에 주인이 밤새 벽돌을 쌓았기 때문도 아니고, 새로운 기술을 땅에 심은 것도 아니다. 대부분의 경우, 그 가치는 지방정부의 결정, 즉 용도변경이나 용적률 상향을 기반으로 하는 건축물의 허가 또는 도로와 지하철, 공원 같은 기반 시설 계획에서 시작된다. 다시 말해, 도시의 가치는 시민 모두의 이름으로 행사된 제도에서 만들어진다. 그렇다면 자연스럽게 이런 질문이 따라온다. 그와 같은 결정으로 생긴 이익은 누구

          공익개발론

의 것인가? 상식적으로 보면, 그것은 특정 개인의 능력이라기보다 시민 모두의 삶을 위한 공익적 결정의 결과다. 앞에서 말한 바와 같이 지방정부는 시민의 공동재산을 관리하도록 위임받은 관리자일 뿐이다. 관리자에게는 재산을 늘리거나 유지할 권한은 있어도, 그것을 특정 사람에게 몰아줄 권한은 없다. 그럼에도 우리는 수십 년 동안 개발이익이 특정 개인에게 귀속되는 구조를 당연한 듯 받아들여 왔다. 우리가 흔히 배우는 공유지의 비극은 '모두의 것이기에 아무도 책임지지 않아 망가진다'는 이야기다. 그러나 도시의 개발이익은 다르다. 이것은 모두의 것임을 알면서도, 아무도 지키지 않기로 선택한 공유지다. 그 결과, 가치는 소수에게 집중되고 비용은 시민 전체가 떠안는 구조가 되었다. 그렇다면 왜 우리는 이 구조를 알면서도 문제 삼지 않았을까. 이유는 하나가 아니다. 어떤 사람들에게 이 구조는 분명히 유리하다. 정치와 결탁할 수 있는 사람들과 지역 토호 세력 등 개발 기회를 잡을 수 있는 사람들에게 현 제도는 불공정이 아니라 기회다. 이들에게 침묵은 이해관계에 따른 선택이다. 또 어떤 사람들은 이렇게 말한다. "문제인 건 알지만, 내가 뭘 할 수 있겠어." 반복된 실망과 좌절은 사람을 냉소적으로 만든다. 하지만 그 냉소는 결과적으로 불평등이 만연한 현 체제를 유지하는 힘이 된다. 가장 많은 사람들은 또 다른 이유로 침묵한다. "언젠가는 나도 혜택을 받을 수 있지 않을까." 비록 지금은 아니더라도, 언젠가 기회가 오리라는 기대. 이 기대는 우리를 시민이 아니라 미래의 수혜자 후보로 만든다. 그리고 그 순간, 우리는 이미 기득권의 논리를 대신 말해 주고 있는 셈이 된다.

공유지의 문제에서 침묵은 중립이 아니다. 아무 말도 하지 않는 사이, 공유지는 자동으로 사유화된다. 도시개발 이익도 마찬가지다. 시민이 자신의 몫을 요구하지 않으면, 그 몫은 누군가의 투자수익으로 바뀐다. 의도하지 않았더라도, 그 결과에 동의한 것과 다르지 않다. 이 글은 누군가를 비난하기 위해 쓰이지 않았다. 다만 한 가지 사실을 분명히 하고 싶다. 도시는 남의 것이 아니라 우리의 삶이요, 우리 후손의 것이다. 개발이익은 하늘에서 떨어진 행운이 아니라, 시민의 이름으로 행사된 행정의 결정이다. 따라서 그것을 다시 시민에게 돌려달라고 말하는 것은 과격한 요구가 아니라, 너무 늦게 꺼낸 일반적 상식요 우리 사회를 지탱하는 공정을 바로 세우는 것이다. 우리가 침묵을 멈추고, 사회에 질문을 던질 때, 도시는 조금씩 달라질 수 있고, 불평등은 완화될 수 있다.

"왜 이 이익은 특정 개인의 것이 되었는가?"
"왜 시민은 항상 비용만 부담하는가?"
"이 구조를 바꾸는 것은 정말 불가능한가?"

도시는 제도로 만들어진다. 그리고 제도는 시민이 요구할 때만 바뀐다. 개발이익의 문제를 알면서도 아무 말도 하지 않는다면, 우리는 피해자이면서 동시에 방관자가 되고, 나아가 불평등이 만연한 다음 세대에게 가해자가 될 수 있다. 반대로, 문제를 이해하고, 요구하는 순간부터 우리는 다시 시민이 된다. 공유지의 비극은 필연이 아니다. 그것은 선택의 결과다. 그리고 그러한 선택은, 지금도 바꿀 수 있다. 현세대가 인류 최대 공유지의 비극인 개발이익 사유화를 후대에 유산으로 남겨서는 아니 된다. 불평등이 자라는 땅에 대하여 우리는 다시 한번 공정과 상식, 그리고 공공선을 요구받고 있다.

     공익개발론

1.5. 토지와 부의 불균형 담론

토지에 대한 철학, 경제, 사회적 담론의 주제는 부의 불균형으로 귀결된다. 현다 부의 불균형 문제는 자본주의 사회나 개방화한 사회주의 사회가 같이 겪는 모두의 문제이다. 또한 경쟁을 기반으로 하는 자본주의적 사회에서 부의 불균형은 어쩌면 불가피한 선택일 수 있다. 모두의 평등을 외치던 사회주의 국가들이 개혁개방을 통하여 자유시장 질서에 동참한 사실들은 자유시장 경제보다 효율적인 체제가 없어서일 것이다. 그리고 이젠 사회주의 국가들도 공동부유 등을 주장하며 부의 불평등을 해소하고자 하나 그의 한계도 명확하게 확인된다. 과거 수렵채집 활동을 벗어난 인류는 동서양을 막론하고 토지는 왕이나 귀족 그리고 종교 소유로 긴 시간을 유지하였다. 그러나 산업혁명과 시민혁명 그리고 고도로 발전하는 과학기술 발전에 따라 농업은 기계화되고, 도시를 중심으로 현재 토지 사유재가 시행되고 있지만, 신자유주의로 인한 부의 불균형은 해가 갈수록 증가하고 있으며, 이를 해소하기 위한 많은 논쟁이 이루어지고 있으나 명확한 담론은 제시하지 못하고 있다.

(1) 부의 불평등은 필연적인가?

먼저 앞서 살펴본 대표 사상가를 종합하면 아리스토텔레스, 홉스, 흄, 밀 등은 부의 불균형은 필연적이라고 주장했다. 그들은 인간의 능력, 운, 노력 등에서 차이가 반드시 발생하고 자원도 한정적이거나 희소하므로 부의 차이는 자연스럽고 피할 수 없는 현상이라고 주장한다. 반면에 루소,

마르크스, 피케티, 롤스 등은 제도나 권력이 편향되었기 때문에 반복된 것일 뿐, 반드시 불균형해야 할 이유는 없다고 보았다. 즉, 불필요하지만 역사적으로 반복된다고 보는 견해와 롤스, 센, 뒤르켐, 루얼, 등은 어느 정도의 인센티브 차이는 사회 효율에 필요하지만, 과도한 불평등은 정의롭지 않으므로 일정 수준의 불평등은 허용되어야 하고 과도한 불평등은 사회에 해악이 된다고 보았다. 필자의 생각도 피케티의 주장과 같이 자본주의의 복리 효과 즉, 돈이 돈을 버는 자본주의의 구조 자체가 시간이 갈수록 격차를 키우며, 시장 메커니즘 상으로도 수요와 공급, 자본의 투자, 기술 혁신에 대한 보상 등이 생산성의 차이를 증가시키므로 이는 소득 격차를 발생시켜 부의 불평등은 지속적으로 증가하는 현상이 계속될 것으로 보인다. 더구나 상속과 특권 같은 인위적 불평등 그리고 기존의 자산 불평등이 노동 생산 속도보다 빠르게 자산이 누적되는 현상들은 더 중요한 부의 불평등을 만드는 핵심적인 요인으로 작용하고 있다. 특히 조세제도, 금융 접근성, 토지 소유 등의 제도가 상위 소득자나 자산가에게 유리하게 작동하는 현실적 문제들도 계속되고 있다. 결과적으로 자본주의 구조 안에서는 부의 불균형은 필연적인 경향이 우세하는 것이 다수설이지만 이와 같은 구조는 제도와 정책 등으로 수정이 가능할 것이므로 부의 불평등이 절대적 필연은 아니라고 하는 반론도 상당히 많이 존재하고 있다. 부의 불평등에 관하여 정의론적 관점에서는 "완전한 평등이 필요하지는 않아도 격자는 정당화되어야 한다."라는 롤스의 '차등의 원칙'은 매우 중요하다고 생각한다. 그는 『정의론』에서 다음과 같이 말하였다.

"불평등은 사회적 약자에게도 이익이 될 때만 정당화된다."

                                                  공익개발론

이 원칙에 따르면 부의 불균형은 필연이 아니라 조건부 정당화 대상이라는 것이다. 한국 등과 같은 도시화 된 사회에서 토지 공급은 고정되어 있고, 노동이나 생산 없이도 가치가 상승하는 토지에 관한 부의 불균형은 일반적 자본보다 더 복합적인 양상을 띠고 생산성을 넘어 예금, 주식, 채권 등 어느 것보다도 빠르게 커지고 있어 심각한 사회문제를 양산하고 있다. 헨리 조지가 이러한 현상 즉, 불로소득의 가장 대표적인 예로 토지를 지적하고 지대(Rent)에 대한 과세를 주장하였지만, 나는 그의 주장과 같이 지대로 부의 불균형을 해소할 수 있다고 보지 않는다. 이유는 지대가 모든 세수의 대안이 될 수도 없고, 토지를 공유하거나 국가가 소유하고 필요한 국민이 임차하는 방식의 사회주의를 표방하는 국가에서도 부의 불균형은 어느 자본주의 국가 못지않게 증가하고 있으므로 지대가 부의 불평등을 해소할 수 있다는 조지의 대안적 방식은 틀렸다는 것이 증명되었다. 토지 공공화와 더불어 최근 중국 정부의 공동부유 정책 또한 정치적 구호에 그칠 가능성이 매우 크다고 생각한다.

결과적으로 부의 불균형은 해소할 수 있는 대상이 아니다. 다만 최대한 완화하는 것만이 목표이다. 완화를 위하여 세제를 개혁하여 노동시장을 지원하며, 교육 및 자산을 분배하는 투명하고 정기적인 혼합적 정책 설계만이 유일한 대안이다. 나아가 탈세에 가까운 도피를 방지하기 위하여 국제협력도 필수적이다. 토지를 포함한 자산과 부의 불평등 문제는 결과적으로 세제 정책의 개혁과 이를 위한 국민 인식과 관심으로 문제를 해결해야 한다. 이들 중에서 토지의 개발이익에 관한 개발 과정의 논점을 정리하여 모두가 알 수 있는 원인과 결과 그리고 공정함이 분명한 제도로서 공익개발을 제안한다. 이는 현행 제도의 수정만으로도 자본의 출처 구분 없이 개발이익이 공익화되어야 한다는 사실을 충분히 교정할 수 있다. 공익개발이 추진되지 못하는 이유는 정치인을 포함한 토지개발 참여자 모두가 애써 외면하고 있기 때문이다. 필자는 20여 년의 경험으로 이와 같은 현재 도시개발 제도의 불합리성을 교정하고 부의 불평등을 완화하고자 정의롭고 공정한 도시개발 방식을 제안하고자 한다. 도시 개발이익이 무엇으로부터 창출되는지? 투자자의 기회비용과 민간 참여자의 공정한 이익 범위, 그리고 개발이익이 시민에게 귀속되어야 하는 당위성, 보상의 공정성과 적절성, 그리고 사회에 만연한 님비현상과 이로 인한 사회갈등의 원인과 공감대 형성을 위한 방안 등을 설명하고자 한다. 필자는 공익개발에 있어서 존 롤스의 자유와 차등의 원리에 따른 공정으로서의 정의(Justice as Fairness) 개념을 빌리며 1장을 마감하고자 한다.

제1원칙 자유의 원칙

각 개인은 '타인의 대등한 자유와 양립 가능한 한 최대한의 기본적 자유'를 누릴 공평한 권리를 갖는다.

제2원칙 차등의 원칙과 기회균등의 원칙

① 차등의 원칙(Difference Principle)
불평등이 존재하더라도 그것이 가장 불리한 사람들에게 최대한의 혜택을 줄 수 있다면 허용된다.
② 공정한 기회균등 원칙(Equality of Fair Opportunity)
사회적 지위나 출신 배경에 상관없이 동일한 기회를 가질 수 있어야 한다.
단순한 형식적 평등이 아니라, 실질적 기회의 평등이 요구된다.

"공정한 절차 속에서 선택된 정의의 원칙은, 그 결과가 어떠하든 정당하다."

- 존 롤스, 『정의론』-

(2) 개인 토지 소유권을 제한하는 공익사업 토지수용은 공정한가?

"자본주의에서 개인 소유권을 제한하는 공익사업 토지수용은 필연적 요소인가?"라는 질문은 소유권의 절대성 vs. 사회적 기능이라는 오래된 논쟁의 핵심이다. 이에 관하여 소유권의 제한이 필요하다고 주장한 고전, 근대 사회계약론, 근현대 경제학자와 사상가들의 주장들을 살펴보면 다음과 같다. 고전적 사상가 아리스토텔레스는 개인 재산은 인정하지만, 공동체의 선을 위한 사용을 강조하였으며, 토마스 아퀴나스는 소유권은 신이 허락한 권리지만, 사용에 있어서는 공동선(현대의 공익이라고 생각함)을 위해 제한될 수 있다고 주장하였다. 근대에 들어와 존 로크는 노동을 통해 얻은 소유권은 정당하지만, "타인의 생존권을 해치지 않는 한도"에서만 정당하다. 따라서 국가가 사회적인 필요(도로, 국방, 치안 등)를 위해 수용할 수 있다고 주장하였고, 루소는 토지는 원래 모두의 것이며, 사회계약에 따라 소유권은 국가가 승인한 권리이지만 공동체의 필요가 개인보다 우선할 수 있다고 주장하였다. 근현대에 들어와 헨리 조지는 토지는 공유 자원이 되어야 한다고 주장한다. 그는 토지로 인한 불로소득을 막기 위해 공공이 활용해야 한다는 주장인데, 한국의 일부 학계에서는 토지수용을 "토지공개념"의 실현 과정임으로 해석하기도 한다. 사상가 존 롤스는 정의론에서 재산권은 '차등의 원칙'에 따라 사회적 약자에게 이익을 준다면 제한이 가능하다는 견해로 공익개발을 위한 수용은 정당하다고 보았다. 이와 같은 주장들은 보편적 현대 법체계로 다수의 나라 헌법과 국제 규범에서 "정당 보상에 따른 수용"이라는 전제하에 인정되고 있다. 미국 헌법 수정 제5조에서는 동동을 위한 수용 시 정당한 보상을 규정하고 있으며, 독일 기본법 제

14조에서는 소유권은 보장되지만, 사회적 의무가 따른다고 규정하고 있으며 이와 같은 입법 취지는 한국의 헌법과도 일치한다.

이와 반대로 개인 토지의 수용을 반대하는 사람은 자유주의자와 재산권 절대론자, 오스트리아학파, 시민사회 등이 비판한다. 로버트 노직은 소유권은 절대적이며, 국가의 개입은 최소화해야 한다는 주장으로 강제수용은 개인의 권리침해 이자 "강탈"과 유사하다고 비판하였으며, 오스트리아학파 하이에크는 시장 질서를 파괴하는 국가 개입을 우려하였으며, 수용은 자원의 효율적 배분을 왜곡하고, 재산권의 불확실성을 증가시켜 투자의 위축을 초래한다고 비판하였다. 또한 일부 시민사회는 토지수용이 대부분 강제적이며 불평등하게 집행된다고 비판한다. 보상이 현실 시장가치보다 낮거나, 토지소유자의 생존 기반(농민, 소상공인, 등)을 무너뜨리며, 특히 약자의 토지가 먼저 수용 대상이 되는 경우, 이는 "공익을 명분으로 한 약탈"이라고 주장하며, 토지수용에 저항하고 있다.

필자는 자본주의에서 토지수용은 한정된 제원의 사회적 활용에 따라 불가피한 선택이라고 생각한다. 다만, 토지수용은 조건부 필연성을 반드시 충족되어야 한다. 자본주의 사회는 시장을 통한 자원 배분이 기본적인 구조이지만, 도로, 철도, 학교, 수도시설 같은 공공 인프라 도시 시설은 현실적으로 시장 참여자가 개별적으로 공급할 수 없는 시설들이다. 설령 어떠한 이가 이와 같은 시설을 설치한다고 하더라도 그들은 사회적 합리성이 아닌 그들만의 편익과 이익을 위한 시설을 계획할 것이 자명하기 때문이다. 따라서 이러한 사회적 필수재를 확보하려면 토지수용 제도는 불가피하며, 그 외 다른 대안을 제시할 수 없다. 하지만 토지수용이 불가피한 사회적 선택이라 하더라도 이는 조건부 제한 범위 내여서만 가능해야 한다. 강제죠 수용이 정당성을 가지려면 ① 공익의 명확성이 필요하고 ② 절차의 투명성을 확보하여야 하며 ③ 충분하고 공정한 보상이 반드시 수반되어야 한다. 그리고 토지수용은 단순히 "경제적 효율성"을 넘어 "공동체적 정의 실현"에 기여할 수 있을 때 정당성이 확보된다. 만약 수용이 소수 특혜(민간 개발자의 이익 극대화 등)를 위한 것이라면, 그것은 공익사업이 아니라 "공익을 가장한 사익의 강탈 행위"에 불과할 것이기 때문이다. 자본주의에서 토지수용은 필연적이지만, 진정한 공익성과 공정한 보상이 담보될 때만 정당화될 수 있다.

(3) 왜 "공익개발(개발이익의 완전한 공적 환수)"이 보편화되지 못했나?

토지 개발에서 개발이익은 토지의 형질변경(용도의 변경)에서 가장 크게 발생한다. 그런데도 세계 대부분 국가는 토지의 형질변경 이익을 전액 환수하는 제도를 도입하지 못하고 있다. 그리고 그러한 이유는 정치, 경제, 사회적으로 상당히 복잡하게 엉켜있다. 용도변경으로 인한 토지 가격 상승은 토지소유자가 땀 흘려 노력한 결과가 아니라, 행정적 결정(도시 계획, 용도변경, 인프라 설치)으로 발생한다. 이와 같은 행정적 결과는 '사회적·공공적' 결정의 산물이기 때문에 전액 환수하거나 공익 재원으로 활용하는 것이 사회 정의에 부합된다. 하지만 현실에서 환수는 부분적이거나 간접적인 형태(Land Value Capture, Betterment Levy, Impact Fee 등)로만 운영되고 있다. 따라서 형질변경 이익의 전액 환수 또는 공익화하지 못한

이유에 대하여 정치, 경제, 사회·문화, 제도·기술적 측면에서 알아보고
자 한다.

첫 번째 정치적 이유는 소유권 절대주의 전통에 기반한 정치적 결정인
데, 이는 근대 자유주의(로크, 흄, 블랙스톤 등)의 뿌리 깊은 "사적 소유권
의 불가침" 원칙을 들 수 있다. 사적 소유권 불가침 원칙은 투표 유권자이
며, 토지소유자들의 반발로 "형질변경 이익까지 국가가 다 가져간다면 사
실상 국유화"라는 그들의 프레임에 정치권은 쉽게 걸려들게 된다. 따라
서 투표권을 가진 그들의 강력한 로비와 반발은 결과적으로 정치인으로
하여금 표를 잃는 정책보다 세율 완화 및 예외 규정을 택하게 만든다. 이
와 같은 과정이 고착되면서 정치적 이해관계 있는 민간 건설사, 토지소
유자, 지방정부는 개발이익을 정치적으로 공유하는 암묵적인 개발 동맹
(Developer-Politician Nexus)으로 형성되었기에 용도 변경 이익 전액 환
수는 이러한 "이익동맹"의 균열과 해체를 의미하는 것과도 같기 때문이다.

두 번째 경제적 측면에서 그들은 민간개발 유인 악화 논리와 시장 충격
우려, 그리고 국가 경쟁력 논리를 든다. 토지소유자와 개발업 관련자들은
"형질변경 이익 전액이 환수된다면 민간이 개발하려 하지 않을 것"이라는
주장을 펼치며, 만일에 실제로 100% 환수하면, 민간 자본이 개발시장에서
빠져나가 종국에는 공공 재원만으로 개발해야 하는데, 대부분 국가는 복
지비 증가에 따른 재정 부족으로 사회 인프라 등의 공급 부족을 야기하여
시민 삶의 질적 저하를 낳게 될 것이라는 중첩적 논리로 민간개발 유인 악
화를 들어 반대하고 있다. 그들은 토지 개발이익이 '투자 대비 기대 수익'

의 큰 부분을 차지함으로 이를 제거하면 토지 거래가 위축되고, 금융시장에 불안정성을 가중하는 등 시장이 충격에 빠질 수 있다고 경고하고 있으며, 개방경제 속에서 "토지 이익 전액 환수=투자 기피 국가"라는 주장도 제기하고 있다.

세 번째 사회·문화적 측면에서 소유라는 것은 권리와 보상의 합이라는 심리적 작용과 형평성에 관한 논란을 주장한다. 농지·임야 등의 토지소유자 입장에서 토지수용은 세대 간 축적된 자산을 국가가 탈취한다는 국민의 정서적 저항운동 전개와 시대적 관점에서 이미 이익 본 사람(과거 개발 때 혜택받은 집단)과 앞으로 개발될 땅 소유자 간의 불평등(왜 우리 세대만 100% 환수당하느냐)에 관한 형평성 논란 등도 반대 이유로 삼고 있다.

네 번째 제도 및 기술적 측면에서 형질변경 이익 환수는 "얼마가 형질변경 이익인지" 구분하기 어렵고, 시장가치 변동, 주변 인프라 효과 등이 일반 경기상승분과의 구분하기 어려운 문제가 있다. 이러한 이유로 계산 방식이 복잡해지고 복잡한 계산에 따른 이해 충돌은 많은 소송을 야기할 것이라 주장한다. 따라서 세계 주요 자유주의 정부는 전액 환수에 대한 강한 반발과 위헌 등의 논란으로 일부(개발부담금, 기반시설부담금, 개발이익 환수제 등)만 환수하는 것이라고 판단된다.

개발이익에 대한 일부 환수 국가들의 대체적인 논리로는 "거주나 이용자에게 필요한 최소한의 도로·학교·공원 같은 공공시설 설치비 정도는 부담해야 한다."라는 "인프라 비용 충당 논리"와 '전액'은 어려워도 '일정 부분'은 "합리적 결과라는 인식에 기인한 것"이라고 생각된다. 그러나 현재까지의 부분 환수만으로는 불공정 문제를 해결할 수 없으며, 이것으로 인한 투기, 불로소득, 부의 집중은 여전히 심각하다. 따라서 이를 해결하기 위하여서는 형질변경 이익은 원칙적으로 공익 재원이라는 인식의 확산이 필요하고, 점진적 환수율 확대, 민간 참여자에게 국민 눈높이의 합리적 참여 보상(이자+성과급)만을 지급하는 공익개발이 가장 현실적인 대안이다. 그리고 이러한 접근은 강제수용의 정당성을 확보하고, 불평등 완화와 사회적 정의 실현에 기여할 수 있다. 롤스가 강조했듯 "정의로운 절차를 통해 합의된 원칙만이 정당하다"라는 명제는 공익개발의 철학적 토대이다.

현대 대부분의 자본주의 사회에서 토지의 사회경제적 성질을 '자본재'로 오인한 서구적 관념 고착화는 부인할 수 없는 사실이다. 고착화의 원인은 근대 자본주의에서 토지를 '노동+자본+토지'라는 3대 생산요소 중 하나로 보았고, 토지에서 발생하는 초과 이익(지대)을 정당한 사적 소득으로 규정한 것에 기인한다. 이것은 애덤 스미스 이후의 경제학이 만든 "토지 사유화의 정당성"을 근거로 한다. 하지만 현장에서 30여 년 가까이 몸으로 체득한 필자의 경험은 이와 달랐다. 30여 년 전 필자가 처음으로 도시개발사업에 입문하였을 때 나는 대박을 꿈꾸며 이런 생각을 했다. "개발이익은 찾은 사람 것" 즉, 초등학교 시절 봄 소풍에서 선생님이 미리 감추어 둔 보물을 찾는 놀이와 비슷하다고 생각했다. 그러나 개발 사업을 하면서 10여 년이 지날 무렵 불현듯 이런 생각이 들었다. "주인이 없다는 생각만으로 취득한 개발이익은 정당한 내 것일까?"라는 의문과 그 의문으로 인하여 마음 한구석엔 항상 무언가 찜찜함이 자리하고 있었다. 그리고 20여

　공익개발론

년이 지날 때 알게 된 사실은 개발이익의 주인이 있었다는 것과 그 주인이 사회 즉, 시민의 공유재산이라는 것을 알게 되었다. 필자 또한 도시개발업자이며, 필자와 관계하는 사람들과 회사들의 노력이 폄하되거나 인정받지 못한다면 낙담하거나 화가 날 것이다. 하지만 남의 소유물을 단독 또는 공동으로 편취하려는 행위는 도덕적으로나 법률적으로도 공정하지 못한 행위로 이는 사회적으로 비난받을 행동이다. 그리고 현 자본주의 사회는 그러한 비도덕적 행위를 아무런 거리낌 없이 제도적으로 보호하고 행동하고 있다. 결론적으로 토지는 인간이 생산하지 않는 자원이며, 토지의 형질변경 가치는 사회의 필요에 따라 그 권한이 사회로부터 나온다는 사실이다. 따라서 "개발이익"은 본질적으로 사유할 수 없는 영역이다. 이것은 당연한 결과이다. 개발이익을 만드는 토지의 형질변경은 개발자의 노력이나 노동 그리고 그들의 투자 행위가 만든 것이 아니다. 현재의 자본주의 토지 형질변경은 기득권층과 이해관계 있는 정치권력이 결탁하여 자신들이 사회의 개발 압력 요구를 해결하는 정의의 사도처럼 투자라는 마법의 지팡이를 휘저으며 특정인들의 주머니를 채우는 행위이다. 이러한 서구적 사유재 관념은 세계적으로 수용되면서, 개발이익이 사적 권리의 일부라는 오래된 이념적 장벽을 만들었고 공익개발의 철학적 기반은 약화되었다. 필자는 근현대사 과정에서 공익개발과 유사한 주장들은 존재하였으나, '개발이익의 완전 환수'까지 주장하지 못한 이유가 궁금했다. 고전학자들 즉, 아리스토텔레스, 유교 사상, 유토피아주의자들, 헨리 조지 등은 지대의 공공 귀속을 부분적으로 주장했지만, 현대 도시개발 단계에서 의미하는 "개발이익의 완전 공익화"까지 주장하는 이는 없었다. 이는 "철학적 토대"는 있었으나 "제도적 구체화"를 이뤄지지 못한 것이라고도 생각이 든다. 그들은 필자와 같은 도시개발업자가 아니었기에 도시개발 과정에서의 노력과 그 노력에 대한 정당한 대가 관계 등 정교한 메커니즘을 이해하지 못하였기 때문일 수 있다. 어쩌면 필자가 공익개발의 필요성을 느끼는데도 30년 가까이 걸린 것과 비슷한 맥락일 것이다. 또한 한국의 유구한 도시개발 비리 사건에서 볼 때, 정치권력은 개발이익을 통제할 능력이 아니라 '활용할 동기'를 가진다는 점도 알 수 있다. 즉, 개발이익은 사실상의 '정치 자원'으로 도시개발 과정에서 발생하는 개발이익이 정치권력자에게 매우 유용한 팁으로 활용되기 때문이다. 정치권력자들은 재정 부담 없이 지역 기반 시설 공급이 가능하고, 개발 인허가권을 통한 정치적 영향력을 확보하며, 건설, 금융계와의 네트워크를 강화할 수 있는 측면도 있다. 이를 통하여 정치적 후원금과 표밭을 형성할 수 있는 상호적 관계 또한 기대할 수 있다. 따라서 정치권력이 이익을 스스로 통제하고 시민에게 전부 돌려주기란, "자기 권력의 원천을 스스로 축소하는 행동"이 된다. 따라서 정치권은 "하지 못한 것"이 아니라, 구조적으로 "할 이유가 없는 것"에 가깝다. 정치권력자에게 있어서 현대 국가는 대부분 민간 자본의 투자 의사에 의존하고 있다. 따라서 개발이익을 100% 환수한다는 제도는, "민간 선순환 구조"를 흔든다는 이유로 정치적으로 외면받기 쉽다. 결과적으로 "민간 투자 의존 구조"는 "완전 공익 개발의 제도적 불가능성"을 의미한다고 생각할 수도 있었을 것이다. 이와 같은 맥락에서 나와 같은 개발업자들 또한 자신들과 이해관계 있는 사항에 대하여서는 비판하지 않을 것이다. 따라서 이러한 문제들 앞에 우리는 인식의 문제부터 해결해야 한다. 개발이익은 '사회가 만든 것'이라는 깨달음이다. 필자가 현장에서 30년에 걸쳐 깨달은 것처럼, 대부분의 전문가도 처음에는 이렇게 생각할 것이다. 개발이익은 위험 부담

  공익개발론

을 지는 자가 가져가는 것이며, 인허가권은 그저 행정 절차일 뿐이고, 공공은 단지 승인 권한만 행사하는 것이다. 그러나 시간이 지나 경험이 쌓일수록 보이기 시작할 것이다. 개발이익의 95% 이상은 "사회가 만든 가치"라는 것과 민간은 사실상 "공공의 가치 상승을 추출하는 구조"라는 것을, 이러한 인식이 사회적으로 공유되기까지는 현재도, 미래도, 매우 오랜 시간이 걸릴 수 있다. 즉, 인식의 확산 속도가 너무 느려서 제도화되기 전에 시대가 도 흘러가 버릴 수 있다. 공익개발을 "못한 것인가, 안 한 것인가?" 정확한 결론은 "구조적으로 할 수 없었고, 정치적으로 할 의지도 없었다." 다르게 표현하면, 구조적으로 '실행 조건'이 없어서 못 했고, 정치, 시장 권력이 원치 않아서 안 했다. 즉, 개발이익 전액을 공익화하는 공익개발은 "기술적 불가능"이 아니라 "권력 구조가 허용하지 않는 제도"였던 것이다. 어쩌면 필자 삶의 과정이 드문 사례인지도 모르겠다. 대부분의 개발 관계자는 자신의 이익 또는 이해관계 있는 사회 현상들을 부정적으로 검토하지 않는다. 그런데 나는 도시개발업을 하면서도 부정적 검토에서 개발이익을 공익적으로 귀속해야 한다는 자연적 결론과 우리 사회의 부의 불균형 해소와 공공선을 위해서라도 공익개발은 필연적인 결론이었다. "왜 아무도 이 주장을 안 했을까?"란 질문에 이런 결론만 남았다. 이 문제를 직관적으로 이해하려면 20~30년의 현장 경험과 철학적 사유가 동시에 필요했기 때문인데, 대부분은 둘 중 하나만 갖추고, 둘 다 갖출 수 있는 환경이 극히 드물었기 때문이다. 이러한 관점에서 나는 참으로 운이 좋은 사람이고, 내 삶은 좋은 경험이었다.

제2장

한국 부동산개발과 투기의 역사

토지구획정리사업은 대지로서의 효용 증진과 공공시설의 정비를 통하여 토지의 교환, 분합 기타의 구획 변경, 지목 또는 형질의 변경이나 공공시설의 설치 변경에 관한 사업을 말한다. 즉 불규칙하게 산재한 농업용 토지나 미개발 토지 조각들을 토지이용계획에 따라 구획을 정리하고, 필요한 도시기반시설을 갖추어서 보다 이용 가치가 높은 토지(도시용 토지)로 전환 시키는 사업을 말하며, 현재의 도시개발에 있어서 주택지 조성, 토지구획정리, 택지개발 등이 있는데, 이 중 가장 오래된 개발 방식이 '토지구획정리사업'이다.

19세기 이후 본격적인 산업 혁명에 따른 도시인구의 급격한 팽창으로 도시 주택 안정을 위하여 고안된 하나의 제도다. 대한민국은 1920년 조선총독부에 의하여 팽창하는 도시인구를 감당하기 위하여 시가지 정비와 택지지구 개발을 추진하는데, 1928년 '경성 도시 계획 조사서'가 시초이다. '경성 도시 계획 조사서'에 계획된 곳은 경성부 내 무교정, 수표정, 장사정, 수송정, 탑골공원 일대 5개 구역(명칭은 사료에 따라 약간 다르므로 교차 검증이 필요한 부분임)과 부외 한강리, 신당리의 2개 구역이다. 1934년 '조선 시가지 계획 령'이 발표되고 함경북도 나진읍을 시범 사업으로 이는 시가지 정비보다 교외의 신시가지 개발에 중점을 둔 것이 변화의 특징이었으며, 1937년에는 전국적으로 확장하여 토지구획정리사업이 추진된다. 경성에서 영등포지구와 돈암지구가 제1 토지구획정리사업으로 추진되고, 대현지구가 제2 토지구획정리사업으로 지정된다. 뒤이어 번대방 지구를 비롯한 8개 지구가 추가 지정되어 사업이 추진되었으나, 영등포, 돈암, 대현지구는 1940년대 상당 부분 공사가 완료되었으나 나머지 지구는 일제의 태평양전쟁에 따른 물자 부족으로 대부분의 사업지구에서 공사가 중단된다. 해방 이후, 방치되었던 구획정리사업을 다시 추진하였으나 6.25 전쟁이 발발함으로 공사는 다시 중단되었고, 1952년 서울 환도 이후 도시 재건을 위하여 서울 시내를 2권역으로 나누어 제1 중앙지구와 제2 중앙지구로 나누고 재건 사업을 추진하였으며, 1960년대와 1970년대는 토지구획정리사업이 가장 활발하게 추진된 시기였다. 1980년 "택지개발촉진법"의 도입은 환지 방식에서 수용 방식으로 토지 확보에 관한 전환점을 만든다. 박정희 정부의 경제개발 5개년 계획과 더불어 신시가지 개발을 위한 토지구획정리사업으로 20개 지구(6,367만㎡)로 확대되었고, 1970년대에는 14개 지구(4,965만㎡)에서 토지구획정리사업이 추진되었다. 그러나 토지구획정리사업은 1980년대에 이르러 토지개발로 인한 땅 투기의 극심한 발생으로 부동산 투기가 사회문제로 발전함에 따라 토지구획정리사업이 공영개발이라는 방식으로 새로운 변화가 일어난다. 이러한 제도 변화는 '택지개발촉진법'이 제정되면서부터인데, '택지개발촉진법'은 환지 방식의 토지구획정리사업을 획기적으로 전환하여 구역 내 토지를 '전면 매수'하는 방식으로 전환하며 이때부터 토지에 대한 공공재 인식이 강화된다. 그리고 이를 '공영개발 방식'이라 부르게 된다. 당시 공영개발 방식은 전면 매수 수용 방식이 이용되었는데, 당시 전면 매수 방식은 "도시계획법" 등 다른 법률에 따라 시행되고 있기에 이들 법에서 사용하는 방식과 구분하기 위하여 부르게 되었다고 한다.

　토지구획정리사업은 일제강점기 이후부터 지속된 방식으로 환지 방식이라는 고유한 제도적 특성에서 비롯된 태생적인 한계를 지니고 있다. 1995년 한국토지공사에 따르면, 당시 정부 또한 부동산 투기 및 지가 상승의 문제로 고민하였는데, 토지구획정리사업의 특성상 전, 답, 임야 등에 대하여 형질을 변경하여 택지를 조성하기 때문에 필연적으로 토지 가격의 상승을 유발한다. 사업 시행자의 경우 개발비 충당을 위하여 체비지를 고가에 입찰 또는 매각하는 것이 필연적이며, 토지소유자는 감보 당한 토지 비용과 개발이익을 취하고자 개발 이전보다 몇 배나 되는 가격으로 환지를 매각하였다. 서울시의 경우 토지구획정리사업이 시행된 토지는 평균 7배 이상에 거래되었다고 한다. 중구 신당동 및 용산구 후암동 지역과 토지구획정리사업이 진행된 강남지역 학동, 압구정동, 신당동을 비교하면, 1963년 당시 신당동과 후암동이 강남 지역에 비해 100배 정도 높았지만, 1979년에는 이들 지역 간 차이가 없어지고, 학동은 1963년 대비 1,333배 증가한 심각한 부동산 투기 상황이 전개된다.

　둘째로 제기된 문제는 '개발이익 환수'다. 사업 이후 개발이익의 대부분이 토지 소유자에게 귀속되어 국민 계층 간에 위화감이 가속화되었다. 당시 정부는 주거난 해결을 위하여 많은 지역에 토지구획정리사업을 추진하였으나 토지개발이 완료되었음에도 불구하고 토지소유자들은 감보율 이상으로 개발이익을 추구한 나머지 건축 없이 나대지 상태로 장기간 방치하는 폐단까지 발생하였다. 이러한 과정에서 토지 가격은 초기 가격에 비하여 몇 배에서 몇십 배에 이르게 되었고, 이러한 상황은 부동산 투기로 이어져 주택용지 공급이라는 택지개발 정책 전반을 무색하게 만들었다.

세 번째 문제는 사업 기간 장기화 및 소규모 토지 공급에 따른 주택공급의 지연 문제이다. 사업 기간 장기화로 토지 소유권자의 환지 소유권 확정 및 권리행사 또한 장기화함에 따라 신속한 주택공급이 이루어지지 못하는 결정적 문제를 낳았다. 여기에 더하여 환지라는 사업 특성상 기존의 토지 소유자에게 소규모 위주의 토지가 공급되었으며, 여기에 더하여 토지소유자는 환지 토지를 본인의 재량에 따라 다시 재분할하여 매각하는 경우가 빈번하였기에 정부의 대규모 주택공급 계획은 더욱 난항에 빠지게 한다.

2.2. 군사정부에서 탄생한 택지개발사업

택지개발 사업방식은 12. 12 군사 반란으로 정권을 잡은 제5공화국 전두환 정부로부터 시작되었다. 전두환 정부는 대한민국 헌정사에서 1979년 12. 12 군사 반란과 1980년에 전두환, 노태우를 비롯한 신군부 인사가 정권 장악을 위해 주도한 비상계엄 전국 확대 조치와 같은 내란을 통하여 정권을 잡는다. 비상계엄 전국 확대 조치 이후 1980년 5월 27일 대통령 제5897호로 국보위(국가 보위 비상대책 위원회)의 설치가 확정되고, 동년 5월 31일 발족 되었으며, 같은 년에 주택 500만 호 건설을 발표한다. 당시 9월 23일 건설부는 1981년부터 1986년까지 공공과 민간이 각각 100만 호를 건설하고, 1987년부터 1991년까지 공공 100만 호, 민간 200만 호를 건설한다는 내용이다. 국보위는 「택지개발촉진법에 관한 특례법」 초안 작업을 마치고 해체되겨, 그 기능을 국가 보위 입법 회의가 넘겨받아 1980년 12월 16일 의결, 같은 해 12월 31일 공포하였다. 이로써 토지구획정리사업의 사업 기간 지연 등의 단점을 대규모 토지의 전면 매수 방식으로 전환되어, 1기 신도시가 탄생한다. 택지개발촉진법 초안에는 특례법으로 구성하였으나, 입법 과정에서 '특례'의 문구가 삭제되었다. 하지만 시행자가 실시계획의 승인을 얻은 때에는 당시 19개 법률의 결정, 인가, 허가, 협의, 동의, 면허, 승인, 처분, 해제, 명령 또는 지정을 받은 것과 같은 의제가 포함되어 있으므로 '특례법'이라 보아도 무방할 것이다. 택지개발촉진법의 특징은 환지 방식에서의 부동산 투기 방지와 대규모로 신속하게 택지를 개발하여 대규모 주택을 공급하고, 개발이익의 공공화를 통하여 저렴한 주택공급을 목포로 추진 및 활용되었다. 이와 같은 사항은 군사 반란으로 정권을 잡은 정부가 집권 과정에서 국민적 저항에 대한 정당성 확보 및 국민 회유 차원에서 저렴한 주택을 신속하고 대량으로 공급하기 위한 정책에서 비롯되었다. 환지 방식 개발에서 전면 매수 방식으로의 전환은 토지 개발이익의 사유화에서 공공으로 전환을 의미한다. 그리고 현재는 인구 감소로 인하여 택지개발 촉진법률에 의한 대규모 신도시 개발보다 소규모 자족 기능의 지방형 소규모 도시개발이 주류로 자리를 잡아 가고 있다.

2.3. 토지개발과 부동산 투기史(사)

한국 가계는 세계 주요국에 비하여 부동산 자산 비중이 상대적으로 매우 높다. 금융투자협회 2022년 주요국 가계 금융자산 비교에서 한국의 가계 자산 중 금융자산은 35.6% 수준으로 부동산 등의 비금융 자산 비중이 높다는 결과다. 미국의 금융자산은 71.5%, 일본은 63.0%, 영국 55.8%에 비하여 한국의 가계 금융자산은 35.6%의 매우 낮은 수준이다. 한국은행과 통계청이 발표한 2021년 국민대차대조표[잠정] 보고서에 따르면 2021년 말 우리나라의 국민순자산은 1경 9,809조 원(명목 국내총생산 2,072조 원의 9.6배)이며, 비금융자산(순자산 대비 비중: 96.1%)은 1경 9.027조 원이고, 금융자산(2경 1,073조 원)에서 금융 부채(2경 291조 원)를 뺀 순 금융자산(순자산 대비 비중: 3.9%)은 782조 원이라고 발표하였다. 비금융자산 추계 결과로써 자산 형태별로는 토지 자산이 1경 680조 원으로 56.1%이고, 건설 자산이 6,193조 원으로 32.5%로 전체의 88.7%를 차지하며, 토지 자산과 건설 자산은 GDP 대비 각각 5.2배 및 3.0배 수준이라고 한다.

2021년 국민대차대조표

[국민순자산 규모]

(단위: 조원, %, 배)

		2019	2020	증가액	증가율	2021	증가액	증가율
국민순자산		16,569.6 [8.6]	17,778.9 [9.2]	1209.3	7.3	19808.8 [9.6]	2029.9	11.4
	비금융자산	15,970.1	17,248.8	1278.7	8.0	19026.8	1778.1	10.3
	순금융자산	599.5	530.1	−69.4	−11.6	781.9	251.8	47.5
		금융자산	17,235.1	19,183.8	19183.8	11.3	21073.0	1889.2	9.8
		금융부채	16,635.6	18,653.7	2018.1	12.1	20291.1	1637.4	8.8

주: [ ] 내는 국내총생산 대비 배율(배)

자료: {한국은행·통계청 2021년 국민대차대조표[잠정], 2022. 7. 21. 공보2022−07−22호}

비생산자산이 전년 대비 972조 원(+10.0%) 증가하였으며, 이는 주로 토지 자산이 971조 원이 증가하여 비생산자산의 증가에 기인하였고, 이중 주거용 건물 부속 토지가 564조 원 증가, 비주거용 건물 부속 토지는 전년 대비 201조 원 증가한 결과라고 한다. 그리고 2021년 중 국민순자산이 2,030조 원 증가하였는데, 비금융자산은 1,778조 원, 순 금융자산은 252조 원 증가, 자산의 87.59%가 비금융자산이라고 한다. 한국은행이 발표한 2021년 국민대차대조표를 종합하자면, 2021년 2,072조 원의 전체 자산이 증가분 중 순 금융자산은 251조 원 14.1% 증가할 때 토지 등의 비금융자산 증가분이 1,778조 원(85.8%)으로 압도적 수치에 놀라지 않을 수 없고, 대한민국의 국민 자산의 증·감은 부동산 가격과 직결되어 있음을 알 수 있다. 이러한 자산 구조 변화에서 부동산 투기가 부의 사다리 역할을 하고 있음을 알 수 있고, 자산 양극화와 불평등 또한 더욱 고착되어 가는 것 또한 알 수 있다.

대한민국에서의 부동산 투기 역사는 조선왕조실록 중종 30년과 37년에 집값 급등을 토로한 기록이 있으며, 성종 12년에는 '죽은 지중추부사 정효상이 소격서 앞에 집이 두 채나 있고, 재상들이 비슷한 짓을 하니 서민이 어렵다'고 질책한 기록에서 다주택자들이 주택 부족을 일으키는 주범이라고 비판한 내용이 있다. 지중추부사 정효상의 집이 위치한 소격서는 조선 시대 도교의 재초(齋醮)를 거행하기 위하여 설치된 관서로 고려 때부터 소격전(昭格殿)으로 불렸으나, 1466년(세조 12)에 개칭하고 규모를 축소 시켰다. 작은 규모이지만 재난이나 경사를 당하였을 때 효과적으로 재초를 집행하도록 조직이 되어 있었다. 소격서에서 행해지던 양재기복(禳災祈福)의 과의적(科儀的)인 도교는 유교로 사상을 통제하던 조선에서 명맥을 유지하기가 힘들었기 때문에, 임진왜란을 겪은 뒤 선조 때 폐지되었다.

  공익개발론

일제강점기(1910년부터 1945년까지) 대한민국의 부동산 시장은 일본인 투자자들이 한반도의 상업용 부동산을 대규모로 매입하여 임대나 판매 등으로 투자 이익을 챙겨왔다. 일제강점기에 시행된 토지구획정리사업에서 일본은 강제로 많은 토지를 압류하고, 개발하여 인프라를 구축하였고, 부동산 시장은 이러한 인프라를 기반으로 활성화되었다. 특히 인프라가 구축된 지역은 토지 가격이 급격하게 상승하는 투기지역이 된다. 이처럼 토지구획정리사업을 통한 부동산 투기 사회문화는 대한민국이 일본으로부터 독립한 이후에도 지속적이며 반복적으로 발생한다.

한국전쟁 직후의 서울의 핵심지역은 종로구 중구로와 평창동, 성북구 성북동 등이 대한민국 최고 부촌으로 자리를 잡는다. 당시 영등포 땅 1평(3.3㎡)이 2~300원 정도일 때, 강북은 벌써 1만 원을 넘어가고 있어, 서울 내에서도 50배 이상의 토지 가격 차이가 발생하여, 토지로 인한 빈부의 격차는 더욱 심화 및 양분화된다. 그럼에도 1960년대 서울은 일자리를 찾아 서울로 몰려든 지방 사람들로 인하여 심각한 주택난 등의 도시문제를 겪고 있었다. 이에 경제개발 5개년 계획에 따른 1970년 경부고속도로와 한남대교 개통을 계기로 공업단지 개발, 고속도로 건설 및 도시화 등에 따른 부동산개발 붐이 시작되고, 경제 성장에 따른 통화량 급증과 인플레이션으로 부동산 투기가 과열되기 시작한다. 제3한강교(현 한남대교) 건설공사는 '말죽거리 신화'를 불러왔다. 말죽거리 신화란 강남 부동산 불패의 서막을 알리는 땅값 폭등 현상으로 당시 복부인과 강남 졸부가 등장한다. 졸부는 강남에서 농사를 짓다가 갑작스러운 도시개발로 '졸지에 부자'가 되었다는 말이며, 고위층과 전문직 종사자들은 체면을 중시하던 사회 분위기로 인해 부동산 투기의 전면에 나설 수 없어 부인과 딸들을 대신 내세운 대에서 복부인이 유래한다. 하지만 막대한 부동산 차액을 거둔 대부분은 강남개발에 대한 정보를 미리 알고 강남땅을 매입한 고위 공직자와 정치인 그리고 개발업자에게 돌아간다. 이때부터 이미 서울아파트는 임금 노동으로는 도저히 감당할 수 없는 수준이라는 이야기가 나온다. 노동연구원과 한국감정원에 따르면 1970년부터 1980년대 실질임금은 2배 올랐으나 전국 지가는 15배 올랐고 강남 지가는 200배로 폭등하였다고 전한다.

1980년대 후반부터는 1기 신도시와 함께 시작된 신도시 투기의 시대가 시작된다. 1989년 노태우 정부는 성남시 분당, 고양시 일산, 부천시 중동, 안양시 평촌, 군포시 산본 등 5개 지역에 신도시 건설계획을 발표한다. 1기 신도시 개발 발표 당시 강남을 중심으로 아파트 투기가 극심하였는데, 서초동 삼풍아파트 165㎡가 1987년 2억 원이었으나 이듬해인 88년 말에는 두 배 이상 급증한 4억 5천만 원으로 폭등하였다. 1기 신도시 발표 전에 노태우 정부는 "땅으로 재산을 증식하겠다는 생각조차 뿌리를 뽑겠다."라고 공언하며 '토지 거래실명제'를 도입하며, 이후 검찰과 국세청 등이 합동조사를 벌였으나 정부의 노력은 빛을 발하지 못하였고, 약삭빠른 투기꾼들은 신도시 대상지를 상대로 몰려 한바탕 북새통을 치렀다. 1990년 검찰, 경찰, 국세청 등으로 구성된 '부동산 투기 사범 합동수사본부'를 설치하고 수사한 결과 1년간 1만 3,000여 명을 적발하고, 987명이 구속되었는데, 이중 공직자가 131명에 달하였다. 분당 개발 도면을 빼내 부동산 업자에게 1,100만 원을 받은 토지개발공사 간부와 개발 정보를 이용하여 상습적으로 땅 투기를 하여 50억 원대의 재산을 모은 간부가 적발되는가 하면, 방배동 군사시설보호구역 해제 정보를 이용하여 31억 6,000만 원에 달하는 시세 차액을 챙긴 대령 등 현역군인과 군무원 등 21명도 적발되었다. 이처럼 부동산 투기는 사회 곳곳에서 만연하고 있었다.

2000년에 접어들어 성남 판교 등 2기 신도시를 발표하자 1기 신도시와 같은 투기판이 되풀이된다. 당시 판교는 500만 원 때 토지는 신도시 발표 1년 새 1,200만 원으로 폭등하였고, 김포와 파주신도시 주변도 배 이상으로 오르며 택지개발지구 주변은 대한민국의 땅 투기 1번지가 된다. 그리고 행정수도 이전까지 거론되면서 충청권 땅값도 급격하게 올랐다. 이때 '강남 복부인'이 다시 등장하는데 이들이 '아줌마부대'이다. 이들은 거여동과 장지동, 마장동 일대에 강남 신도시 건설을 발표하자 부동산개발업체 등과 짜고 조직적으로 부동산을 대량으로 매입한다.

현저 3기 신도시에서 터져 나오는 정치인, 한국토지주택공사, 지자체 공무원 등의 땅 투기 의혹은 1·2기 신도시 땅 투기를 쏙 빼닮았다. 1·2기 신도시 모두 공직자의 투기 비위가 터져 나오고, 이때마다 국민들의 공분을 샀지만 유야무야(有耶無耶) 넘어갔다. 3기 신도시에 투기의 역사가 되풀이하는 이유는 이처럼 과거의 투기 역사에서 나온다. 그리고 투기 수법은 과거보다 더욱 교묘해지고 있다는 점에서 투기의 죄질이 더 나빠져 가고 있다.

이처럼 대한민국 성장과 부동산 투기의 역사는 공존하며 현재에 이르렀다. 부동산 투기의 문제는 경제, 사회, 정책적 관점에서 부작용을 초래한다. 먼저 경제적 측면의 문제는 실수요자가 아닌 투기 수요에 의해 부동산 가격이 급등하고 이러한 가격 급등은 가격에 거품(Bubble)을 형성한 후 시장 붕괴를 가져오게 된다. 그리고 부동산 시장 붕괴는 종국에 금융위기로 연결되어 사회 혼란을 야기한다. 그 대표적인 사례가 2008년 미국의 금융위기를 초래한 서브프라임 사태이다. 이처럼 부동산 투기는 자원의 비효율적 배분을 만든다. 시중 자금이 생산적 투자(기술, 인재, 산업)보다 비생산적 부동산에 집중할 경우, 기업투자가 감소하게 되며, 실물경제를 위축하게 만든다. 부동산 투기는 부동산 대출을 급증하게 만들고, 이는 가계부채를 증가시킨다. 최근과 같이 금리 인상과 고금리 시기에는 가계의 이자 부담 증가로 대출 상환 능력이 저하되고, 증가한 이자만큼 생활비가 감소하여 내수경기를 위축시킨다. 그리고 내수경기 악화는 금융기관 부실 가능성을 증가로 이어진다. 사회적 측면에서 부동산 투기는 주거 목적의 수요보다 투기 수요가 우세해져 실수요자의 내 집 마련 기회를 축소하게 되고, 특히 청년과 저소득층의 주거 접근성을 악화시킨다. 그리고 이는 세대별 자산 양극화를 만든다. 부동산 자산 보유 여부에 따라 부의 격차는 심화 되고, 이는 부의 대물림 고착화 구조를 만들어 세대 간 불평등을 낳는다. 이러한 과정은 사회적 박탈감 및 갈등을 최고조에 이르게 한다. 일부 계층이 불로소득으로 부를 축적하는 모습은 공정성에 대한 훼손을 주고 계층과 지역 간 갈등 또한 높인다. 그리고 이와 같은 사회 현상들은 정책을 우회하거나 악용하는 투기 수단(갭투자, 법인투자)의 등장을 불러오며, 정부의 부동산 정책 효과 저하로 국민 신뢰를 상실하게 만들어 정책 왜곡과 불신을 초래하게 한다. 투기 현상은 투기 수요를 일부 지역(서울, 재개발지 등)에 집중하게 만들며 비수도권 및 농촌지역의 인구 이탈과 공동화

   공익개발론

현상을 가속하게 만드는 주범이기도 하다. 이처럼 부동산 투기는 앞 장에서 논한 바와 같이 윤리 및 철학적 비판의 주요한 대상이다. 노력 없이 얻는 자산 가격상승과 이익은 공정한 분배 원칙을 파탄 나게 하여 사회 양극화를 조장하는 주범이다. 따라서 사회는 투기가 근절될 수 있도록 끊임없는 지혜와 협력의 노력이 필요하다.

부동산개발 이익 환수 제도

개발이익이란, 토지나 부동산이 개발되거나 공공 인프라가 설치되면서 발생하는 비노동적, 비생산적 가치상승분을 의미하며, 개발이익 환수(Recapturing Land Value Increment 또는 Land Value Capture)란, 공공의 조치(예: 인프라 설치, 용도지역 변경, 도시개발 등)에 따라 발생한 토지 및 부동산의 가치 상승분(개발이익)을 공공이 일정 부분 환수하는 제도로 이는 부동산 가치상승이 순수한 시장 경쟁의 결과라기보다는 사회 전체 또는 공공의 노력에 의한 결과이기 때문이다. 따라서 정부는 부동산 개발이익의 일부를 공공이 환수하여 사회 기반 시설 투자나 복지 재원으로 활용함으로써 공공 재정을 보완 확충하고, 투기 억제 및 시장의 공정성을 확보하여 불로소득을 억제하며, 공공의 노력으로 발생한 이익이 특정 개인을 위한 독점적 권한으로 사용될 수 있음을 방지하는 일련의 제도적 행위이다. 따라서 이러한 개발이익 환수는 무분별한 개발과 지가 상승 억제를 예방할 수 있으며, 이를 통한 도시의 합리적 계획과 운영을 가능하게 함으로써 지속 가능성을 확보하게 해준다. 정부는 개발이익을 다양한 방식으로 환수한다. 보유세, 양도소득세, 간주취득세와 폐기된 토지초과이득세 등의 조세형 환수제도와 수익자 부담금, 개발부담금, 재건축부담금 등의 부담형 환수제도, 상수도와 하수도 등의 기반 시설 분담금과 공공시설 기부채납과 감보 외에 간접적 개발이익 환수 결합제도 및 복합적 개발이익 환수 등 다양하게 시행하고 있다. 그러나 이러한 환수제도에 대하여 과도한 환수는 헌법상의 재산권 제한과 침해로 사유 재산권 침해 논란 비판을 가져올 수 있으며, 환수 부담이 클 경우, 민간사업자가 개발을 회피하는 현상으로 사업 위축의 우려가 있을 수 있기 때문이다. 또한 부담금 산정 기준이 불투명하거나 예측이 어려울 정도로 복잡할 경우, 민간사업자는 사업을 기피하거나 포기한다. 그리고 환수한 개발이익의 사용처에 대한 감시와 투명성 확보 또한 요구되는 부분이다. 결론적으로 부동산 개발이익은 개인의 노력보다 공공의 조치에 기인하는 경우가 대부분이므로 사회 전체가 일정 부분 공유해야 할 정당한 대상으로 간주되어야 한다. 환수는 토지 정의 실현과 투기 억제, 도시 계획의 합리성 확보 측면에서 꼭 필요한 제도이지만, 현실에서는 헌법상 사유재산 보호와 적정한 개발 인센티브를 해치지 않도록 정교하고 투명한 설계가 요구된다는 것이 현재까지의 통념이다. 하지만 이러한 통념은 개발이익을 특수목적법인 투자에 대한 보상의 개념으로 인식한 것인데, 이는 기업이윤과 개발이익을 구분하지 아니한 결과에서 나온 잘못된 이익 귀속 개념의 결과이다. 따라서 필자는 이러한 잘못된 개념을 바로잡아 현재보다 좀 더 공정한 세상을 만들고자 펜을 들게 되었고, 그러기 위해 과거부터 현재까지 시행 중인 개발이익 환원 제도들에 대하여 먼저 알아볼 필요가 있다.

3.2. 조세형 부동산 이익 환수제도

조세 방식의 부동산개발 이익 환수제도는 양도소득세와 간주취득세 및 폐지된 토지초과이득세를 들 수 있다. 이들 중 양도소득세는 부동산의 양도로 실현된 양도 이익을 기준으로 과세하며, 간주취득세는 토지의 지목 변경으로 형질이 변경된 경우, 변경으로 인한 가액이 증가한 범위를 취득으로 보아 과세한다. 실제 사례에서 대규모 도시개발을 수행하는 경우, 농지 또는 임야에서 주거, 상업 등의 용도로 개발계획이 변경되고, 단지 조성 공사가 진행됨에 따라 공사 공정률을 기준으로 그해 간주취득세를 부과하게 된다. 이러한 것은 부동산의 처분이나 형질변경에 따른 가액 변동 이익 중 일부를 세금 형식으로 징수하는 개발이익 환수제도들이다.

(1) 양도소득세

양도소득세는 자산(부동산이나 주식 등)을 유상으로 처분하여 얻은 자본 이익에 부과되는 세금을 말한다. 주요 과세 대상은 토지, 건물, 주택, 주식, 영업권 등으로 양도소득세는 매매 가치를 실현하는 시점인 매매계약 시에 부과되기 때문에 단기적 투기를 억제하는 효과가 있으며, 부의 불균형 완화, 조세 정의 실현을 위한 대표적인 조세 수단으로 작동해 왔다. 따라서 양도소득세는 양도 차액이 없으면 원칙적으로 세금도 없다. 양도소득세의 제정은 1970년 부동산 가격상승 및 자산 양극화 현상이 뚜렷해지며, 실수요자 보호와 투기 억제를 위한 세제의 필요성 증대에서 1975년 소득세법 개정을 통하여 제정되었다. 초기에 일반 소득세와 통합되어 과세하다가 1981년 당시 물가상승률을 감안 한 장기보유특별공제를 통해 일정 부분 비과세 혜택을 병행하기 위해 분리 과세체계가 도입된다. 1990년 부동산 투기 현상으로 고율의 세율을 일시적으로 적용하면서 과열을 억제함과 동시에 보유 기간에 따른 차등 방식을 도입한다. 2003년부터 2005년 사이 1가구 2주택 이상 보유자에 대한 중과세 제도를 도입하고, 이전 보유 기간에 추가하여 거주 여부에 따라 비과세 요건을 강화하였다. 또한 당시 참여정부는 장기보유특별공제 혜택을 축소하는 개혁을 단행하였다. 하지만 2008년부터 2012년 사이의 이명박 정부는 다주택자 중과세 폐지와 양도세 부담 경감을 위한 비과세 및 감면을 확대하는 정책을 펼친다. 2017년부터 2021년의 문재인 정부는 조정 대상 지역 내 2주택자는 10%, 3주택자 이상은 20% 추가 중과 등의 다주택자에 대한 중과세를 강화하고, 보유 기간 외에 실제 거주기간까지 포함하는 등 장기보유특별공제 요건을 강화한다. 최근 양도소득세는 2022년 윤석열 정부의 규제 완화 이후 현재 정권 초기인 이재명 정부는 강남을 중심으로 한 주택 가격상승 문제로 주택담보대출 금융 규제 정책을 시작으로 다시 규제 정책으로 전환하고 있다. 이러한 정책 변화는 주택 가격상승과 하락에 따른 정책 변화로 시장 안정화 및 투기 억제, 실수요자 보호와 장기 보유 유도 등의 장점이 있었지만, 주택의 공급에 있어서 실수요자와 투자자의 구분 또한 어려워지며, 빈번한 정책 변동은 조세의 일관성을 실추시키는 문제를 남기고 있다.

(2) 간주취득세

간주취득세는 부동산 등의 실질적 취득이 없더라도 일정한 사유에 따라 간주에 따라 과세하는 제도이다. 주로 법인의 자산 재평가, 지분 변동, 합병·분할 등 형태만 바뀐 경우에도 사실상 취득한 것으로 간주하여 과세하는 것으로 간주취득세의 도입과 주요 개정, 제도적 변화를 연도별로 정리하면 다음과 같다. 간주취득세 제도의 도입은 2006년 지방세법 전면 개편을 통해 이전의 불명확 했던 사실상 취득 개념을 취득세 체계 정비 과정에서 간주취득세 규정으로 체계화한다. 개정된 간주취득세는 기존 등록세를 폐지하여 취득세로 통합하고, 간주취득 과세 대상을 명확히 하며, 체계를 정비하여 2010년 지방세법을 전부 개정한다. 2014년 '지방세 특례 제한법'에서 기업 간 지분 이전이 탈세 수단으로 악용되는 경우를 방지하기 위한 목적으로 중소기업 간 합병 시 감면 규정을 신설하여 특정한 경우, 간주취득세 감면과 비과세 요건을 강화한다. 2016년 현물출자 또는 출자에 따른 부동산 소유권 변경 시 취득세를 과세하는 요건을 강화하며, 2021년 탈세 목적의 법인 전환 등을 방지하기 위한 강화 조치로 비상장 법인의 지분 50% 이상을 취득한 경우, 해당 법인의 부동산을 사실상 취득한 것으로 간주하여 취득세를 부과하는 '비상장 법인의 주식 변동에 따른 부동산 취득 간주 요건 확대'를 시행한다. 이에 추가하여 2023년에는 법인의 주식양도에 따른 취득세 회피 방지를 강화하기 위하여, 일정 조건에 따른 법인의 지배권을 사실상 이전받은 경우, 부동산을 취득한 것과 동일 과세하도록 하였다. 또한 최근 일부 법무 및 회계업계에서 법인을 통한 부동산 거래가 취득세 우회 수단으로 악용되고 있다는 지적에 따라 간주취득세의 추가적인 강화 조치 및 요건 명확화 방안들이 논의 중이다.

(3) 택지소유상한제와 토지초과이득세(폐기)

택지소유상한제와 토지초과이득세법은 1989년 부동산 투기 억제와 불로소득을 방지하고자 노태우 정부가 제정한 토지공개념 3법 중 하나이다. 택지는 국민 주거생활의 기반이 되는 중요한 부동산 자산으로 사회·경제적 기능을 수행한다. 하지만 과도한 택지 소유는 자원을 낭비하고 소득의 불균형을 초래함은 물론 지방정부의 도시 계획 수립과 집행에도 어려움을

     공익개발론

가중하는 요인으로 작용한다. 따라서 개인 또는 법인의 택지 소유를 일정 기준 이하로 제한함으로써 토지의 공공성과 합리적 이용을 촉진하고자 제정된 법이다. 6대 도시(서울, 부산, 인천, 대전, 광주, 대구) 내 도시계획구역과 주변 지역에 적용되는 토지로 개인은 660㎡(200평), 법인은 사원용 기숙사 용도의 495㎡(150평)를 초과하는 택지 소유를 금지하였다. 다만, 수도권 이외의 읍·면 지역에서는 제한이 없었으나, 초과 면적 택지에 대여서는 건축, 임대, 전매를 금지하였으며, 위반 시 초과 소유분에 대해 처분 명령 및 강제처분, 이행강제금 부과 등의 제한을 뒀다. 그러나 이 법은 1999년 위헌 결정된다. 택지 소유 상한에 관한 법률에 대한 헌법재판소의 위헌 결정에 대하여 결정문을 중심으로 살펴보자면, 첫째 국민이 합법적으로 취득한 택지를 일정 규모 이상 소유하지 못하도록 제한하고, 초과분을 처분하거나 부담금을 부과하는 것은 소유 목적이나 취득 경위, 이용 실태를 고려하지 않고 일률적으로 규제하는 이 법률의 방식은 공익 실현을 위한 최소한의 수단이라고 보기 어려우며, 공익과 사익의 균형을 잃을 수 있는 재산권 침해로 과잉금지원칙 또한 위반하였다고 보았다. 두 번째는 동일한 면적의 토지를 소유하고 있더라도 취득시기, 지역, 개인/법인 여부에 따라 상한 기준이 달라져 차별적 결과가 발생하고, 합리적 기준이 없음은 불합리한 차별을 초래할 것이므로 평등권 또한 침해하였다고 보았다. 따라서 헌재의 판단을 요지 하면 "법률이 국민의 재산권을 과도하게 제한하고 있으며, 그 제한이 최소한도에 그친다고 보기 어렵고, 재산권의 본질적인 내용을 침해하고 있다고 보임으로 헌법 제23조 제1항 및 제2항을 위반된다고 결정"하였고, 위 결정에 따라 '택지 소유 상한에 관한 법률'은 완전히 폐지되었다.

　토지공개념 3법 중 하나로 제정된 토지초과이득세법 또한 2005년 헌법불합치 결정(2001 헌바 40, 2002 헌바 32 병합)으로 2006년 폐지된 법률이다. 이 법은 토지의 양도차익 중 정상적인 수준을 초과하는 이득에 대해 중과세하던 제도로써 공시지가 기준으로 일정한 기간에 지가 상승률을 초과하는 이득에 세금을 부과하는 방식이었다. 헌법재판소 결정문을 중심으로 불합치 사유를 요약하자면 첫째 초과 이득의 기준이 명확하지 않음과 같은 과세의 명확성 부족을 지적하였다. 이는 조세법률주의 위반으로 일반 국민이 '어느 정도 이익이 초과 이득인지'를 예측하기 어렵고, 계산 방식 또한 매우 복잡하고 모호하여 납세자 자신은 본인이 부담해야 할 세금의 예측이 매우 어려웠다는 점이다. 두 번째는 재산권을 침해해 과잉금지원칙을 위반하였다고 보았다. 이는 이중과세 및 과도한 세율 문제로 이미 양도소득세 등으로 과세하고 있는 상황에서 추가로 토지초과이득세까지 과세하면서 이중과세 논란이 발생하였고, 최고 50%까지의 세율은 재산권에 대한 과도한 제한이라고 판단하였기 때문이다. 세 번째는 형평성의 원칙 위반이다. 토지 보유 기간이나 보유 목적 등을 고려하지 않고 일률적으로 과세한 방식으로 이 법률은 정당한 투자 이익이나 비투기성 소유자에게도 불리하게 작용하였으며, 같은 조건의 부동산이라도 처분 시기나 유형에 따라 차별 과세하는 등의 문제들이 발생하였기 때문이다. 따라서 이 법률의 일부 조항들은 국민의 재산권을 침해하고, 조세법률주의와 과잉금지원칙, 나아가 평등의 원칙 등을 위배하였으므로 헌법에 합치되지 않는다고 결정하였다. 다만, 조세제도의 공백을 막기 위해 2005년 말까지 적용을 유예하는 결정을 하였으며, 이 법의 폐지는 종합부동산세와 양도소득세 강화 등으로 토지 및 부동산에 대한 과세체계를 조정하는 계기를 제공한 것에 의미가 있다고 보인다.

　　　　　　　　　　　　　　　　　　　　공익개발론

(1) 수익자 부담금

수익자 부담금(受益者 負擔金)은 공공시설 확충 등 공익사업에서 특별한 이익을 누린 자에게 부과되는 부담금으로, 부동산 분야에서는 개발부담금, 재건축부담금, 과밀부담금, 광역교통시설부담금, 학교용지 부담금 등 다양한 형태로 존재하며, 개발에 따른 초과 이익을 환수하는 역할을 한다. 2006년 7월 「기반시설부담금에 관한 법률」을 제정하고, 일정 기준 이상의 건축행위에 대하여 토지 등 이용에 따른 도로 등의 기반 시설이 유발됨에 따라 그에 대한 비용에 대하여 발생 원인자인 개발업자에게 부담시키는 제도이다. 2006년 7월부터 2008년 3월까지 '기반 시설 부담금제'를 실시하여 개발 사업이 진행되는 특정 지역을 '기반 시설 부담 구역'으로 지정하여 개발 행위에서 비롯된 이익 중 일부를 회수하고, 이를 도로나 지하철, 공원, 상·하수도 등의 기반 시설 건설비용에 충당하는 것이며, 이는 원인자 부담 원칙을 실현함으로써 개발 예정지와 주변 지의 개발이익 환수 및 기반 시설을 확충하는 데 노력을 기울였다는 것에 의미가 있다. 2008년 3월 기존 법률이 폐지되었으나, 같은 해 9월 '국토계획법'에 부담 규정을 다시 도입하였고, 2014년 8.31 부동산 대책과 맞물리며 기반 시설 부담의 공익성을 강조하고 수익 환수 기능을 강화한다. 2015년부터 2018년에는 수도권 및 비수도권 개발 사업에 대한 부담금 경감·면제 시행(기간·사업·규모별 차등 조정)하였고, 2006년부터 현재까지 지방자치단체(시장·군수·구청장) 징수권 강화, 귀속 비율(지자체 50% 이상) 조정 등 지방분권 강화를 추진하였다. 수익자 분담금의 주요 특징 및 쟁점은 첫 번째 건축행위 등 개발로 인한 도로, 공원, 상·하수도, 학교 등 기반 시설 설치비용 부담 원칙 마련. 두 번째로 시장·군수·구청장이 주체가 되어 직접 징수, 부담금 일부를 지방자치단체에 귀속하여 지방세 전환, 경감·감면 절차 정비를 통해 지역이 주도적으로 재정 활용을 유도하며, 세 번째 조세·징수·특례법 포맷으로 재정·징수 절차 통합을 제안하고, 신고납부제도, 경정청구권 명문화, 감면 사후관리 강화 등 조세법 체계 정비와 네 번째 형평성과 개발 유인 간 균형의 특징이 있다. 수도권 과다 부담 vs. 지역 활성화 사이의 정책 균형 과제가 존재하므로 개발부담금의 법적 성격, 귀속 구조, 취득 시점의 명확화 등 법체계 정비의 필요성은 강조된다. 수익자 부담금에 대한 향후 고려 사항은 조세형 부담제도 모델로 전환하여 공익기금화 구조 강화와 법률, 행정, 징수 및 특례 체계의 통합을 통하여 절차의 간소화 및 감면 기준의 명확화 그리고 사후 감독 체계의 구축이 요구된다. 특히 수익자 부담금은 지방자치 분권 강화를 위하여 귀속 비율 및 운용 자율성의 확대가 필요해 보인다.

(2) 개발부담금

토지공개념 3법 가운데 하나인 개발부담금 제도는 1980년대 후반 부동산 투기 억제와 개발이익 환수를 목적으로 제정된 대표적인 준조세 방식의 환수제도이다. 「개발이익 환수에 관한 법률」은 1989년 1월에 제정 및 시행된다. 1980년대 후반은 부동산 투기와 지가 상승이 사회적 문제로 대두되던 시기이다. 개발 사업을 통해 막대한 비노동 소득(개발이익)이 일부의 특정 민간에게 귀속되며, 불로소득과 자산 불평등을 유발하였다. 이에 따라 개발이익의 일부를 환수하여 공공 재정에 귀속시키고, 부동산 투기를 억제하기 위하여 개발부담금 제도가 도입된다. 이는 '개발로 인한 이익은 사회 전체의 몫'이라는 토지공개념을 실질적으로 제도화하는 의미가 있었으며, 조세 형식을 갖추고 있지만 개발이익에 대한 준조세 성격의 부담금 형식으로 국토의 효율적 이용과 형평성을 확보하고, 부의 재분배를 실현하고자 하는 목적에서 제정된다. 개발부담금은 일정 규모 이상의 토지 형질변경, 택지개발, 건축 등의 개발 사업에 부과되며, 개발 후 지가 상승분 중 개괄비용 등을 제외한 개발이익을 기준으로 산정한다. 최초엔 50%이었으나, 이후 경기 상황에 따라 투자 촉진을 위하여 부과 비율이 변동되었으며, 납부 시기는 개발 완료 후, 고지하고 일정 기간 내에 납부하도록 하였다. 개발부담금은 1989년 개발이익의 50% 환수를 기준으로 「개발이익 환수에 관한 법률」로 제정된다. 1994년에는 지방자치제 도입으로 지방자치단체에 부과권을 부여하고, 1997년 외환위기로 인한 경제위기 극복 방안 중 하나로 부동산 경기 부양을 위하여 개발 부담률 50%를 25%로 축소한다. 외환위기를 극복한 2005년 노무현 정부 시절의 부동산 가격 폭등으로 축소한 부담률을 다시 50%로 재상향하는 조치를 단행하는 반면에 2009년 이명박 정부에서는 경기 부양을 명분으로 적용 대상 축소 및 면적을 확대한다. 이후 부과 및 실효성이 낮다는 지적에 따라 2023년에는 국회를 중심으로 부담률을 상향(최고 40%)하고 면제 대상의 축소 등을 골자로 개정안을 논의하였으며, 2024년에는 소규모 사업자 면제 기준 하향 등 실효성에 관한 보안을 중심으로 시행령 개정을 논의하고 있다. 개발부담금의 시사점은 한국형 개발이익 환수의 핵심 제도이며, 토지공개념의 제도화된 수단이다. 하지만 낮은 실효성, 과도한 면제, 회피 가능성으로 인해 실질적 공공 환원이 어려운 실정이고, 한편, 개발이익 전액을 시민에게 환원하는 공익개발방식의 적용이나 권고는 개발부담금의 확실한 대안이 될 것이다.

(3) 재건축부담금

한국의 재건축부담금(정식 명칭: 재건축 초과이익 환수제도)은 주거환경 정비사업, 특히 재건축으로 발생하는 초과 이익을 공공에 환수하기 위해 2006년 도입된「재건축 초과 이익 환수에 관한 법률」제도이다. 이는 재건축으로 발생한 초과 이익의 최대 50%를 부담금으로 부과 징수하는 조항으로 구성되어 있으며, 개발이익은 추진위원회 승인 이후 주택 가액 상승분을 '초과 이익'으로 규정하여 공공이 일정 부분 환수할 수 있도록 법적 기반을 마련한 것이다. 2008년 2월 29일, 2013년 3월 23일, 2014년 4월 29일, 2015년 12월 28일 등 시행령 개정을 통해 부과 대상 제외 주택 범위를 확장하고, 지방자치단체 기금 운용 기준을 명문화하였으며, 징수 및 공공 기여 기준 보완 등 다양한 시행세칙과 배분 기준이 정비되었다. 2022년에는 실수요자와 지방의 과도한 부담의 완화 및 제도 운용 등 합리성을 제고한다. 2023년 11월 16일에는 소규모 주택 정비사업, 신탁방식 등을 확대하고, 2024년 3월 27일에는 지방자치단체의 재건축부담금 운용 기준을 명문화한다. 재건축부담금의 제도적 의미와 쟁점은 공공이익 환수(재건축으로 인한 초과수익을 사회에 환원하는 장치)와 사회적 형평성 확보(장기 보유자·실수요자 배려 및 지방 부담 완화), 행정 효율성 강조(제도 초기화 단계의 기준 시점 조정으로 예측 가능성 확보) 등의 제도적 의미와 초과 이익 범위 및 산정 방식에 관한 논란과 기준 시점 판단의 형평성 문제, 고액 부담금 사례(강남 등)로 인한 사업 지연 우려 등의 갈등 요인이 항상 잠재하고 있으므로 이에 대한 방안 마련이 시급하다.

3.4. 공공시설 기부채납 및 감보 제도

도시정비사업 및 개발 과정에서 적용되는 공공시설 기부채납(일명 공공기여) 제도는, 민간 개발자 또는 사업 시행자가 도로, 공원, 교육시설 등 공공시설을 제공하거나 금전으로 대체하여 공익에 기여할 수 있도록 하는 제도이며, 감보(減步)는 토지구획정리사업에서 종전 토지보다 환지 토지 면적이 줄어드는 것을 의미한다. 이는 크게 두 가지로 도로, 공원, 하천 등 공공시설 용지 확보를 목적으로 한 공공감보와 사업비 충당을 위해 조합이 매각하는 유보지인 보류지 감보가 있다. 감보 비율(감보율)은 사업 시행 규모, 지역 특성, 공공시설 설치 정도에 따라 조정된다. 기부채납에 관한 주요 제도 도입 및 변화는 2016년 경기도에서 '용도지역 변경 및 공공기여 시설 기부채납 검토 기준'을 최초로 도입하였고, 공공기여 시설 기부채납을 제도화하고, 용도변경 시 용적률 상승분 일부를 토지 면적으로 환산하여 공공에 환원하도록 하였다. 반면 서울시는 2017년에 「도시 및 주거환경 정비법」 개정에 따라 현금 기부채납 제도를 도입하고, 시행계획을 정비하여 조합이 기반 시설 대신 현금으로 기여할 수 있도록 허용. 이를 도시재생 기금 등으로 운용하여 서민 주거 안정 지원, 저층 주거지 사업, 뉴타운 해제 지역 활성화 등 도시재생사업에 사용할 예정이다. 하지만 이러한 기부채납과 관련하여 한국 정부는 서울시 등에 '과도한 기부채납 요구 자제'를 요청하였으며, 정비사업인·허가의 신속화 요구와 함께 불필요한 기부채납이 사업 지연 요인이 되지 않도록 조정을 지시하였다. 기부채납 제도의 의미와 정책적 장점은 첫 번째 민간개발에 따른 공공 기반 시설 인프라 수요를 사전에 확보할 수 있으며, 두 번째로는 부족한 기반 시설 대신 현금형 기부채납 도입으로 지방자치단체의 운용에 관한 자율성 등과 같은 금전기여 활용 등의 유연성이다. 세 번째는 개발이익을 지역사회에 환원하는 공익 환원 구조를 강화하며, 네 번째는 서울, 경기 등 지자체별 실정에 맞춘 조례 기반 제도의 운용으로 지자체 주도성 강화를 들 수 있을 것이다. 그러나 기부채납이 법률 등으로 제도화하지 못하는 이유는 여러 가지 매우 다양한 문제에 있다. 다양한 이유 중 가장 중요한 쟁점은 부과 기준의 모호성과 투명성 기준이 없다는 것이다. 기부채납의 기준과 산정 방식 등에 있어서 경기에 매우 민감하게 반응하는 부동산개발 특성상 인허가 단계에서 개발이익의 양을 특정하는 것은 불가능에 가깝다. 따라서 사업 인허가 단계에서 개발이익을 확정하고 기부채납을 산정하여 부과하는 방식은 현실성 부족으로 사업 시행자에게 부담과 우려로 작용하여 적기의 도시 시설 공급을 감소시키고, 공급 부족은 부동산 가격상승을 불러오게 된다. 세금은 이익에서만 나와야 한다. 즉, 개발이익이 없거나 개발로 인하여 손실이 발생한 경우, 세금은 있을 수 없다. 그럼에도 기부채납 제도는 가정된 미래의 이익을 현실의 준조세화 한 것이기 때문에, 조세에 관한 기본적 원칙마저 위배하고 있다. 이러한 관점에서 공익개발방식은 개발이익 전액이 공익에 환원됨으로 기부채납 제도와 같이 미래의 불확실한 개발이익을 예견하고 논쟁할 이유조차 없다.

 공익개발론

다음으로 감보(減步)의 법정 제정 및 구조에 대해 살펴보자. 정부는 1966
년 토지구획정리사업법에서 감보와 환지 및 보류지에 대하여 구조를 명문
화한다. 이 법률은 1975년부터 1976년까지 중요사항을 개정하는데, 공공
시설과 공동주택(아파트)용지 확보 목적의 집단 체비지 지정을 추가로 개
정하여 제도화한다. 주요 변화 흐름은 1966년부터 1980년까지의 감보율
은 '공공감보(도로 등)'에 '연도 부담' 요소(도로접면 등)로 구성하였는데,
이는 대년 조금씩 상승하는 구조로써, 1960~70년대까지 '서울 정책 아카이
브'를 통하여 서울의 평균 공공용지율과 감보율 상승 추세로 확인할 수 있
다. 그러나 1999년 인천 사례에서 볼 수 있듯이 감보율 49.9% vs. 19.5% 간
의 형평성 문제(감보율 산정 방식)에 대한 행정심판 소송이 발생한다. 이
처럼 말도 많고, 탈도 많은 감보 제도는 환지 방식 도시개발사업에서 발생
하였으며, 이전에는 토지구획정리사업에서 발생하였다. 이 토지구획정리
사업은 1966년에 제정된 토지 구획 정리 사업법(법률 제1822호)에 의하여
이루어져 왔다. 그러다가 도시계획법상 일단의 주택지 조성 사업, 일단의
공업 용지 조성 사업, 시가지 조성 사업과 토지구획정리사업법상 토지구
획정리사업을 합하여, 하나의 법률로 제정된 것이 2000년 발효된 도시개
발법이고, 이 법률을 통하여 사업 다양화와 구획 정리법이 전반적으로 정
비된다. 최근 2025년 일본의 대표적인 부동산 투자회사 INA & 어소시에
이츠사의 INA 보고서 등에서는 감보율의 적정성, 형평성, 사업비-공공용
지 균형 추구에 대한 논의가 여전히 강조하고 있음을 알 수 있다. 감보 제
도의 원초적 문제는 결정의 형평성과 정당성 문제이다. 지나치게 높은 감
보율은 권리자의 반발을 유발하고, 반대로 낮으면 공공시설 부족과 특정
인에 대한 이익과 부의 편중 그리고 사업비 악화 위험을 증가시킨다. 또한

감보 제도는 사업성의 투명성과 예측성 확보도 어려운 구조이기 때문에 폐지되어야 하고 공익개발방식으로 대체 되어야 한다.

3.5. 간접적 개발이익 환수방식 '결합개발제도'

결합개발이란, 사업성이 높은 구역의 개발 수익 일부를 활용해 사업성이 낮거나 열악한 구역을 함께 개발함으로써, 통합적 개발과 상호 보완을 추구하는 방식으로 초기 도입 배경은 지역별 균형발전과 공공 환수 및 개발이익 공유였다. 결합개발의 법적 근거 및 정책적 변화를 살펴보면, 첫 번째로 2017년 인천 '송림 4구역 결합개발 모델'을 들 수 있다. 이 프로젝트는 인천시와 LH가 인천 송림 4구역과 인접한 대헌학교 뒤쪽 구역을 종합적 개발 대상으로 묶어 사업 효과를 함께 도모하는 최초의 민관 결합 사업이다. 2019년 경기도는 국토부와 협의를 통해 '산업입지 개발 통합지침' 개정을 마련한다. 경기 남부 사업이익의 일부를 북부 지역 사업에 재투자하는 구조를 제도화하여 행정력을 통한 지역 균형 개발을 도모하고자 한다. 이러한 결합개발의 장점은 수익 구역 개발이익으로 낙후 지역을 지원하여 지역의 균형발전을 도모하고, 고밀개발 구역이 저밀 지역의 개발 역량을 증가시켜 사업성을 확보할 수 있다. 공익 환수와 개발 인센티브의 조화로 일부 초과 이익에 대한 공공 환수 구조를 포함할 수 있는 장점을 들 수 있다. 그러나 이러한 복합개발은 수익과 손실에 대한 계산 및 설정의 투명성 등으로 수익 배분 기준이 구조적으로 매우 복잡하다. 또한 동의율 확보와 이해 충돌에 관한 조정 문제는 지자체 간 갈등 가능성을 높인다. 여기에 커뮤니티 유지 요구와 개발 인센티브 충돌 우려 등의 주민 수용성이 매우 낮다는 단점이 항상 존재하는 제도이다.

결합이 필요한 개발에 공익개발 모델을 설계할 경우, 결합개발 방식은 수익자 부담·환수 체계와 결합하여 결합개발의 단점을 모두 극복하는 이상적인 구조를 만들 수 있을 것이다. 예를 들어, 개발이익 일부는 공공기금 또는 도시 공유기금으로 전환하고, 저성장 구역은 공익 활용 기반 시설이나 주거 안정화 정책으로 연계할 수 있을 것이다. 행정 절차는 조례 기반의 결합 구역 지정, 인센티브 제공이 가능하며, 민관 협약에 따라 개발이익의 공익화로 시민의 적극적 참여 활동을 통하여 적기적소에 필요한 인프라 및 복지를 제공할 수 있을 것이다.

3.6. 복합적 개발이익 환수 사전협상제도

복합적 개발이익 환수제도는 서울시가 2009년 도입한 도시 계획 변경 사전협상제도(사전협상제)를 말한다. 사전협상제는 서울시 관내에서 1만㎡ 이상 대규모 가용지에서 도시 계획 변경이 예상되는 경우, 민간사업자와 서울시가 사전협상을 통해 개발이익 일부를 공공기여(시설 또는 현금) 형태로 환수하는 제도이다. 그리고 합의된 사항은 도시 계획 조례에 반영되어 인허가에 반영된다. 이러한 사전협상제도는 도시 계획 변경 시 특혜 논란을 방지하고, 개발이익의 공익 환수 및 투명한 절차를 기반으로 개발을 유도하기 위해 도입되었다. 이 제도는 서울시가 2009년 도입하여 약 30개

후보지 중 11건을 사전협상 완료하고, 9건이 사점 협상 협의 중이며, 연간 2건 이상 사전협상 진행 중인 도시 계획 인센티브 구조로 자리매김하고 있다. 사전협상제도는 사업 시작 전에 협상을 공개하여 특혜 논란을 차단하여 투명성을 확보하는 장점이 있다. 사업성이 낮은 지역은 인센티브를 주어 정비사업을 유도하고, 민간이 얻은 개발이익 일부를 환수하는 등 공공기여의 실질성 또한 강화할 수 있다. 그러나 기준 면적 및 변경 예상 지역 한정과 같이 사업 대상이 제한적이며, 기여 비율의 차이와 형평성은 개인 간 의견 편차가 매우 큼으로 논란의 지속성 또한 끝이 없다. 더구나 정부의 지적과 같이 협상 지연에 따른 사업 일정 차질과 포기가 발생하는 구조들의 단점들이 존재한다. 공익개발은 개발이익 자체가 민간 참여자에게 돌아가지 않으므로 이러한 사전협상 자체가 필요 없다. 다만, 개발이익을 더 효율적으로 활용할 수 있는 방안을 마련하기 위하여 주민과 사업자, 지방정부의 고민만이 필요할 뿐이다.

3.7. 개발이익 환수 변천과 과제

대한민국에서 부동산 개발이익은 특혜 시비와 관련지어 생각한다. 그만큼 부동산개발에서 공공기관의 인허가 과정은 매우 중요한 요소이기 때문이다. 이러한 특혜 시비는 정부(지방자치단체) 관계자와 개발업자 상호 간에 특정 이해관계가 있을 것이라는 추측에 따른 것으로, 과거 개발도상국 상태에서 부동산개발 특혜 시비 사건은 빈번하게 발생하였다. 한국 정부는 한국전쟁 이후 최빈국의 취약한 자본시장으로 인하여 국가가 주도하여 주거 안정을 위한 택지개발과 중소기업 경쟁력 강화를 위한 국가산업단지 조성 사업을 통하여 필요한 토지를 공급해 왔다. 국가 주도의 부동산개발 과정에서도 부동산 투기로 인한 가격 폭등은 주기적으로 발생하여 왔고, 노태우 정부에서는 자본주의와 사회주의 경계선상에 있는 토지공개념을 도입하여 부동산 투기 방지 3법을 제정하기도 하였다. 하지만 토지공개념 3법은 이중과세와 미실현 이익 과세 등의 문제로 위헌 또는 헌법불합치 결정으로 폐지된바 있다. 이후 부동산 시장은 수축과 팽창을 번복하며 그때 마다 투기에 대한 고강도 규제와 완화가 반복되며 현재에 이르렀다.

　정부는 조세, 분담금, 기타의 다양한 방법으로 개발이익 중 일부를 환수 해 왔다. 이러한 개발이익 환수 방식은 국민적 공감대를 형성하여 높은 지 지를 얻을 때도 있었지만, 때로는 높은 조세저항에 직면하기도 하였는데, 이러한 제도의 변화는 경제의 성장과 위기에 따른 적극적 조치 행위였다. 대한민국의 성장 과정에서 삼저호황(1980년대 후반에 달러화 약세, 국제 유가 하락, 국제금리 하락) 시기와 중국의 덩샤오핑 개혁·개방 정책에 따 른 중국 수출의 호조는 시장에 풍부한 유동성을 공급하였고, 부동산 가격 은 급등하기에 이르렀다. 이에 정부는 부동산 가격 안정을 위하여 규제강 화 및 개발이익 환수로 부동산 시장에 대응하였다. 반면에 외환위기와 금 융위기 상황에서는 경기 침체를 방어하고자 규제 완화와 개발부담금 면 제 그리고 저금리 등의 가능한 모든 세제지원 혜택 등을 시장에 제공하였 다. 결과적으로 과거 고도의 국가 발전 과정에서 시기적 대응은 최선의 정 책이라 하더라도, 현재의 선진국 저성장 국면에서는 국민적 공감대를 형 성할 수 있는 새로운 개발이익 환수가 추가되어야 할 것이다. 새로운 개발이익 환수 방식은 과거의 경험과 지식을 기초로 개발이익의 공익적 배분에 대하여 논의하여야 한다. 우리 국토는 지리적 특성과 지형적 특성은 물론 다른 나라에 비하여 좁은 국토에 많은 인구가 밀집한 도시국가 형태로 세계 10위권의 경제적 위상의 국가라는 현실은 토지공개념의 직접적 제도화 적용이 없더라도 이와 유사하거나 토지공개념에 준하는 제도의 적용은 필수적일 것이다. 대한민국 헌법에서도 사유재산 보호의 중요성과 더불어 공익사업에 대한 토지 사용 및 수용을 동시에 적용할 수 있도록 하고 있다. 우리 사회는 특히 대규모 토지개발에서 개발이익과 투자에 관한 참여 주체 토지주, 용역사, 시행사, 시공사, 금융기관, 정부 등의 참여이익 객관화에 따른 공익과 사익, 특히 토지개발 투자사업에서 투자에 대한 범주와 개발이익 배당에 대한 정의를 재설정함으로써 국가와 국민 모두를 위한 협력적 생산 행위로 도시개발이 인식되도록 하여야 할 것이다. 이러한 협력적 생산 행위는 사회적 갈등비용을 최소화하고, 개발이익의 재배분을 객관화함으로써 투기와 부패 예방에도 도움을 줄 것이다.

3.8. 개발이익 환수에 대한 사회적 공감대

대한민국은 대만과 마찬가지로 유일하게 효과적인 농지개혁을 완성한 국가 중 하나이다. 6.25 전쟁 이후, 경제개발 5개년 계획에 따라 경공업의 완성과 중화학공업의 국가 목표에 따른 국민적 단합은 한강의 기적이라 할 정도의 국가 발전을 이룬 근원이었다. 이와 같은 산업의 발전은 서울을 중심으로 수도권 집중화 도시 발전 과정을 거치면서 인구의 수도권 집중화 현

상을 발생하였다. 이와 같은 수도권 집중화 현상은 2025년 0.6명의 초저출
산율과 지방 인구 소멸의 진행 과정에서도 지속적으로 가속화하는 현상으
로 자리 잡고 있음은 대한민국 모든 국민이 인지하고 있는 사실이다. 과거
문민정부 이후 모든 민주 정부에서도 저출산 해소와 지방분권화를 공약하
였으나 현재까지 이렇다 할 성과를 이룬 정부는 전무한 상태이다. 대한민
국은 좁은 국토에 비하여 많은 인구 분포의 국가이면서 국가 발전 자원은
인적자원이 유일함으로 경제주체들의 유기적 활동을 감안할 때, 수도권 인
구 집중화 현상은 필연적 요소로 작용한 결과라 할 수 있다. 미국을 비롯한
유럽 선진 국가 대부분이 가게 자산으로 금융과 주식 자산으로 구성되어 있
으나, 대한민국 가게 자산의 대부분은 부동산으로 구성하고 있다. 한국의
기업이 가치에 비하여 주가가 저평가되는 코리아 디스카운트와 같은 사회
적 구조와 제도가 지속되는 한, 가게 자산의 부동산 편중은 지속될 것이다.
따라서 부동산은 현재의 한국인에게서 가장 중요한 축척 자산이며, 한국인
은 자신의 부동산만이 미래의 안녕을 가져다줄 것이라 믿고 있다. 문제는
부동산 외에 다른 대안이 없으므로 정부는 가게 자산 형성에 있어서 금융자
산이 주축을 이룰 수 있도록 특별한 방안을 시급히 마련하여야 할 것이다.

(1) 개발이익에 대한 사회적 갈등

선진국에 진입한 현재의 대한민국에서 양질의 주거환경과 주택 보급을
위한 도시의 개발은 다양한 사람들의 시선과 이목 그리고 더욱 복잡한 이
해관계로 인한 문제들을 해소하기에 더욱 많은 시간이 소요되고 있다. 짧
게는 수년에서 길게는 10년 이상의 개발시간이 소모된다. 이러한 이해관

계 해소 시간은 불필요한 개발비용으로 전이되고, 개발기간의 지연은 사업 리스크를 상승시켜, 사업 참여자들에게 높은 위험으로 인한 개발이익 증대를 요구받게 되는 상황에 직면한다. 사업 기간의 확대는 연단 위 수익률을 감소시키고, 유지비용은 증가하는 이중 위험을 형성한다. 이해관계자들의 의심과 갈등은 비생산적 사회비용으로 이는 개발이익의 정보 폐쇄성에서 기인한다. 이해관계 주체는 나름의 계산 방식에 따라 최대 개발이익을 가정하고 본인들의 이익을 극대화하는 과정에서 서로 다른 계산 방식으로 갈등이 최고조에 이른다. 필자의 경험에 의하면 이러한 갈등비용은 개발이익 환수 이익보다 클 것이며 2~3배에 달할 것으로 추산한다. 따라서 소모적 갈등비용을 최소화하여 갈등비용 또한 공익화할 수 있는 방식이 공익개발인 것이다. 개발이익이 공론화하여 모두를 위한 재원으로 활용됨으로 참여자가 개발이익의 분배를 고민하거나 계산할 필요가 없으며, 개발이익이 특정 민간에게 귀속되는 일 또한 발생하지 않을 것이다.

(2) 갈등 원인

도시개발에서 대부분의 갈등은 개발이익의 귀속에서 출발한다. 현재의 개발 방식에서 개발이익의 특정인 사유화가 존재하는 한 모든 이해관계자 간의 갈등은 지속될 것이다. 필자는 이러한 갈등의 원인인 개발이익의 귀속에 관하여 원초적으로 해소하고자 제안하는 것이 공익개발이다. 즉 공익개발은 개발이익을 공익화함으로써 이해관계자들 간에 상대적 피해의식을 해소할 뿐만 아니라, 사업에 참여하는 민간 구성원들은 우리 사회에서 다수가 인정하는 사회 통념상의 업무적 이익을 영위할 수 있는 권한을 부여함으로써 참여가 가능한 방식이다. 민간 참여자의 통상적 업무이익을 제외한 모든 개발이익은 사회 소득에 해당함으로 시민에게 귀속하는 방식이 공익개발이다.

필자의 20여 년간 대규모 토지개발 경험으로 볼 때 개발이익의 사회적 갈등의 원인 중 하나는 개발이익의 귀속 권한이 과거 서구적 개발도상국 방식의 투자인식에 있다고 생각한다. 즉 대한민국이 선진국이 되었음에도 대규모 도시개발 투자와 개발이익에 대한 상관관계는 과거에 머물러 있기 때문이다. 부동산 투자와 투기에 대한 경계도 불분명하다. 내가 하면 투자이고, 남이 하는 모든 투자는 투기로 바라본다. 이러한 상호 비판 현상은 행정에 대한 불신도 같이한다. 대규모 부동산개발에서는 인허가 과정이라는 행정행위가 필수적이며, 특정인이 정부의 허가라는 정치와 행정 활동을 통하여 부당한 부를 축적할 것이라는 무검증 비판에서 불신이 발화하여 사회갈등을 폭발시킨 것이다.

(3) 민관합동 도시개발에서의 투자 정의

현재 민관합동 도시개발에서 배당 이익은 특수목적법인의 출자금 지분에 따라 개발이익을 배당한다. 우리는 이 시점에서 과연 특수목적법인의 출자금이 배당 이익의 분배 권한이 있는지 의문을 제기해 볼 필요가 있다. 필자의 경험으로 비추어 보면 연관성은 없거나 매우 미미하다. 현재의 배당권 지분율은 상법상의 규정을 준용하여 일반화한 것인데, 여기서부터 개발이익의 분배 권한 오류가 발생하였다고 본다.

예를 들어 성남 대장동 도시개발사업에서 특수목적법인 구조를 살펴보자.

성남시는 2014년 5월 성남 대장지구 도시개발사업의 도시개발 구역을 지정·고시하고, 2015년 2월 성남도시공사는 대장지구 도시개발사업에 대하여 '다른 법인 출자타당성 검토' 결과를 시의회에 보고, 승인받은 후 3월 '성남의 뜰'을 우선 협상자로 선정하여 6월에 '사업 협약'을 체결하였다. 7월에는 민간 참여자와 대장지구 도시개발사업 시행법인 '성남의 뜰'이라는 특수목적법인(SPC: Special Purpose Company)을 설립하고, 8월에 사업자 지정을 완료한다. 한편, 2015년 6월에 대장동 사업지구와 제1공단 부지를 공원으로 조성하는 '대장동-제1공단 결합 도시개발구역 개발계획'을 고시하고, 2016년 11월 실시계획이 승인되어, 2017년 10월에 대장지구 단지 조성 공사를 착공한다.

먼저, 성남 대장지구 도시개발사업의 의문점을 이해하려면 상법상의 주식회사와 회사가 발행하는 주식의 종류에 대한 이해가 필요하다. 일반적으로 민관합동 도시개발사업의 추진을 위한 특수목적법인은 대부분 일반적인 주식회사의 형태로 설립한다. 그리고 특수목적법인이 발행하는 주식은 보통 주식과 종류 주식으로 구분한다. "보통 주식"이란 이익배당이나 잔여재산 분배, 의결권 행사 등에 대하여 어떠한 제한이나 특혜가 없는 보통의 주식을 의미한다. 반대로 우선주를 포함하는 "종류 주식"은 이익배당이나 잔여재산 분배, 의결권 행사 등에 특별한 제한이 있지만, 특별한 제한에 따른 반대급부가 부여되는 주식이다. 종류 주식에서는 우선주, 상환주, 전환주, 상환우선주 등이 있는데, 성남 도시공사와 금융기관은 제2종과 제1종의 종류 주식을 각각 선택하고, 유일한 민간 참여자 화천대유자산관리

   공익개발론

와 SK 특정금전신탁(천하동인 1호~7호)은 보통주를 선택하고, 당사자들 간에 '사업 협약'이 체결된 것으로 보인다. 그리고 당사자 간의 협약에 따라 '성남의 뜰'이라는 특수목적법인을 설립한다. 앞서 설명한 '제1종'과 '제2종 우선주'는 대장지구 개발 이익배당이나 잔여재산 분배에서 보통주보다 우선하여 확정된 금액 또는 금리 상당을 사업이나 주주 협약에서 정한 순서에 따라 우선 배당받을 수 있는 일련의 특별한 권한이 부여된 주식이다. 그리고 1종과 2종은 배당 및 분배에 있어 방법을 달리한다. 성남 도시개발공사의 '제1종 우선주식'은 개발이익의 배당에서 당초에 예상한 사업수익(개발이익)의 증감에 상관없이 A10 블록 공동주택용지를 현물로 우선 배당받는 '확정 이익배당 조건'이며, 금융기관이 선택한 '제2종 우선주식'은 주식의 액면가격 대비 연 25%의 이자에 해당하는 금리를 보통주 및 제1종 종류 주식보다 우선 배당받는 조건으로 주식을 발행한 것으로 보인다. 일반적으로 부동산개발을 위한 특수목적법인에서 우선주(종류 주식)를 선택하는 주요 이유로는 사업의 추진 과정에서 개발이익의 증감 등에 따른 사업 성공과 실패에 상관없이 확정적이고 안정적인 최소한의 투자(특수목적법인 출자)수익을 보통주보다 우선하여 확보하기 위함인데, 이러한 방식은 일반적으로 원금 회수와 이자를 보장받아야 하는 금융기관이나 공적 기금을 관리하는 기관이 특수목적법인 출자금 회수 안정성을 확보하는 방법들이다.

위와 같은 사업 협약에 따라 '성남의 뜰' 납입자본금은 50억 원으로 '제1종 우선주식'은 성남 도시개발공사가 25억 5천 원(지분율 50%+1주)을 출자하여 우선주식을 취득했고, '제2종 우선주식'은 하나은행 7억 원(지분율

14%), 국민은행 4억 원(지분율 8%), 기업은행 4억 원(지분율 8%), 동양생명보험 4억 원(지분율 8%), 하나자산신탁 2.5억 원(지분율 5%) 등 '2종 우선주' 합계액 21억 5천만 원(지분율 43%)을 각각 취득하였다. 그리고 이익배당이나 잔여재산 분배 권리를 보유한 '보통 주식'은 화천대유자산관리가 4천 9백 9십 9만 5천 원(지분율 0.999%)을, SK 특정금전신탁(천하동인 1호~7호)이 3억 원(지분율 6%)을 각각 출자하여 보통 주식, 합계 3억 4천9백9십9만 5천 원(지분율 6.999%)을 출자하여 아래 지분율 표와 같이 "성남의 뜰"이 설립된다.

성남의 뜰 출자 지분표

구분	주식 종류	출자자(기관)	출자금액(천원)	지분율	비 고
공공	제1종 우선주	성남도시개발공사	2,500,005	50.001%	50%+1주
민간	제2종 우선주 (금융기관)	하나은행	700,000	15.0%	
		국민은행	400,000	8.0%	
		기업은행	400,000	8.0%	
		동양생명보험	400,000	8.0%	
		하나자산신탁	250,000	4.0%	
	보통주(시행사)	화천대유자산관리	49,995	0.999%	1%-1주
		sk특정금전신탁	300,000	6.0%	천하동인 (1~7호)
합계			5,000,000	100,0%	

윤정수, 『대장동을 말한다』, p43, 투자자 지분구성

그리고 위와 같은 출자 형식과 비율에 따라 성남 대장지구 사업 참여자들은 2021년까지 아래와 같이 개발이익을 배당한다.

공익개발론

구분	주식종류	출자자(기관)	지분율	배당금액(단위/억 원)			
				합계	2019년	2020년	2021년
공공	1종 우선주식	성남도시 개발공사	50%	1,830	1,822	0	8
민간	2종 우선주식 (금융기관)	하나은행	15%	10.4	7	1.7	1.7
		국민은행	8%	6	4	1	1
		기업은행	8%	6	4	1	1
		동양생명보험	8%	6	4	1	1
		하나자산신탁	4%	3.7	2.5	0.6	0.6
	보통주 (시행사)	화천대유 자산관리	1%	577	270	207	100
		sk특정금전 신탁 (천하동인 1~7호)	6%	3,462	1,620	1,240	602
합계			100%	5,903	3,734	1,453	716

윤정수, 『대장동을 말한다』, p47, 성남의 뜰 연도별 배당 내역

위 성남 대장지구 도시개발사업 개발이익 배당표에 대하여 국민과 언론은 성남 도시개발공사가 과반수 50%의 지분을 보유하였음에도 불구하고 개발 이익배당금이 1,830억 원(A10 블록 공동주택용지)에 불과하고, 약 7%의 지분을 보유한 특정 민간기업이 4,039억 원의 천문학적 개발이익 배당 결과에 대하여 비판하였다. 그리고 이러한 배당 이익 결과를 만든 민간 사업자 공모 절차 등에 대해서도 공정성에 관한 의문을 제기하였다. 이에 대하여, 당시 성남시는 개발이익 환수와 관련하여 공공 출자에 대한 임대 주택 용지 현물배당은 1,830억 원뿐이라고 보이지만, 제1공단 공원화 사업비 2,561억 원과 북측터널 개설 등 합계 5,503억 원을 공공 환수하였다고 설명하였다. 즉, 개발이익 중 민간의 4,071억 원 배당에 반하여, 공공은

5,311억 원을 환수하였으므로 개발이익 중 50% 이상을 공익 환수하는 국내 최대의 공공 환수 사업이라고 설명하면서, 이는 상법 및 기타 사업 협약, 그리고 성남시의 공익 환수 노력에 따른 결과라고 설명하였다.

여기서 화천대유자산관리와 SK 특정금전신탁(천하동인 1~7호)이 성남의 뜰로부터 개발이익을 배당받아 어디에 사용하였는가에 관하여서는 사적 사안이므로 논외로 하고자 한다. 필자는 당시 성남시의 설명에서 6%(3억 5천만 원) 지분으로 4,039억 원을 배당 결과가 특정 민간에게 과도한 개발이익이 지급되었다는 문제로 볼 수 있지만, 현행 상법상의 규정을 적용하면 불법적인 행위는 찾아볼 수 없다. 하지만 그럼에도 불구하고 국민적 허탈감이 큰 사건이었다. 2021년 9월 29일 자 조선일보 조형식 기자의 기사를 요약하면 사업을 추진한 당사자들을 제외하더라도 천하동인 2호는 872만 원을 출자하여, 101억 원을 배당받았다. 사업을 추진하는 과정에서 어떠한 역할을 하였는지는 모르겠지만, 표면적으로 가족이라는 이유만으로 이와 같은 개발이익 배당 결과는 국민이 납득할 수 있는 범위를 넘어도 많이 넘었다고 할 수 있다. 결국 이와 같은 문제의 발단은 사업에 대한 경험과 지식 그리고 인식의 부족, 그리고 그것으로 인한 사업 협약과 특수목적법인의 주식 구조에 기인한 결과이다. 대규모 토지개발을 위한 특수목적법인은 상법상의 일반회사와 달리하여야 한다. 일반회사는 계속기업을 목적으로 하지만 대규모 토지개발 특수목적법인은 단일 목적성 법인으로 사업 준공 시 개발이익의 배당과 법인의 청산을 전제로 설립되는 일시적 운영 법인이다.

대장지구에서 보는 바와 같이 특수목적법인 구조에서 특수목적법인 주

　　　　　　　　　　　　　　　　공익개발론

식의 취득과 배당에 관한 사항을 상법상의 일반회사와 같이 해석한다면 대장지구와 같은 사건이 미래에도 지속적으로 반복될 것이다. 이와 같은 특수목적법인의 개발이익 배당의 특정 민간 귀속을 해소하고자 정부와 지방자치단체는 '공공기여'라는 방식을 활용하여 개발이익을 공익화하고 있으나, 현재의 '공공기여 방식'은 환자에게 의학적 처방을 하는 것이 아니라, 민간요법을 적용한 것과 같다고 보인다. 각기 다른 많은 변수가 포함된 도시개발 사업에서 '공공기여'라는 민간요법은 공익적 효과보다 많은 부작용만 유발하는 제도이다. 이것은 인허가 당시의 공공기여가 미래의 과도한 개발이익의 회수를 예방할 수 있을 것으로 설명하고 있으나, 공공기여 후 참여자에게 배당되는 개발이익이 국민 눈높이에 부합한다는 보장이 없다. 더불어 공공기여가 개발의 발목을 잡을 수 있다는 점도 간과할 수 없다. 인허가 후 토지 보상 기간과 단지 조성 공사의 착공 시점부터 준공에 이르기까지는 상당한 시간이 요구된다. 이러한 긴 시간적 요소는 토지 공급 시기의 부동산 경기를 알 수 없는 만큼, 미래의 불확실성 또한 예측할 수 없다. 토지 공급 시기에 부동산 경기가 좋을 경우, 추가적인 개발이익이 예상되며 토지 공급 시기에 불황이 겹치면 당초에 약속한 공공기여 이행도 어려워질 수 있고, 특수목적법인이 파산할 수도 있다. 최대 단점은 공공기여와 같은 공익적 활동에 따른 개발이익 환수에도 불구하고, 대장지구와 같이 토지 공급 시기에 부동산 가격이 폭등하는 경우, 상황에 따라 과도한 개발이익이 특정 민간에게 사유화될 수 있기 때문이다. 결국 미래 상황에 따라 국민적 지탄의 대상이 될 수도 있고, 사업을 좌초시키는 원인이 될 수도 있다. 대규모 도시개발은 10여 년의 장기 사업으로 토지 공급 시기에 부동산 경기가 좋을지 아니면 불황의 늪에 빠져 있을지는 우리 누구도 알 수 없다는 것이다.

공익개발은 개발이익 전액을 공익화하기 때문에 공공기여를 포함하는 결과를 가져온다. 그리고 미래의 불확실성 또한 해소할 수 있다. 경기에 따른 준공 리스트를 해소하며, 개발이익이 예상보다 크더라도 민간 참여자에게 개발이익이 배당되는 문제를 원초적으로 해결한다. 그와 같은 이유는 공익개발에서 특수목적법인의 민간 참여자 출자금을 금융투자 방식(대장지구 금융기관과 동일한)으로 인식하기 때문이다. 성남 대장지구 도시개발에서 보는 바와 같이 하나은행을 비롯한 금융기관들은 성남의 뜰(특수목적법인)에 43%(21억 5천만 원)를 출자하였고, 개발이익 배당은 32억 원을 수령 하였는데, 투자수익률은 연 25%로 사업 기간 합계 수익률은 148%였다. 이와 같은 결과는 금융기관들이 바보여서가 아니라 출자금을 금융투자 방식으로 하였기 때문이다. 이처럼 도시개발 사업에 참여하는 민간기업들의 출자금을 금융투자 방식으로 한다면, 대부분의 개발이익은 공익 재원으로 활용된다. 공익개발에 대하여 사람들이 던지는 질문 중 하나가 '그럼 민간이 투자하겠냐?'라는 질문인데, 연 25%의 투자수익에 대하여 반문하면 대부분이 매우 높은 수익으로 공감한다. 이는 결과적으로 민간기업들 또한 과도한 개발이익보다는 안정적인 수익을 원하는 것이 일반적이라는 것을 증명한다.

3.9. 도시개발 이익에서의 사익과 공익 경계

우리 사회에서는 부동산 투자로 많은 수익이 발생할 경우, 불로소득을 기분으로 투기꾼으로 보는 시각이 많이 존재한다. 하지만 주식이나 채권

 공익개발론

등 금융상품 투자에 대한 높은 수익은 불로소득임에도 불구하고 투기로 인식하지 않으며, 유능한 투자로 인식할 뿐만 아니라, 사회적으로도 권장하고 있다. 현재 투기와 투자의 경계는 위와 같이 모호하다. 사전적 의미에서 '투자'는 이익을 얻기 위하여 어떤 일이나 사업에 자본을 대거나, 주권, 채권 따위를 구입하는데 자금을 돌리는 행위로 정의하며, '투기'는 기회를 틈타 큰 이익을 보려고 하거나, 시세 변동을 예상하여 차익을 얻기 위한 매매 등의 거래로 정의하고 있다. 따라서 사전적 의미로 투자와 투기를 구분하기는 어렵다. 다만, 투기와 같이 투자도 시세 변동을 통한 차익을 얻고자 하는 심적 동기와 돈을 투입하는 행위는 같지만, 목적과 방식에서는 차이가 있다. 첫 번째로 투자는 장기적인 수익 창출을 목적으로 하지만 투기는 가격 변동을 이용한 단기적 수익 창출과 같이 목적과 기간에 차이가 있다. 두 번째로는 투기는 높은 수익 가능성과 동시에 손실 위험성도 높다. 반면에 투자는 일정한 위험을 부담하고 있지만, 장기적 안전성을 추구한다. 세 번째는 지식과 연구 활동이다. 투자는 심층적인 연구와 지식을 요구하는 경우가 대부분이다. 시장의 동향, 재무 상태, 산업변화 등을 분석하여 평가에 따라 투자하는 반면, 투기는 개발 정보와 같은 내부정보를 이용한 불법행위가 대부분으로 깊은 지식이나 연구 등은 필요하지 않을 수 있다. 특히 부동산 투기는 우리 사회에 심각한 부작용을 만든다. 부동산 투기는 개인의 행동이지만, 그 영향은 사회적 현상으로 확대될 수 있고, 특히 주택 가격의 급등은 주거비용을 증대시켜 부의 불평등을 심화시킴으로써 사회 및 경제적 불안전성을 증대시킨다.

앞 장에서 설명한 바와 같이, 현재 대규모 토지개발에 대한 특수목적법인의 출자금은 개발이익 배당 권리에 대한 투자금으로 간주 되고 있다. 하지만 특수목적법인 출자금을 금융투자 방식으로 전환한다면 개발이익과는 별개의 사안으로 금융투자 수익에 관한 이자수익만 지급됨으로 국민으로부터 투기에 대한 오해를 해소함에 따라 많은 공감대를 형성할 수 있을 것으로 기대된다. 즉, 공익개발에서 민간 참여자들의 출자 행위가 금융투자로 인식되면, 설립 당시의 금융시장 상황에 따른 금융상의 약정이자 상당의 금융투자 수익으로 지급될 것이다. 대규모 토지개발 사업에 활용되는 금융은 프로젝트 파이낸싱(PF)방식의 금리 기준을 특수목적법인 설립 출자금에 확장 적용하는 방식이다. 대규모 토지개발 프로젝트 파이낸싱은 하나의 계약 관계로 설정되어 있지만, 참여 금융기관은 자신들이 선택한 대출금 회수 순서에 따라 선순위와 중순위 그리고 후순위 대출자로 구분한다. 선순위 대출은 위험도가 가장 낮으며 낮은 이율이 적용되고, 중순위와 후순위는 회수 위험도가 높아짐에 따라 통상적으로 중간 이율과 고이율이 적용된다. 특수목적법인의 출자금은 후순위 대출보다 위험도가 같거나 더 높음으로 투자 위험도를 감안하면 고이율이 적용될 것이다. 그리고 이러한 특수목적법인 출자금 참여자들은 위험도가 높은 만큼, 리스크를 감소하고자 사업 기간 중 보다 많은 노력을 기울이게 될 것이며, 이러한 노력 행위는 사업의 성공적 완수가 자신을 위한 최선의 선택임이 반영된 결과이다.

투기와 투자의 정의와 별도로 대규모 도시개발에서 사익과 공익에 대한 경계의 기준에 대하여 정의할 필요가 있다. 필자는 대장지구 사건에서 특정 민간에게 과도한 개발이익 배당이 이루어진 점 외에 사업 참여 당사자들이 사업 협약을 위반하여 불법적인 개발이익 편취 언론 기사를 접하지

     공익개발론

못했다. 만일, 민간사업자가 협약이나 계약을 위반하였다면 범법자에 해당할 것이고, 성남 도시공사 관계자들과 나아가 성남시 관계자도 이를 용인하지 아니하였을 것이다. 많은 언론 보도를 종합하여 볼 때, 그들의 배당은 계약이나 사업 협약 나아가 상법상의 규정을 준용한 것뿐이고, 당시 시행한 대부분의 민관합동 사업들 또한 비슷한 과정이었으므로 과정상의 공과는 대동소이하다고 할 수 있다. 결과적으로 대장동 사업에서의 천문학적인 사업성과는 부동산 경기의 확장적 시기에 더하여, 사업이 위치한 지리적 이점이 더한 시대적 현상이 결합한 결과라 할 수 있다. 따라서 필자는 대장동 참여자들이 많은 개발이익을 얻은 결과는 과거부터 이어온 현재의 법률적 제도상에서 문제로 행운에 행운이 겹친 것에 불과함으로 개인의 일탈 행위를 제외하면, 비난의 대상도 아니라고 본다. 하지만 대장동 사건과 같이 국민적 공감대 형성을 저해하는 현재의 제도는 개선되어야 하며, 좁은 대한민국 국토를 활용한 대규모 토지개발은 현재보다 진보한 개발 방식이 필요하다는 점에서 공익개발의 필요성을 찾는다.

공익개발의 필요성에 있어서 우리는 대규모 토지개발 사업에서의 개발이익이 어디에서 창출되는가를 생각해 보아야 한다. 개발이익은 인허가와 토지의 사용권 확보 그리고 개발 자금으로부터 발생한다. 즉, 토지의 사용 및 수용권은 보상법에 따라 제도적으로 확보되고, 토지의 용도변경을 포함한 개발계획 승인에 따른 사용 가치가 상승하여 그로 인한 차액이 대규모 토지개발 사업의 개발이익이다. 개발 자금은 조달 수단에 따른 금융 행위로 돈의 가치 즉, 시장 질서에서 형성된 금리의 결정과 상환 방법의 합의로 투자에 대한 기회비용은 완성될 수 있다. 따라서 개발 자금은 금융 대가로 지급함이 타당하고, 개발이익은 공익화하는 것이 공정하다. 다만, 공익개발이 활성화하기 위하여서는 국민의 공감대 범위 내에서의 인센티브가 제공되어야 할 것이다.

앞에서 설명한 공익개발을 위한 민간 참여 활성화 방안은 공정 대가에 있다. '공정대가'란 현재 시장에서 수요와 공급으로 형성된 공정한 대가를 의미하며, 상품이나 서비스를 거래할 때 그에 상응하는 적절한 대가의 지급을 말한다. 이는 거래 양측 모두가 만족할 수 있는 합리적인 가격으로 공정한 대가를 확보하기 위해서는 다음과 같은 요소들이 고려되어야 한다.

- 공급과 수요: 시장에서의 공급과 수요에 따라 상품이나 서비스의 가격이 형성된다. 공급과 수요의 균형이 고려된 적정 가격의 결정이 필요하다.
- 가격의 투명성: 거래의 대상이 되는 상품이나 서비스의 가격이 투명하게 공개되어야 한다. 이는 소비자나 구매자가 제품이나 서비스의 가치를 정확하게 인식할 수 있도록 하기 위함이다.
- 경쟁력: 유사한 상품이나 서비스가 다수 존재할 때 경쟁이 활발하게 일어날 수 있다. 이는 가격이 경쟁력을 통해 조절되며, 소비자나 구매자가 가장 좋은 가치를 얻을 수 있도록 한다.
- 합리적인 이윤: 판매자나 제공자는 자신의 노력과 비용을 감안하여 합리적인 이윤을 얻을 수 있도록 가격을 정한다. 이는 기업의 지속 가능성과 경쟁력을 유지하는 데 매우 중요한 요소이다.
- 규제 및 법적 요소: 공정한 대가를 유지하기 위해 규제와 법적 요소가

중요한 역할을 하며, 소비자 보호법이나 공정거래법 등의 법률과 규
정을 준수해야 한다.

　따라서 공정 대가는 시장의 균형을 유지하고, 소비자와 판매자 간의 신
뢰를 확립하기 위한 중요한 요소로써 대규모 토지개발에 참여하는 민간
참여 당사자가 수행하는 모든 용역과 노무에 대하여 공정 대가가 적용될
수 있도록 하는 사회적 합의가 필요하다. 기존의 민관합동 개발 방식은 민
간 참여자가 개발이익 일부를 공유할 수 있음을 전제하기 때문에 때론 과
도한 개발이익이 민간 참여자에게 귀속되는 상황이 발행하는 것이다. 민
간의 투자는 인정하되, 사업 성과에 대하여 개발이익의 배당이 아닌 성과
급 상당의 인센티브를 제공 함으로써 민간 참여 활성화는 가능하다. 현재
의 구조는 참여 인센티브를 제공하여 민간 참여를 활성화한다면서 동시
에 개발이익을 사업비 범위 내에서 규제하는 모순적 구조를 띠고 있다. 이
는 매우 복잡하고 애매모호하여 참여 활성화인지 규제인지도 구분할 수
없다. 공익개발은 이와 같은 문제들로부터 자유롭고 단순하다. 개발이익
의 특정 민간 참여자 귀속을 원천적으로 차단함으로써 개발에 대한 시민
적 공감대를 형성하고, 참여한 민간 참여자의 업무와 관련한 공정한 대가
를 지급함으로써, 민간 참여 활성화를 기대할 수 있다. 공익개발에서 사익
의 범주는 프로젝트에 참여한 민간 참여 기업의 재화와 용역의 공정한 대
가로 한정하며, 공정 대가는 자본에 대한 대가와 용역에 대한 대가로 한정
된다. 자본의 투자에 대한 공정 대가는 금리에 따른 시장 이자이며, 용역
대가는 업무의 수행에 따른 근로와 기술의 대가이다. 따라서 민간 참여자
의 공정대가 외의 개발이익 전액은 공익적 재원으로 활용한다.

본 장에서는 개발이익 환수 체계의 출발점과 한계 그리고 공익개발로 인한 환수제도의 재구성을 논해 보고자 한다. 한국의 도시개발 체계는 지난 수십 년간 눈부신 도시 확장과 경제 성장의 동력이 되어 왔다. 하지만 이러한 성과의 이면에는 반복되는 개발이익 사유화 논쟁, 지자체의 재정 부족, 난개발과 기형적 도시공간 구조, 공공과 민간의 불신이 함께 존재해 왔다. 문제의 핵심은 개발로 발생한 거대한 가치상승(개발이익)이 적절히 사회로 환류되지 못하고, 다양한 제도적 장치를 통해 조각조각 파편화되어 회수되거나, 혹은 회수되지 못한 채 시장에 흡수된다는 점이다. 현행 제도는 광역교통시설부담금, 개발부담금, 농지전용부담금, 상·하수도 원인자부담금, 대체 산림자원 조성비, 생태계 보전협력금, 학교 용지부담금 등 수십 개에 가까운 준조세성 부담금을 통해 개발이익의 일부를 환수하고 있다. 그러나 이 제도들은 각기 다른 목적과 기준, 단가와 부과 방식으로 운영되고 있으므로 예측 가능성이 매우 낮고, 사업자에게 과도한 행정 절차 부담을 지우며, 정부 역시 이를 관리하기 위한 행정비용이 지속적 증가한다는 구조적 문제를 갖고 있다. 따라서 환수제도의 복잡성, 중복 부과, 불명확한 산정 기준 등은 끊임없는 논란을 가져온다. 이런 맥락에서 등장한 새로운 접근이 바로 '공익개발'이다. 공익개발방식은 공공이 토지를 직접 개발하는 방식도 아니고, 사회주의적 토지 소유 체제도 아니며, 민간의 역동성과 투자 자본을 활용하면서도 발생한 개발이익 전부를 사회로 환원하려는 제4의 모델이다. 이에 본 장에서는 기존 부담금 체계의 구조적 문제를 짚고, 공익개발이 어떻게 그 대안을 제시할 수 있는지, 그리고 왜

'개발이익 전액 공익화'가 행정력, 재정·사회적 신뢰 측면에서 가장 합리적이면서 지속 가능한 방식인지 설명하고자 한다.

　　현행 부담금 체계의 성격은 제도의 누적적 형성으로 인한 분절화된 준조세 시스템이다. 한국의 부담금 제도는 처음부터 체계적으로 설계된 것이 아니라, 특정 시기에 특정한 정책 목적으로 개별적 재정 필요성에 따라 차곡차곡 쌓여온 누적적 형성 구조이다. 예를 들어 교통 문제가 대두되면 광역교통부담금이 만들어지고, 농지 보전이 필요하면 농지전용부담금이 생기고, 산림 훼손이 심각해지면 대체 산림자원 조성비가 도입되는 식이다. 그 결과, 개발업자는 하나의 사업을 추진하는 과정에서 수십 종의 부담금과 기부채납 항목을 개별적으로 계산하고 제출해야 한다. 이는 금액 자체보다도 행정 과정의 과도한 복잡성이 문제다. 또한 누적적으로 형성된 많은 환수 제도로 인하여 이것이 '환수'인지 '사용료'인지도 모호하다. 법률적으로는 각 부담금이 "원인자 부담" 또는 "환경, 기반 시설 보전 목적 비용"이라는 명분을 갖지만, 실제 흐름은 대부분 개발이익의 일부를 정부가 여러 통로로 회수하는 준조세 기능을 수행하고 있기 때문이다. 그러나 전체적으로 보면 다음과 같은 특징과 문제점을 갖는다. 개발이익 환수율이 일정하지 않다. 사업 종류, 지자체, 규모에 따라 개발이익 환수 수준이 달라져 형평성 문제가 발생한다. 또한 정책 목적이 중첩되어 실제 쓰임새도 불명확하다. 환경 보전을 위한 부담금이라면서 실제 쓰임새는 지자체 일반회계 편입 등으로 연결되기도 한다. 그리고 사업자와 행정기관 모두가 비효율적 비용을 지출하는 구조이다. 민간은 산정, 보고, 협의 절차를 감당해야 하고, 공공은 이를 심사하고 징수, 관리해야 한다. 결국, 부담금은 "부분적으로 환수하고, 복잡하게 운영되는" 제도로서 개발이익과 공익의 균형을 제대로 달성하지 못한 체계라고 할 수 있다. 따라서 현행 부담금 체계는 구조적 한계에 직면하고 있다. 복잡성과 불투명성, 부담금 산정은 대개 '단가×면적' 방식이지만, 단가 산정 근거가 불명확하거나 지자체의 재량이 커 예측이 어렵다. 개발부담금처럼 복잡한 산식이 적용되는 경우, 사업자는 전문가를 고용하여 계산해야 하고 지자체 역시 전문가를 공용하여 이를 검증하는 구조이다. 결론적으로 전문가 외에는 아무도 모르는 매우 불편하고 이상한 구조라는 것이다. 그로 인하여 행정비용은 증가하고 있다. 부담금 부과, 징수, 관리, 감사, 보고에 필요한 행정력은 막대하다. 더구나 사업 건수가 많을수록 지자체의 인력 부담은 커지고, 민간의 제출 서류, 협의 절차, 공문 처리 등 불필요한 부수적 비용 또한 지속적으로 증가하고 있다. 여기에 환수제도는 중복 부담의 구조까지 겸하고 있다. 예를 들어 개발부담금, 광역교통시설부담금, 상·하수도 원인자부담금, 농지전용부담금이 모두 부과될 경우, 개발이익 환수 목적과 기반 시설 확충 목적이 중첩되어 실질적으로는 이중·삼중의 '개발이익 조각 환수'가 발생하는 것이다. 그럼에도 개발이익의 편차로 인한 적정한 개발이익이 공공에 귀속되지 못하고 있다. 부담금이 여러 조각으로 파편화되어 나누어져 있으므로, 개발이익이 예상보다 많이 발생해도 공공이 추가적인 이익을 환수하는 구조가 어렵다. 반대로 사업이 불황 또는 어려움에 직면하여도 부담금은 그대로이므로 민간을 과도한 위험에 노출되게 만들기도 한다. 더군다나 현행 체제는 지자체 재정의 구조적 불안정을 가중시키는 경우도 다반사다. 부담금으로 확보되는 재원은 특정 목적에 묶여 있거나, 경기 변동에 따라 징수 규모가 크게 달라져 재정 계획의 차질을 가져오게 하여 도시계획과 재정을 안정적으로 운영하기 어렵게 만든다.

따라서 공익개발로 부담금 체계를 대체하는 새로운 패러다임이 필요하다. 공익개발의 핵심 원리는 매우 단순하고 명확하다. 민간이 투자하고 개발사업을 수행하며, 공공은 토지 용도변경, 개발계획 승인 등 행정적 권한을 투입한다. 다만, 개발로 인해 발생한 가치상승(개발이익)은 민간의 금융비용, 근로 등의 공정대가 비용을 제외한 전액을 도시 기반 시설, 교통, 환경, 복지 등 공익 목적에 사용되고 시설은 공공에 귀속시킨다는 것이다. 즉, 사업자가 부담금과 기부채납을 조각조각 계산하는 것이 아니라, 조성원가 vs. 분양·임대 수익 사이의 차익으로 발생하는 토지개발 이익 전체를 공익적 재원으로 확보하는 구조로 토지개발 이익 부분에서 민간에게 이익이 귀속되거나 배분되는 것은 없다. 이러한 구조는 행정 절차의 획기적 간소화를 가져온다. 지금까지 불필요하게 시행한 부담금 산정 개념 자체가 사라진다. 행정기관은 '부담금 계산' 대신 '사업비 분석 검증'에만 집중하는 체계로 변한다. 공공의 행정력은 징수, 관리, 감사에서 벗어나 사업 구조 설계 검토와 사업비 감시만 집중할 수 있게 된다. 민간에게 있어서는 예측 가능성을 획기적으로 확보할 수 있어 사업의 안정성을 줄 수 있다. 복잡한 부담금 계산이 없어지므로 사업자는 사업 초기 단계에서 정확한 이익 구조를 파악할 수 있으며, 이는 금융기관의 PF 승인 절차에도 급진적인 안정성을 제공하게 한다. 이러한 과정에서 지자체의 안정적 재원 확보는 덤이다. 개발이익 전액 공익화 구조는 지자체가 특정 사업마다 기반 시설 비용을 마련하기 위해 부담금을 신설하거나 인상을 고민할 필요를 없앤다. 개발사업이 일어나면 일어날수록 도시 환경 전체의 지속 가능성을 강화하는 재정 구조가 만들어지며, 시민 삶의 질적 성장 구조를 만들 수 있다.

개발이익 전액 공익화는 첫째, 제도의 단순성이다. 이는 현재의 수십여 개로 단절된 부담금을 계산하는 것보다 훨씬 간단하다. 즉, 개발이익(매출-총사업비)이 곧 공익이다. 두 번째는 공정성과 정의 실현이다. 토지의 공익적 성격을 인정하면서도 개인의 소유권과 시장의 기능을 부정하지 않는다. 토지 개발이익은 공공의 계획권 행사로 만들어지는 것이므로, 사회적 환원이 자연스럽다. 세 번째는 행정의 효율성이다. 지자체는 부담금 징수, 관리, 심사 등에 소요되는 인력, 비용을 절감하고, 승인권자 본연의 역할인 도시계획과 개발 관리에만 집중할 수 있다. 네 번째는 민간의 효율성과 공공의 목적을 동시에 확보할 수 있다. 민간은 투자 위험과 사업 수행의 효율성을 제공하고, 공공은 그 효율성을 기반으로 공익 재원을 안정적으로 확보한다. 마지막으로 다섯 번째는 개발이익 논란의 종식이다. 모든 토지개발 이익이 명확히 계산되어 공익으로 환원되므로 개발 특혜 논란, 지자체와 사업자 간 갈등, 주민 반발 등이 크게 줄어든다.

기존 제도와의 비교를 통한 공익개발의 우월성을 정리하면 다음과 같다.

구분	기존 부담금 체계	공익개발 모델
환수 방식	조각 환수(준조세)	개발이익 전체 환수
행정 절차	극도로 복잡, 다부처	단일 구조
재정 안정성	목적별 의존, 불안정	재정 증가
민간 역할	비용 부담자	투자, 실행 주체
공공 역할	징수·감사·관리 업무	감독 및 재원 배분
투명성	낮음	매우 높음
갈등 가능성	높음	적음

     공익개발론

이러한 공익개발은 다음과 같은 정책적, 사회적 이점을 가져올 것이다. 첫째 교통, 환경, 공원, 공공임대, 복지 등 도시 기반 시설의 안정적 투자로 도시의 지속 가능성을 강화한다. 둘째는 개발이익 사유화 가능성이 사라지므로 토지에 관한 부동산 투기 수요 감소와 억제 기능이며, 지자체 재정의 자립성이 높아져 지역 간 격차를 완화함으로 지역 균형발전을 가져온다. 세 번째는 공익성으로 무장한 공익개발은 사업의 투명성이 높은 만큼 지역 주민의 지지와 협력으로 주민 신뢰 회복을 강화한다. 마지막으로 네 번째는 국가 경제의 건전성 확보이다. 공익개발은 부동산 시장의 가격 변동성을 완화하고, 사회적 비용을 대폭 절감하여 국가 경제의 건전성을 확보하게 할 것이다.

결론적으로 개별 부담금 체계에서 종합적 공익개발 체계로의 전환은 사회발전과 불평등 해소를 위한 필수적 요소이다. 한국의 현행 부담금 제도는 목적은 명확하지만, 구조는 복잡하고 비효율적이며, 개발이익을 충분히 환수하지 못한다. 이는 행정력 낭비와 지역 불균형 심화, 민간의 예측 가능성 저해 등 여러 문제를 낳고 있다. 앞으로의 도시개발은 단발적, 분절적 부담금 체계가 아니라, 개발이익을 원천적으로 공익 재원으로 전환하는 합리적이고 체계적인 공익개발 모델로 나아가야 한다. 공익개발은 부담금을 폐지하는 것이 아니라, 부담금의 목적 자체를 단 하나의 질문으로 통합하는 방식이다. "이 개발로 생긴 공공 경제적 이익은 누구의 것인가?" 그 대답은 명확하다. 토지의 가치는 사회가 만든 것이며, 개발이익 역시 사회적 협력과 공공의 계획권이 만들어 낸 결과이다. 따라서 개발이익은 사회의 미래를 위한 재원으로 환원되어야 한다. 공익개발은 바로 그 원

칙을 실현하는 가장 단순하고 가장 합리적이며 가장 정의로운 제도적 해
답이다.

칙을 실현하는 가장 단순하고 가장 합리적이며 가장 정의로운 제도적 해
답이다.

제4장

토지공개념과 토지공정재

국립국어원 표준국어대사전에 '토지공개념'에 대한 공식적인 정의가 없다. 다만, 포털 검색이나 개별적 주장에 따른 정의가 있으며, 한국민족문화대백과사전에서 토지공개념을 "토지의 배타적 사용권과 처분권을 보장하면서도 토지 가치는 공유해야 한다는 것으로 토지를 공공재로 인식하는 부동산 정책"으로 정의하고 있다. 네이버 국어사전에서는 "다른 소유권과는 달리, 국민의 생활 기반이 되는 토지를 자원으로 인식하여 사적인 토지 소유권에 제한을 가하고 공공적 의미를 부여하는 개념을 이르는 말." 등으로 정의하고 있으며, Daum 국어사전에서는 "토지를 공공재로 인식하여 토지의 절대적 소유권에 제한을 가할 수 있다는 개념"으로 정의하고 있다. 따라서 토지공개념에 대한 대한민국 정부의 공식적인 정의는 확립되어 있지 않음을 알 수 있고, 일부 사상가나 정치인들의 주장에 한정되어 있다고 볼 수 있다. 이처럼 토지공개념에 대한 정부의 공식적인 입장이 없는 이유는 토지공개념이 의미하는 토지의 가치가 공공재 vs. 공유재 vs. 사유재인지에 대한 철학적 담론이 부족하기 때문이다. 이는 토지 소유권에 관한 제한 및 의무 규정 그 이상의 사회적 합의 즉, 부의 불평등과 불로소득 기준, 자원의 재분배에 관한 사회적 합의 없이 다양한 의견만 존재하고 있기 때문일 것이다.

따라서 이처럼 정의가 불분명한 토지공개념을 이해하기 위하여 최초의 주장과 시대적 변천 과정, 일반 대중이 생각하는 토지공개념과 조지(George)주의 사상가들이 주장하는 토지단일세를 살펴볼 필요가 있다. 일반 국민

의 토지공개념은 도로, 철도, 하천, 댐, 공원 등의 사회기반시설과 산업단
지 및 도시개발과 같은 택지조성 등 공익적인 사업의 수행에 있어서, 토지
가 사유재임에도 불구하고 보상 및 수용 절차를 통하여 소유권의 제한 및
의무가 부과되는 것으로 인식하고 있다. 즉, 토지는 배타적 소유권의 사유
재산이나 공익적 사업을 위하여서는 소유권이 제한될 수 있다는 것을 의
미한다. 그러나 진보주의자 중 일부인 조지주의자들은 이러한 일반적 토
지공개념에 부의 불평등 해소 기능을 추가하여 정의한다. 대한민국 건국
초기의 이승만 정권 당시에는 토지공개념이란 단어가 존재하지 않았으나
농지개혁법을 통해 '경자유전의 원칙'과 '소작제도 금지'를 내세우면서 토
지의 공적 개념이 처음으로 싹트기 시작했다. 그리고 1972년 당시 신형식
건설부 장관이 대한민국과 같은 좁은 땅덩어리 안에서 토지의 절대적 사
유물이란 존재하기 어렵기 때문에 토지에 대한 공적 개념의 도입이 필요
하다는 발언으로부터 토지공개념이라는 용어가 처음으로 등장했고, 그의
발언으로부터 나타난 제도가 개발제한구역(그린벨트)이다. 이후 노태우
정부 들어 88 올림픽과 3저 호황으로 풍부해진 시중 자금이 부동산에 대
거 몰리면서 집값과 땅값이 매년 폭등하며, 전세보증금조차 마련하기 힘
든 서민들의 극단적 선택도 발생한다. 이에 노태우 정부는 분당, 일산, 평
촌 등의 1기 신도시계획과 토지공개념 3법 '택지소유상한제, 토지초과이
득세, 개발이익 환수법'을 도입한다. 그러나 토지공개념 3법은 비판 여론
과 위헌 소송 등으로 줄줄이 좌초하는데, '택지 소유 상한제'는 당시 법률이
정한 면적 기준(수도권 내 도시구역 660㎡, 1995년 200평)이 개인 재산권
에 대한 과도한 침해로 보았으며, 당시 행정에 전산화가 보급되기 전임으
로 가인별로 소유한 전국 땅의 면적을 파악하거나 집계할 수조차 없었다

는 이유도 있다. '토지 초과 이득세'는 유휴지 및 비업무용 토지를 제한하고자 한 법률이다. 그러나 '토지초과이득세'는 기존의 세제와의 이중과세 문제로 헌법재판소 전원 재판부의 위헌 결정으로 폐지된다. '토지초과이득세'는 당초에 유휴지와 비업무용 토지를 대상으로 적용한다고 하였으나, 정부가 광범위하게 확장하는 투기 문제를 조속하게 해소하고자 '토초세' 적용을 무차별적으로 확대 적용하면서 조세저항에 형평성 문제까지 확대되었고, 세액 산출에 있어서 회계사나 세무사 없이는 토지소유자 본인은 세액이 얼마인지 알 수도 없을 정도의 복잡함도 문제가 되었다. 이후 노무현 정부 들어 발생한 부동산 투기와 이에 대한 대책으로 종합부동산세, 주택 거래 허가제, 분양권 전매금지 등이 토지공개념을 기반으로 도입하는데, 이중 종합부동산세는 헨리 조지의 사상이 최초로 도입된 것으로 '토지가치세'의 초기 버전이라 할 수 있다. 조지주의자 중 일부는 노태우 정부의 토지공개념 3법에 대하여서는 '변칙적인 토지가치세'라고 해석하는 경우가 있는데, 이는 당시 정부가 조세저항을 매우 민감하게 반응하였다고 보는 이유에서다.

이처럼 대한민국에서의 토지공개념은 보수 성향에 가까운 일반적 토지공개념과 이념적 사상에 가까운 조지주의의 토지가치세로 나눠 있으며, 일반인은 현재의 보상법(공익사업을 위한 토지의 취득 및 보상에 관한 법률)을 토지공개념이라고 인식하는 반면, 조지주의자들은 헨리 조지의 사상을 기초로 토지가 부의 불평등 원인으로 토지로부터 발생하는 모든 가치를 공공화하는 확대하는 방식을 토지공개념이라고 주장한다. 따라서 다음으로 조지주의와 토지보상법에 대하여 살펴보자.

공익개발론

"토지는 전 인류의 소유"라고 말한 헨리 조지의 주장은 조지주의(Georgism) 사상이 된다. 따라서 그들은 모든 사람이 모든 토지에 대한 권리를 평등하게 가지고 있어야 한다는 신념으로 토지의 공공성을 강조하며, 토지의 공유제를 주장한다. 이러한 조지주의 사상은 대한민국에서 진보적 토지공개념(土地公槪念, Public concept of land ownership)의 뿌리가 된다. 경북대 김윤상 교수는 조지주의를 지공주의(地公主義, 영어: Geoism)라고 명명하고, 조지주의 이론을 도입하고 발전시켰다. 지공주의는 모든 국민은 토지에 대한 평등권을 가지며, 사회가 필요한 경우 합의에 따라 특정인에게 우선적으로 사용권을 인정하되, 우선권 취지에 부합하는 권리행사를 조건으로 우선권 취득 기회의 균등 보장과 우선권으로 인한 특별이익을 환수한다는 개념을 포함하고 있다.

그들의 핵심적인 주장에 관하여 『진보와 빈곤』 6권 2장 '진정한 해결책'에서 헨리 조지는 이렇게 말한다.

> 우리는 현대 문명을 저주하고 위협하는 부의 불평등한 분배의 원인이 토지 사유재에 있다는 점을 보았다. 우리는 이 제도가 존재하는 한 생산력이 향상되더라도 대중에게 지속적인 혜택을 주지는 못하고, 오히려 대중의 생활을 악화시킨다는 점을 보았다. 또 빈곤을 구제하고 부의 분배를 개선하기 위해 현재 추진되고 있거나 제시되는 해결책을, 토지 사유재 철폐만 제외하고, 모두 검토하였지만 효과가 없거나 실제적이지 못하다는 점을 보았다.

악을 제거하는 방법은 단 하나, 그것은 그 원인을 제거하는 것뿐이다. 부가 증가하는데도 빈곤이 심화되고, 생산력이 커지는데도 임금이 억제되는 이유는 모든 부의 근원이자 모든 노동의 터전인 토지가 독점되어 있기 때문이다. 그러므로 빈곤을 타파하고 임금이 정의가 요구하는 수준, 즉 노동자가 벌어들이는 전부가 되도록 하려면 토지의 사적 소유를 공동 소유로 바꾸어야 한다. 그 밖의 어떠한 방법도 악의 원인에 도움을 줄 뿐이며 다른 어떤 방법에도 희망이 없다. 그렇다면 현대 문명에서 명백히 나타나고 있는 부정의하고 불평등한 부의 분배, 그리고 그로 인해 빚어지는 온갖 악에 대한 해결책은 바로 이것이다.

We must make land common property.
우리는 토지를 공유재산으로 만들어야 한다.

(중간 생략) 즉, 불평등한 토지 소유는 반드시 부의 불평등한 분배를 초래한다는 진리이다. 그리고 불평등한 토지 소유는 성질상 토지에 대한 사적인 토지 소유권 인정과 불가분의 관계에 있으므로, 부의 불평등한 분배에 대한 유일한 해결책은 토지를 공동 소유로 하는 데 있다는 결론이 필연적으로 도출된다.

그들은 모든 토지를 공유화함에 있어서 모든 토지를 공공화한 후 국민에게 임대하는 방식을 실현할 수도 있지만, 이와 같은 방식은 토지 재산권이 이미 개인에게 부여된 나라에서 극심한 논란을 부를 수 있으므로 이러한 혼란을 피하고자 헨리 조지의 '토지가치세'를 제안한다. 토지가치세는

'토지단일세(Single tax)'라고도 하는데, 이는 토지로부터 발생하는 모든 수익을 세금으로 징수하는 반면에 다른 세금(소득, 재산, 거래 등에서 발생하는 고든 세금)들은 경제 규제이므로 철폐하자는 주장이다. 토지로부터의 모든 수익은 가치 수익이며 가치 수익은 사용 수익과 차분 수익으로 구분할 수 있다. 사용 수익은 토지를 임대하였을 때 또는 건축물을 임대하였을 때 토지 부분에 해당하는 임대료를 의미한다고 할 수 있으며, 처분 수익은 처분가격에서 취득가격을 뺀 양도소득을 의미한다. 따라서 그들이 주장하는 토지공개념은 토지가치세를 기준으로 모든 토지의 사용으로 발생하는 임대료와 처분 시 발생하는 양도 이익 전부를 세금으로 환수하여야 한다는 주장이다.

헨리 조지는 토지가치세의 추진에 있어서 임차인이 부담하는 임대료 변동성과 그 미미함의 입증으로서 애덤 스미스의 국부론을 인용하는데, 『국부론』 제5권, 제2장, 제1조: 주택 임대료에 대한 세금에 관하여.'는 다음과 같다.

토지 임대료는 주택 임대료보다 여전히 더 적절한 과세 대상이다. 토지 임대료에 대한 세금은 주택 임대료를 인상하지 않는다. 이 세금은 항상 독점자 역할을 하는 토지 임대료 소유자에게 전적으로 부과되며, 자신의 땅을 사용하기 위해 얻을 수 있는 가장 큰 임대료를 부과한다. 경쟁자들이 더 부유해지거나 가난해지거나, 특정 장소에 대한 욕구를 더 큰 비용이나 작은 비용으로 충족시킬 수 있기에 어느 정도는 그에 따라 얻을 수 있다. 모든 나라에서 가장 많은 부유한 경쟁자들이 수도에 있으며, 따라서 가장 높은 토지 임대료는 항상 존재한다. 이러한 경쟁자들의 재산은 토지 임대료에 대한 세금으로 인하여 증가하지 않을 것이기 때문에, 그들은 아마도 땅 사용에 대하여 더 많은 비용을 지불할 의향이 없을 것이다. 세금이 주민에 의해 앞당겨질 것이든, 땅 소유자에 의해 앞당겨질 것이든 간에 큰 중요성은 없다. 주민이 세금을 더 많이 낼 의무가 있을수록, 그는 땅에 대한 세금을 덜 낼 것이다. 따라서 최종 세금 납부는 전적으로 토지 임대료 소유자에게 귀속될 것이다.

그들은 결과적으로 모든 조세를 철폐하고, 토지단일세로 대체하면 토지 세율은 최고에 이르게 된다. 이러한 변화가 있더라도 국부론을 인용하면 임대가격은 아무런 변화가 없고, 토지의 교환가치는 'Zero'가 되거나 'Zero'에 가까워질 것이므로, 토지 사유재로부터 발생한 모든 이익을 공공이 회수할 수 있으므로 토지로부터 발생한 부의 불균형이 해소될 수 있다는 주장이다. 이와 같은 과정에서 토지소유자들은 떨어진 토지 가치만큼 손해가 발생하게 되는데, 토지소유자들의 손해배상 주장에 대하여, 조지는 다음과 같이 일갈한다.

토지 보상은 노예를 해방시킨 대가로 보상을 요구하는 것과 같다. 따라서 어떠한 이유로도 토지 보상에 관한 타협은 있을 수 없고, 토지의 보상은 타협의 대상도 될 수 없다.

위와 같이 그들의 주장에 따르면 토지가치세는 다양한 효과를 생산할 수 있는데, 첫째 토지 투기 소멸과 토지의 최선 사용을 촉진한다고 주장한다. 현재와 미래의 지대 수입을 모두 합한 현재 가치 지대를 조세로 100%

환수하면 토지 가격은 Zero 또는 Zero에 가까운 금액이 될 것이다. 그러함에도 인구의 증가와 기술 개선은 지속적으로 지가를 상승하게 할 것이다. 따라서 토지소유자가 생산 의욕이 없는 경우 토지를 유휴화하거나 저사용 상태로 방치할 수 있는데, 이 경우에는 유사한 토지의 지대를 기준으로 세금을 징수할 것을 주장한다. 그러면 토지소유자가 지대세 납부 손실을 회피하고자 적극적으로 이용하거나 소유자 본인이 의욕과 능력이 없다고 생각되면, 지대세를 감당할 수 있는 타인에게 임대할 것이고 주장한다. 이 과정을 통해 토지의 최선 사용을 촉진할 수 있을 것으로 보았다. 두 번째로는 토지 배분의 평등화 촉진을 주장한다. 농지에 적용하는 경자유전(耕者有田) 원칙을 도시 용지에 확대 적용한다면 토지의 분배 상태는 매우 평등해질 것으로 보았다. 토지는 거래 가치가 없어지므로 불필요한 토지를 사유화하지 않을 것이고, 이를 통하여 '실사용자만이 토지를 소유하게 될 것.'이라는 주장이다. 따라서 토지의 실수요자와 소유자가 일치하게 되면 적어도 현재처럼 투기를 겸한 토지의 과다 보유는 사라질 것이므로 토지의 분배 평등 효과가 나타날 것으로 보았다. 세 번째는 실업이 줄고 노동자는 노동 대가 전부를 취득할 수 있다는 주장한다. 토지단일세를 실시하면, 지가가 거의 Zero가 되고, 투기용으로 놀리던 토지를 포함한 모든 토지 사용이 창업의 기회를 만들 것이므로 이러한 결과는 토지의 사용을 원하는 모든 사람에게 개방되는 효과가 있을 것으로 보았다. 따라서 소자본만 가지고도 창업이 아주 수월해지므로 자가 노동자 계층이 증가할 것이며, 이러한 자가 노동의 증가는 노동시장의 노동력 부족으로 노동 가격을 상승하게 만드는 대변화로 이어지고, 생산량에서 지대가 없으므로 자본과 노동이 생산된 모든 부를 차지하게 되므로 '빈곤으로부터 노동자가 해방될 것,’이라는 주장이다. 기타 소득세를 포함한 조세 폐지로 생산활동 활성화와 창업 촉진 등으로 종업원 지주제와 같은 회사가 나타날 것이며, 주택난을 해결하고 생태계 보호 및 환경세의 이론적 토대 또한 제공할 수 있다고 주장한다. 그들은 자본주의에서 토지 사유재를 인정하는 이유는 사유재가 옳기 때문이 아니고 어쩔 수 없는 현실 때문이라고 주장한다. 빈부격차, 부동산 투기, 양극화 문제를 해결할 수 없는 자본주의 생태와 인간의 본성을 외면하고, 이상주의에 의지하는 공산주의의 양대 이데올로기 세상에서 정반합의 결정체가 ‘토지가치세’라는 주장이다.

그 외 지공주의자들은 토지의 공공재 방안으로 토지 공공임대제, 지대조세제, 국토보유세 등을 도입하는 방안과 토지보유세를 올리는 방안 그리고 공산주의에서 지공주의로 이행하는 방안 등도 제시하고 있다.

4.3. 주지주의식 토지공개념 비판

이처럼 대한민국의 토지공개념은 전혀 다른 두 가지 의미로 존재한다. 보수적 의미에서 토지공개념은 사유 재산권이 보장된 현재의 헌법 제도에서 공익을 위한 사업에 개인의 사유 토지가 포함되었을 때, 법률에 따른 사유재산의 권리 제한을 인지하고, 보상법에 따른 수용 철자를 인정한다는 의미로 받아들인다. 그러나 진보적 의미에서 토지공개념은 토지에 대한 이념적 측면과 현실적 측면을 동시에 접목한 토지의 공유화를 의미한다. 문재인 정부 초기에 토지공개념을 헌법에 명시하려는 시도가 있었다. 그들은 '국가는 토지의 공공성과 합리적 사용을 위하여 필요한 경우에 특별한 제한을 하거나 의무를 부과할 수 있다.'라는 조항을 헌법에 추가하고자 하였다. 이는 법률로 제한과 의무를 정하는 것이 아니라, 국가(정권)가 필요하다고 판단할 경우, 시대에 상관없이 어떠한 제한 또는 의무를 부과할 수 있도록 하겠다는 것으로, 통치자에 따라 국가는 민간 소유 토지를 공공화할 수 있도록 명문화하는 것이었다. 이는 정권의 이념이나 통치 상황에 따라 토지 몰수와 유사한 정책까지도 용인될 수 있음을 뜻한다. 즉, 통치자의 판단에 따라 토지에 대한 사유재산 권리를 현실적으로 소멸시킬 수 있다는 의미로 국토 공공재 이행을 위한 초기 전략이 포함되었다. 이러한 시도는 조지주의자들이 그들의 사상을 현실화하기 위한 것으로 그들이 말하는 토지공개념의 정의는 토지의 배타적 소유권을 보장하면서 토지 가치는 공유해야 한다는 것인데, 이는 매우 모순적이며, 이론적으로도 성립할 수 없는 선동적 언어가 아니라 할 수 없다. 토지의 배타적 소유는 토지대장의 소유자 이름이 아니라 토지 가치를 배타적으로 소유하는 것을 의미한다. 따라서 가치가 없는 토지는 소유할 이유도 없고, 국가로부터 권리를 보장받을 이유도 없다. 그들이 말하는 토지의 가치 공유 표현은 토지 몰수라는 거부감을 문학적으로 표현한 것과 다름없다. 토지의 가치에 있어서 개인뿐만 아니라 국가도 공정한 가치를 소유자에게 보상하지 아니하고는 토지 소유권을 취득할 수 없다는 것이 헌법의 의미이다. 국익 또는 공익을 목적으로 한다고 하더라도 개인의 토지를 정당한 보상 없이 침탈하는 행위는 비인권적 행위이자 공권력에 의한 폭력이다. 그러함에도 토지 가치는 공유하고 배타적 소유권은 개인에게 있다는 그들의 논리는 과거 히틀러의 참모였던 '파울 요제프 괴벨스(Paul Joseph Goebbels)'의 선전 선동

과도 다를 바 없는 논리다. 그들은 도덕적 정의의 실현이라는 관점에서 토지의 공공화도 보상의 대상이 될 수 없다는 점과 토지가 인간 노동의 산물이 아니기 때문에, 누구의 소유도 될 수 없다는 점을 들어 불로소득은 정당화할 수 없다고 주장한다. 그들의 주장과 같이 토지의 공유가 부의 불균형 또는 소득의 불균형을 막고 자산의 재분배를 만들 수 있다면, 중국과 같은 국토 국유화 국가에서 부의 불균형은 없어야 한다. 하지만 중국에서의 부의 불균형은 여타 어느 국가보다 심각하다. 따라서 토지의 공유화나 국유화가 부의 불균형을 해소하지 못하고 소득의 불균형 또한 해소하지 못한다. 국유화나 공유유화된 토지는 토지 사용을 허락할 수 있는 정치인과 공권력을 행사할 수 있는 행정 특권층, 그리고 그들과 유대관계에 있는 일부 사회 지배계층만이 부를 독점할 수 있도록 만들 것이며 이는 일부 사회주의 국가에서 확인된다. 그러한 제도에서는 자율 경쟁이란 없고, 특정 집단 내에서의 이해관계만이 부를 축적할 수 있도록 기회를 제공할 것이다. 권력과 부에 관한 역사적 관계에 있어서 정치권력이 집중화되거나 커질수록 국민의 재산을 수탈하는 방법으로 권력자의 부가 축적하였고, 탐욕적인 독점권을 통하여 더 많은 부가 축적되었다.

토지공개념은 사유 재산권과 공공이익 사이의 균형을 이야기하지만 '공공성의 범위'가 사상에 따라 명확하지 않음으로 실제 정책의 적용에 있어서는 큰 딜레마와 저항으로 작용한다. 대한민국 헌법 제23조 제2항에서 '재산권의 행사는 공공복리에 적합하도록 하여야 한다.'고 규정하고 있지만, 구체적으로 어디까지가 '공공 복리'인지는 입법자 또는 정책 결정권자에 따라 달라질 수 있는 해석의 여지가 매우 크다. 따라서 이는 시대·정

 공익개발론

부·이념에 따라 해석을 달리하게 된다. 진보 정부는 적극적 정책으로 해석하는 반면, 보수 정부에서는 그것을 "공익을 위한 최소한의 제한" 정도로 해석한다. 이와 같은 현상은 '공공성' 자체가 상대적 개념으로 어떠한 사람에게 공공의 이익이 다른 사람에겐 사적 손해로 작용할 수 있기 때문이다. 따라서 토지공개념은 필요한 원칙이지만, 구체적이고 정밀한 기준이 마련되지 못한 현재 상황에서는 사회적 갈등의 뇌관으로만 존재한다. 자본주의 사회에서 도로와 철도 등의 사회 인프라 시설의 설치 등의 공공 이익을 위하여 개인의 토지 소유권 제한은 필연적이며 의무이다. 그러나 이러한 토지정책은 첫째, 권리의 제한은 언제나 명확해야 하며, 둘째, 정책은 일관성과 투명성이 보장되어야 하고, 셋째, 토지소유자의 예측 가능성이 보장되는 방향으로 설계되어야 한다. 토지 소유에 관한 정책은 사회적 합의에 따른 구체적 설계가 핵심이다. 토지의 공공이익은 부동산 정책을 넘어 사실상 국가 권력, 사유재산, 자유, 정의와 같은 정치·사회철학의 핵심 주제이며, 사유재산은 자유민주주의의 핵심 기반이기 때문이다. 따라서 자유민주주의의 자유시장경제에 관한 최대 문제는 부의 불평등이며, 불평등 해소는 조세제도를 통한 복지의 확대일 것이다. 인류에게 있어서 농경의 시작부터 산업 혁명 이전까지는 부의 생산 수단은 농지였고, 이러한 농지 중심의 권력 관점이 조지사상의 기초가 되었기에 현대 도시사회의 부의 불평등을 예견하지 못한 것이라고 생각이 든다. 결과론적으로 미래는 기술의 혁명으로부터 나오고 지식을 기반으로 하는 기술 패권이 부의 독점과 사회 불균형의 주요한 원인이 될 것으로 보인다. 따라서 토지단일세 만으로는 부의 불균형을 해소하지 못하며, "조세 정의 실현을 통한 복지정책만이 최소한의 부의 불균형을 해소할 수 있을 것."이라고 생각한다.

조지주의자들의 최종 목적지는 토지가치세 실현을 통한 토지 공유재이다. 그들은 헨리 조지의 이론을 토대로 토지 사유재는 현재와 같이 그대로 유지한다고 설파한다. 다만, 토지로부터의 모든 지대는 불로소득이므로 부의 불평등 해소를 위하여 국가가 환수한다는 것이다. 여기에서 말하는 지대는 도시화 및 인구 밀집과 같은 사회 현상 등으로 지가가 상승하는 경우, 처분으로 인한 차액과 임대활동으로 얻은 모든 임대소득 중 토지 부분의 임대료를 지대라는 조세제도로 환수하는 방식이다. 여기에 더하여 개인이 방치한 유휴 토지에 대하여서도 토지를 임대하였을 때 발생할 수 있는 임대료 상당을 소유자의 관리 소홀 및 방치에 관한 책임을 물어 세금으로 추징해야 한다는 점도 포함하고 있다. 이와 같은 방식을 제도로 법제화하여 지속적으로 적용한다면, 현재 활용도가 부족하거나 미사용 유휴 토지(임야 외 유휴 농경지와 대지)는 국가의 세금 부과를 회피하는 현상으로 발전하여 결국 개인은 소유권을 정부에 기탁 하거나 기부하게 되어 종국에는 모든 토지가 국유화될 수 있다는 이론이다. 그들이 그렇게 주장하는 것은 토지공개념의 이론 완성으로 부의 불균형을 해소할 수 있다는 믿음에 기반한 것에 대하여 필자는 단언한다. 대한민국 헌법 어느 곳에서도 그들이 말하는 공유방식의 토지공개념은 없다. 대한민국 헌법에서는 도로와 철도 등의 사회 인프라 건설을 위한 공공적 토지이용 가치와 도시 및 산업단지 건설 등의 공익적 토지이용만을 제한적으로 허용하고 있으며, 공익적 토지이용은 매우 엄격한 규제를 하고 있다. 이와 같은 엄격한 규제는 공익적 이용 가치의 적용에도 불구하고 사유재산을 적극적으로 보호하여야 한다는 것을 의미하고, 사유 토지에 관한 국가의 과도한 개입의 방지 기능 또한 포함하고 있다고 보아야 한다.

그들의 주장은 토지 사유재를 인정한다고 하면서 의무와 규제강화를 통하여 개인이 토지 소유를 포기하게 만들어 종국에는 모든 토지를 공유지로 만들려는 상상은 기만적 술책이 아닌가? 이러한 문제들에 대하여 그들은 대답하여야 한다. 토지 공공재 전환과 노예 해방이 같은 논리로 통용될 수 있는가? 토지가치세는 실현 불가능한 공상적 이론으로 듣는 이의 감정을 격앙시켜 모순적 논리를 박애 정신으로 포장하는 것이며, 사유 토지를 몰수하려는 술수에 불과하다. 노예 해방과 토지 공유제는 전혀 다른 문제이다. 토지 공유제는 부의 불균형 해소에 관한 문제이지만 노예 해방은 단순한 법적, 정치적 자유의 선언을 넘어서, 인간 존엄, 자유, 평등, 권력 구조, 노동, 정의 등에 대한 인류의 근본적 성찰을 수반하는 문제다. 칸트(Immanuel Kant)의 인간관에 따르면, 인간은 도구가 아닌 목적 그 자체로 존재해야 한다고 하였다. 따라서 노예 제도는 인간을 소유와 노동의 수단으로 전락시켰기 때문에, 철학적으로는 인간의 존엄성 자체를 부정한 것으로 노예 해방을 대가로 보상을 요구할 수 없고, 보상의 대상이 될 수도 없다고 하였다.

토지 사유재(Private property)가 인정되어야 하는 근거는 경제적, 법적, 사회적 이유, 그리고 철학·도덕적 이유와 역사적 측면에서 다양하게 존재한다. 경제적 측면에서 효율적 자원의 분배 기능을 한다. 토지를 사유화하면 소유자가 최대한의 이익을 얻기 위해 토지를 가장 효율적으로 이용하려는 동기를 부여하며, 애덤 스미스 이후 고전경제학의 논리와 같이 사적이익 추구가 사회 전체 이익의 증가로 연결되기 때문이다. 재산권 보호는 장기적 투자 안정성의 핵심적 주제로서 소유자는 토지 소유권 보호를 통해 건물의 신축, 농업, 산업 투자 등의 투자 유인 및 개발을 촉진할 수 있고, 사유화 토지 거래는 희소 자원의 효율적 분배 시장 메커니즘을 작동시키는 중요한 역할을 한다. 토지 사유재에 대한 법적·제도적 측면에서 살펴보면 존 로크는 "재산권은 생명·자유와 함께 인간의 자연권(Natural right) 중 하나"라고 하였으며 사유재산은 개인의 독립성과 자기 결정권의 토대가 된다고 하였다. 그리고 이러한 자기 결정권에 기초하여 토지이용에 따른 환경파괴, 불법적인 책임 등의 법적 책임과 소재를 명확히 할 수 있다. 사회적 측면에서의 토지의 사유재는 가계 자산의 핵심적 구성요소이다. 대부분의 시민에게 있어서 주거용 토지는 자녀의 양육과 노후 대비, 나아가 자식에게 물려줄 수 있는 인간의 기초적인 자산 중 하나이며, 더 나아가 토지를 보유한 사람은 사회 체제에 대한 참여 의식이 높고, 지역사회에 기여할 유인을 증가시키는 요소로도 작용한다. 철학·도덕적 이유와 역사적 측면에서도 토지는 자기 노동의 산물로서의 정당성을 부여한다. 로크는 노동가치론에서 '사람이 자연물을 자신의 노동으로 가공했다면, 그것은 그 사람의 정당한 소유가 된다'라고 보았고 농사를 짓는 사람이 그 토지를 소유하는 것이 도덕적으로도 타당하며, 집단농장의 비효율성은 사회주의 국가에서 이미 증명되었다. 또한 자유주의 관점에서는 사유재가 개인이 국가와 사회로부터 자율성을 확보받고, 존엄하게 자신의 삶을 영위할 수 있는 기반이라는 주장은 설득력이 있다. 역사적 측면에서 근대 시민사회 형성과 기반에 있어서 프랑스 대혁명과 미국의 독립 혁명 또한 사유재

                                             공익개발론

산의 보호를 핵심 가치로 삼았다. 중세 봉건적 공유지 체제는 소작 농민에게 아무런 권리도 부여하지 못했고, 특히 토지 공유제 혹은 국유제를 시행한 구소련, 중국, 베트남, 북한과 같은 나라들은 자원의 낭비, 비효율, 책임 회피 등의 문제를 겪었다. 결론적으로 토지를 사유재로 인정하는 것은 개인의 자유와 경제의 효율성, 그리고 사회 안정성을 위한 기반이다. 다만, 공공성과 형평성을 동시에 고려한 제도적 장치를 통해 토지의 공공적 기능도 병행적으로 확보하는 것이 중요하며, 조세 정의 실현에 따른 복지제도의 확대로 부의 불균형을 해소하는 방식이 자본주의가 걸어온 최선의 선택이었다.

4.5. 불로소득, 기여소득, 기생소득

'불로소득(不勞所得, 영어: Unearned income or passive income)'에 관한 사전적 의미는 노동이나 생산적 활동 없이 얻는 소득으로, 주로 지대(토지에서의 수익), 이자, 배당, 자본이득 등이 여기에 포함된다. 불로소득에 관하여 존 스튜어트 밀(John Stuart Mill)은 『정치경제학 원리』에서 '토지에서 발생하는 지대는 개인의 노력 없이 생기는 수익이며, 공공의 재산으로 전환하는 것이 정당하다.'라고 주장하며 불로소득은 정의롭지 못한 재산 축적이라고 규정하고, 조세를 통해 조정되어야 한다고 하였다. 토머스 피케티(Thomas Piketty)는 『21세기 자본』에서 자본 수익률이 경제 성장률보다 크기 때문에, 자본을 가진 사람은 노동 없이도 계속 부를 축적할 수 있고, 특히 부의 세습은 불평등을 심화시키므로 자본에 대한 누진적 과세의 필요성을 강조하였다. 한편, 카를 마르크스(Karl Marx)는『자본론』에서 자본주의 사회에서 자본가가 노동자의 잉여가치를 착취하며, 이것으로 인하여 자본가의 불로소득이 발생한다고 보았다. 그는 이자, 지대, 배당 등은 노동이 아닌 자본 소유에서 나오는 소득으로 노동자계급에게 부당한 체계로 계급 간 착취의 구조를 고착화한다고 보았다. 불로소득에 관하여 헨리 조지(Henry George)는『진보와 빈곤』에서 토지의 가치는 사회 전체의 발전으로 증가하므로 토지에서 발생하는 지대를 불로소득으로 보았다. 따라서 이러한 지대는 사회 불평등의 원인이므로 사회 전체가 공유해야 하고, 불평등 해결책으로 단일토지세(Single Tax)를 도입하여, 토지에서 발생하는 모든 이익에 세금을 부과해 국가가 환수해야 한다고 주장하였다. 오늘날 불로소득에 관한 문제는 주로 부동산에 국한하여 사용되는데, 이러한 원인은 고전경제학과 마르크스주의 경제학의 핵심 이론인 '노동가치설(Labor Theory of Value)'에 기반한다. 노동가치설은 재화나 서비스의 가치를 그 재화를 생산하는 데 들어간 노동의 양에 의해 결정된다는 이론이다. 이러한 노동가치설은 과거 생산 중심의 고전 경제학에 기반을 두고 있으나, 현대 경제학에서는 효용, 선호, 희소성 및 시장 경쟁 구조가 재화나 서비스의 가치를 결정한다는 주장이 정설이다. 오스트리아학파의 창시자 카를 멩거(Carl Menger, 1840~1921)는 어떤 상품이 얼마나 가치 있는가는 사람들이 그것을 얼마나 원하는가에 따라 달라지므로 객관적 노동량이 아니라 주관적 효용에 따라 가치가 결정된다고 하였다. 즉, 아무리 많은 노동이 들어간 상품이라도 수요가 없으면 가치가 없다는 주장으로 "한계 효용이론"의 기반을 제시하며 노동가치설을 반박하였다. 영국 경제학자 윌리엄 스탠리 제번스(W.S. Jevons)는 노동은 오히려 비용이며, 기치를 설명하는 기준이 될 수 없다고 보고, 노동가치설을 "완전히 잘못된 이론"으로 간주하였으며, 일반균형이론 창시자인 레온 발라스(Léon Walras) 또한 재화나 서비스의 가치는 노동만이 아닌 자본, 토지, 기술 등 모든 생산요소가 가치 결정에 기여한다고 보았다.

불로소득은 단순히 돈 문제를 넘어, 경제, 철학, 윤리학이 얽힌 복합적 주제이다. 현대사회에서 노동가치설을 기준으로 하는 불로소득을 모든 자산소득에 적용하여서는 안 될 것이다. 그것은 단순히 노동 제공 없이 벌었다고 해서 모두가 '나쁜 소득'은 아니기 때문이다. 즉, 불로소득에는 좋은 불로소득과 나쁜 불로소득이 공존하고 있다. 현대사회에서 노동가치설에 따른 불로소득을 구분하자면 은행예금이나 채권 등의 이자와 주식 배당, 부동산 임대료 등의 자본소득과 부동산이나 미술품 등 제한적 재화에 따른 재산소득, 부모나 친족으로부터 물려받은 상속 소득, 장기간 납입으로 얻은 연금소득과 정부로부터 얻은 복지 소득도 노동의 제공 없이 취득하는 불로소득이다. 결과적으로 불로소득 전부가 불의하고 불공정한 나쁜 소득이라면 이러한 소득은 모두 없애야 한다. 하지만 불로소득은 사회발전에 부정적 요소보다는 긍정적 작용을 더 많이 하고 있다. 예금, 채권, 주식, 연금, 복지 등이 불로소득이지만 사회에 긍정적으로 작용한다. 우리가 지속 가능한 사회를 만들기 위하여서는 나쁜 불로소득 즉, 투기성 소득을 차단하고 경계해야 한다. 특히 이러한 투기성 소득은 도박과 같이 중독성이 매우 강하며, 자신뿐만 아니라 주변 사람들까지도 근로의욕을 저하하거나 상실하게 만든다. 따라서 사회는 이러한 도박과 같은 나쁜 불로소득과 좋은 불로소득을 구분하여 사용할 필요가 있다. 좋은 불로소득과 나쁜 불로소득에 관한 구분의 핵심은 공정성과 사회 기여일 것이다. 첫 번째 좋은 불로소득은 사회적으로 기여하지만, 나쁜 불로소득은 사회적 기여 없이 시세 변화에 따른 개인의 이익만을 노린다. 두 번째 구분은 기회의 평등이 있어야 한다. 좋은 불로소득은 비교적 다양한 기회의 평등이 보장되어 있으나, 나쁜 불로소득은 일부 특권층에 집중된다. 세 번째는 공정한 절차로 좋은 불로소득은 연금이나 저작권 등과 같이 제도적 보장을 기초로 하지만, 나쁜 불로소득은 투기나 세습 등 편법적 수단을 기초로 하는 특징이 있다. 마지막으로 사회 환원성에서 좋은 불로소득은 세금이나 기여 등의 사회 환원성이 있는 반면에 나쁜 불로소득은 사회 환원을 적극적으로 회피하는 경향을 보인다. 이와 같은 조건으로 볼 때 가장 나쁜 불로소득은 실수요가 아닌 시세차익만을 노리고 대출을 활용하여 다수의 주택을 보유하는 부동산 투기를 들 수 있다. 이러한 투기는 주택 가격을 왜곡하여, 주거 불안정성을 높이며, 서민 부담을 유발함으로써 사회 전체의 자원 배분을 왜곡시킨다. 다음으로 나쁜 불로소득은 사용하지 않은 토지 소유이다. 토지는 누구나 필요로 하는 희소한 자원임에도 이들은 생산적 활동 없이 토지 보유만으로 위치와 시세 변화에 따른 수익을 목적으로 토지를 보유한다. 이들의 특징은 도시 인근의 농지를 자경 의사 없이 보유하거나, 조성된 택지를 사용하지 아니하고 시간의 경과에 따라 인구 유입과 유동성 증가에 따른 지가 상승만을 목적으로 토지를 보유한다. 이와 같이 좋은 불로소득은 개인이나 기업이 노동, 지식, 기술, 자본 등의 생산적인 방식으로 토지의 가치를 높이고 사회나 경제에 기여한 대가로 얻는 정당한 소득을 의미함으로 좋은 불로소득을 기여소득(寄與所得, Contributive Income)으로 명명할 수 있다. 반면에 노동이나 생산적 기여 없이 자산 보유나 제도적 특혜 및 경제 시스템에 기생하여 얻는 등 비생산적이며 불공정한 수동적 소득 즉, 매매 차액만을 목적으로 보유하는 부동산 소득은 기생소득(寄生所得, Parasitic Income)으로 명할 수 있다. 부동산 정책 또는 사회문제 등에서 노동가치설에 따른 '불로소득'이라는 단어의 정의는 현재의 자유시장경제에서 좋은 불로소득과 나쁜 불로소득을 구분하지 못한다. 따라서 불로소득을 '좋은 것'과 '나쁜 것'으로 구분할 필요가 있으며, 좋은 불로소득은 "기여소득"으로 표현하고, 나쁜 불로소득은 "기생소득"으로 필자는 표현하겠다. 기여소득(좋은 불로소득)은 사회발전에 기여한다. 예금과 연금은 개인의 생활을 안정화시켜 주고, 주식 투자와 배당은 기업활동과 이익을 창출한다. 저작권도 마찬가지로 지식과 창작 활동 등을 정려 한다. 반대로 기생소득(나쁜 불로소득)은 사회를 좀먹는다. 대표적인 예가 부동산 투기다. 집을 실거주 수요가 아니라 시세 차액만 노리고 여러 채 사들려 서민들의 주거 불안을 키우고, 사회자원을 비생산적인 곳에 묶어 버린다. 다른 하나는 땅이다. 도시 근처의 농지를 농사지을 생각 없이 들고만 있다가 땅값이 오르기만을 기다리는 행위다. 그들의 방식은 공동체 전체에 부담을 준다. 우리가 만들어야 할 세상은 "불로소득이 아예 없는 사회"가 아니라, 좋은 불로소득은 보호하고, 나쁜 불로소득은 차단하는 사회여야 한다. 이것이 공정한 사회, 그리고 모두가 함께 지속 가능한 사회로 가는 길이다.

4.6. 공환소득(公還所得, Civic Return Income)

모든 자산 중에서 토지가 부의 불균형의 대표가 된 이유는 시각적 효과가 크기 때문일 것이다. 대부분의 자산들은 대중의 시각에서 벗어나 있다. 은행의 예금잔고는 예금자의 통장에만 표시되고, 주식은 회사의 주주명 부에, 채권이나 특허는 그들이 보관하는 증서에만 있다. 보석이나 그림 등 은 소유자의 창고에 보관하고 있어 일반 대중들이 그들의 자산을 목격하 는 것이 매우 힘들거나 어렵다. 하지만 토지는 항상 주위에서 확인되고 그 토지가 누구의 것인지, 토지나 부동산의 가격이 대략적으로 얼마인지도 알 수 있으며, 자신의 부와의 차이 또한 손쉽게 알 수 있다. 이와 같은 비교 를 매일 또는 자주 자신과 비교하면서 서민들은 상대적 박탈감을 느끼게 된다. 현재의 토지정책은 사회 대부분의 구성요소가 합의할 수 있는 철학 적 담론을 담고 있지 못한다. 이처럼 철학적 담론 부제는 토지정책이 경기 의 변동에 따라 갈지자 횡보를 반복하게 만드는 원인이다. 현재 토지정책 은 마치 부의 불균형을 치유하거나 모든 경제 상황의 대안이 될 것으로 보 이지만, 현실은 상처를 더 확대하는 결과만 초래하는 꼴이다. 경기가 팽창 하는 시기의 부동산 규제가 서민과 중산층의 불황 탈출 족쇄가 되고, 반대 로 불황기의 규제 철폐는 경기 확정 시기에 부의 불균형을 최대로 증가하 게 만든다. 그리고 이러한 과정은 무한 반복되고 있다.

따라서 부동산에 대한 기여소득과 기생소득을 명확히 구분할 필요가 있 고, 기여소득은 사회발전을 위한 일반적 소득과 동일하게 취급하고, 기생 소득은 사회질서를 어지럽게 함으로 징벌적 조세제도로 관리되어야 한다. 토지에는 보유로 인한 기여소득과 기생소득 외에 개발로 인하여 발생하는 개발 소득이 존재한다. 우리는 과거 성남 대장지구 도시개발 사업과 같이 개발로 인한 막대한 소득이 발생하고 상황에 따라 특정 개인에게 개발이익

 공익개발론

대부분이 귀속되어 많은 사회문제가 발생한 것을 잘 알고 있다. 필자가 이 책을 집필하게 된 이유 중 하나가 개발이익의 귀속에 관한 문제이고, 현재의 도시개발사업에서 개발이익 귀속의 부당성과 불공정을 바로잡기 위함이다. 필자는 산업단지 또는 도시개발 등 20여 년을 부동산개발업에 종사하였고, 개발업에 종사하는 기간 중 많은 사회 변화와 부동산개발에 대한 다양한 사건 경험으로 현재의 토지개발 사업방식에서 많은 모순점을 다수 발견하였다. 그리고 그러한 문제점들의 합리적 대안을 찾고자 하였다.

일루 문명사의 수렵채집 사회에서 토지는 누구의 소유도 아니 자연이었다. 인류가 최초의 사회구조인 농경사회에 접어들면서 토지에 대한 소유가 시작되었고, 산업 혁명으로 대도시 토지 소유는 빈부격차를 심화시켜 부의 불평등을 가속화 요소로 작용하였다. 소유권이란 법적 토대를 바탕으로 현대사회 토지는 통화의 급격한 팽창으로 다양한 자본 중 일부분으로 인식되고 있다. 현대사회에서 높은 가치의 토지는 광활한 전원의 농지나 푸르른 강산의 임야가 아니다. 인구가 고도로 밀집된 도시의 중심 토지가 최고의 가치를 자랑한다. 인구의 도시집중과 도시 팽창은 도시 주변의 인근 농지나 임야를 도시화하고, 이러한 과정에서 농지와 임야는 도시의 주거와 상업용지로 변경된다. 하지만 이러한 변경은 법률에 따라 정부의 허가에 기인한다. 지금까지 농지나 임야의 용도변경은 개발주체의 투자에 도시가 필요한 인허가를 부여한 것으로 이해하여 개발이익은 투자에 대한 보상으로 간주 되었다. 이후 개발이익에 대한 일부 환수를 법률로 제정하였으나 주기적으로 찾아오는 경기 침체 시기에는 경기를 활성화하기 위하여 규제를 철폐하거나 완화하고, 정권이 교체되면 부의 불평등을 이유로 부동산을 규제하는 등 일관성 없는 토지정책은 무한 반복되었다. 이러한 규제와 철폐의 반복 원인은 토지개발 이익에 관한 철학적 담론의 부제에 있다고 생각된다. 이는 과거 사회주의 토지 국유제와 자유민주주의 사유제 사이에서 오는 이데올로기적 사고로 토지제도를 시행한 결과이기도 하다. 도시나 산업단지 등의 토지개발은 국가를 발전시키고 국민의 삶을 풍요롭게 하는 공익적 개발로 자유민주주의 모든 국가에서 법률에 따라 개인의 토지 소유권을 제한하고 있다. 즉, 자유민주주의 국가마저도 공권력에 의하여 사유 토지를 제한하는 직접적이며, 강제적인 제도를 취하고 있는 것이다. 현대의 사회에서 공익을 목적으로 하는 것 외에 개인의 소유권을 강제적으로 제한하는 행위는 갈취이자 폭력뿐이다. 사유재에도 불구하고 토지 수용권이 인정되는 이유는 그 목적이 공익에 있기 때문이다. 그렇다면 다시 질문하여야 한다. 탈취나 폭력과 같은 토지수용을 기반으로 하는 도시개발 이익은 누구에게 귀속되는 것이 공정한지, 그러한 폭력적 권한 하에서 강제적으로 수용한 토지 개발이익이 투자에 대한 보상 목적으로 사유화될 수 있는가에 대하여 질문해 본다. 단언컨대 공익을 목적으로 시행한 도시개발 이익은 사유화를 금지하고 공유화가 전제되어야 한다. 그것이 공익개발이고 공익개발로 발생하는 개발이익은 시민에게 환원되어야 하는 공환소득(公還所得, Civic Return Income)이다. 공환소득은 공공 인프라를 통해 모든 시민에게 환원되는 것이 사회 정의에 부합한다.

공익개발에서 개발이익은 공환소득임으로 시민에게 환원되어야 한다. 따라서 이러한 과정에는 개발의 주체인 민간 또는 공공 등 참여 주체의 투자비와 투자에 대한 기회비용 등이 공정성을 기초로 동반 검토되어야 한

 공익개발론

다. 투자에 대한 기회비용이 존재하지 않는다면 투자할 이유가 없다. 그러나 중요한 점은 도시개발과 같이 택지 등을 조성함에 있어서 대부분의 개발비용은 개발금융 즉, 금융기관으로부터 프로젝트 파이낸싱 방법으로 조달된다는 점을 간과하여서는 안 된다. 개발 자금을 차입하는 차주와 자금을 빌려주는 대주단의 금융 약정에 따라 대출금의 기회비용은 이자와 수수료로 지급된다. 따라서 사업 주체인 민간 또는 공공 그리고 민관 합동법인은 자신들이 프로젝트에 대여하거나 투자금 범위에 한하여 기회비용을 회수하면 될 것이다. 특수목적법인 출자금을 기반으로 개발이익 전부를 영위하는 현재의 사업방식은 불공정하며 합리적이지 못하다. 또한 초기 투자 비용과 추진운영비 그리고 특수목적법인 출자금은 사업의 초기 높은 위험성 투자라는 점을 감안하여 프로젝트 파이낸싱의 후순위 대출보다 상당히 높은 이율의 기회비용 지급으로 만족할 수 있다. 따라서 공환소득(개발이익)은 투자자의 참여이익이 아니고 시민의 공유재산을 의미한다.

토지에서 발생하는 소득 분배는 단순히 시장 원리에 맡겨질 수 없으며, 사회 정의적 원칙이 필요하다. 아리스토텔레스의 배분적 정의는 분배가 단순한 평등이 아니라 "공로와 필요에 따른 합리적 불평등"임을 강조하였으며, 롤스의 차등 원칙은 불평등이 가장 불리한 자에게 최대의 이익이 될 때만 정당화될 수 있다고 하였다. 이는 현대 토지정책에서 개발이익 환수와 공환소득의 철학적 근거가 된다.

4.7. 토지에 관한 공정

공정(公正)의 사전적 의미에 대하여 국립국어원 표준국어대사전에서는 '공평하고 올바름'으로 정의하고, 영어권에서는 '공명정대하다.'로 정의한다. 현재 우리 사회는 공정에 의미를 사회 윤리의 기본 원칙과 같이 사용하고 있다. 하지만 공정에 대한 분명한 철학적 의미와 정의를 하고 있지 않은 채 경제학에서의 '보이지 않는 손'과 같이 우리 사회에 원래부터 존재하였던 그 어떤 윤리적 의식으로 전재하고 있다. 이러한 공정은 사회적 참여 기회와 과정 그리고 절차 등에 일반적으로 적용하는 반면, 결과에 대한 공정 담론은 배제하는 경우가 일반적이다. 즉, 분배에서의 공정은 일반적으로 성과주의를 적용하고 이러한 성과주의는 자본주의에서 부의 독점을 인정하게 됨으로써 부의 불균형이 필연적으로 동반한다. 그리고 부의 불균형은 자유민주주의 지속성을 저해하는 핵심적인 요소로 작용하고 있다. 분배를 중요시하던 중국과 베트남 같은 사회주의 국가마저도 개혁개방정책을 시행하여 자유시장경제 체제로 진입했다. 현재의 시점에서 세계 모든 국가가 성과주의로 인한 부의 독점문제로 고통받고 있다.

토지에 대한 공정 개념과 가치를 이해하기 위하여 옛 선인들의 주장들을 찾아본다. 기원전 4세기 플라톤(Plato)은 공정에 대하여 사회 전체의 조화와 질서를 의미한다고 하였다. 그의 저서 국가『The Republic』에서 정의란? 각 계층(지혜-통치자, 용기-수호자, 절제-노동자)이 자신의 역할을 수행하고 조화를 이루는 것으로 공정이란 사회 전체의 조화와 질서를 의미한다고 하였다. 이는 개인에게도 동일하게 적용되며 개인의 이성, 기개,

욕망이 조화를 이루는 상태라고 정의하였다. 즉, 플라톤에게 공정이란 "조화"이자 "역할의 분배"와 "사회질서"로 보았다. 그러나 플라톤의 제자 아리스토텔레스(Aristotle)는 『니코마코스 윤리학』에서 공정(Justice)은 모든 덕 중 가장 완전한 덕목으로 배분적 정의와 교정적 정의로 구분하였다. 공로, 분배에 따른 배분은 불평등한 공정으로 정의하였고, 거래나 범죄에서 손해를 바로잡는 균형과 같이 형평성을 기준으로 교정적 정의로 공정을 정의하였다. 즉, 공정은 단순한 평등이 아니라, '적절한 비율'에 따른 분배로 이해하였다. 중세 기독교 철학자 토마스 아퀴나스는 정의란 하느님이 부여한 질서와 목적에 따르는 것이며, 정의의 원천은 하느님이시고, 인간은 자연법을 통해 사회에 적용되었다고 보았다. 즉, 정의는 신이 정한 '올바름'에 대한 인간의 실천으로 정의하였다. 잉글랜드 왕국의 근대 자유주의 정치사상 철학자 존 로크는 그의 저서 통치론 9장에서 국가는 개인의 권리를 지키기 위해 존재하며, 이를 침해하는 것은 부정의로 규정하고, 공정이란 개인의 생명, 자유, 재산권 등 '개인의 자연권 보호'라고 정의하였다. 하버드 대학교 교수이자 미국의 철학자인 존 롤스는 그의 저서 『정의론(A Theory of Justice)』에서 '무지의 베일(Veil of ignorance)' 아래, 모두가 합의할 수 있는 원칙을 공정이라 정의하였다. 즉, 모든 이가 동의할 수 있는 공평한 규칙으로 정의하며, 두 가지 원칙을 제시하였는데, 기본적 자유의 평등 보장과 사회적·경제적 불평등은 가장 불리한 자에게 최대 이익이 될 때만 허용되어야 한다고 하였다. 그 외 로버트 노직(Robert Nozick)은 재산권의 자유를 공정으로 정의하고 최소 국가를 강조하였으며, 공산주의 혁명가 카를 마르크스는 계급 구조를 없애고, 생산수단의 공유를 실천하는 것이 공정이라고 주장하였다. 불평등과 빈곤 연구의 대가인 하버드 대학교 아마르티아 쿠마 센 교수(Amartya Kumar Sen)는 공정은 단지 제도뿐 아니라 실제 삶의 결과(역량)에 집중해야 한다고 보았다. 이들 모두의 공통점은 사전적 후단 의미와 같이 공정은 올바름(정의)이 공정의 핵심 가치인 것을 알 수 있다. 다만, 공정의 기준은 개인의 권리, 사회적 형평성, 경제적 자유 등에 있어서 다양하게 표현될 수 있으나 사회적 협력과 질서의 기준으로 사용되었을 때 비로소 그 가치를 찾을 수 있을 것이다. 절대적 평등을 주장하여서는 안 된다는 점과 소득에 대한 누진세 적용과 같은 합리적 불평등도 인정할 수 있어야 한다. 이처럼 서양 철학에서의 공정은 단순한 '평등'에 국한하지 아니하고, 개인의 자유를 존중하면서도, 사회적 형평성을 고려한 합리적 질서가 공정을 의미한다고 정리할 수 있다.

한편, 동양철학에서 '공정(公正)'의 개념은 단순히 '공평함' 또는 '정의로움' 이상의 의미를 지닌다. 공자, 맹자, 정약용과 같은 대표적인 동양 사상가들의 철학에서 '공정'은 개인과 사회의 조화로운 관계, 도덕적 이상, 그리고 올바른 정치 질서 등과 깊은 연관이 있다. 중국의 공자는 공정이라는 단어를 직접 사용하지는 않았지만, 그의 사상 전체에서 도덕적 질서와 역할 분담의 균형이 핵심이다. 인(仁)은 타인을 배려하고 사랑하는 마음. 공정함은 타인을 해치지 않고 조화롭게 살아가는 인의 실천에서 나온다고 하였으며, 예(禮)는 사회적 질서를 유지하는 규범으로 사회적 위치에 따라 구성원의 역할을 존중하는 것이라고 하였다. 즉, 형식적 평등이 아닌 '조화로운 질서'를 강조한 것으로 이해한다. 따라서 공정은 모든 사람이 자신의 역할을 성실히 수행하면서도 타인을 존중하고 배려하는 도덕적 질서를 뜻한다. 논어 이인 편에서 "군자는 의(義)를 보고 행하고, 소인은 이익을 보고 행한다.”라고 하였는데, 이는 의(義)가 도덕적 올바름에 따른 실천적 자세를 뜻한다. 반면에 맹자(孟子)는 공정은 단순한 형평의 문제가 아니라, 도덕적 기준에 부합하는 정치적 판단이라고 하였다. 民爲貴, 社稷次之, 君爲輕(민위귀, 사직차지, 군위경: 백성이 귀하고, 사직은 그다음이며, 군주는 가장 가볍다)라고 하였으며, 민본사상에서부터 공정한 사회를 만들 수 있다고 하였다. 따라서 왕도정치(王道政治)를 강조하며, 공정한 통치가 민중의 삶을 개선한다고 보았다. 그는 “백성이 먹고살 수 없다면, 어찌 예와 의를 논할 수 있겠는가?”를 질문하며, 공정은 실질적 삶의 질적 보장과 직결된다고 하였다. 조선 후기 실학자 다산(茶山) 정약용(丁若鏞, 1762년 ~1836년)은 공정은 제도와 법을 통해 실현되는 실제적 정의로 공정을 정의하였다. 경세치용(經世致用)의 실학 정신을 바탕으로, 공정한 제도와 법률을 통해 백성의 고통을 해결하고자 하였다. 토지제도와 형벌 제도 등의 불합리한 구조가 공정을 해친다고 보았으며, 공정은 실질적 민생 개선에 기초하여 실현되어야 한다고 주장하였다. 추상적인 도덕보다는 실용적 정책을 통해 구체화 되어야 한다고 하였으며, 관료의 부패, 사적 이익 추구가 공정을 해치는 요소이므로 공정한 행정 제도 확립을 특히 강조하였다. 그는 공정한 제도는 백성을 살리는 법이다.”라는 말과 함께, 제도는 공정을 위한 도구이며, 민생이 중심이 되어야 한다고 하였다. 이처럼 동양철학 사상은 ‘역할에 따른 분배’와 ‘민본주의’에 따른 공정한 토지 분배와 운영 등은 서양 철학에서의 ‘정의(Justice)’ 개념과 비교될 수 있는 부분이다.

현대의 우리 사회는 공정과 공평, 평등, 정의에 대하여 상호 구분 없이 혼용하여 사용하는 경우가 많다. 이러한 혼용적 사용 원인은 상대방과의 교감 없이 자신의 주관적 윤리 견해만을 기준으로 사용하는 경향 때문이다. 이와 같은 교감 없는 주관적 견해 혼용 현상에 대하여 서울대학교 사회교육과 정원규 부교수의 2022년 '공정 개념의 철학적 재구성: 정의, 평등, 공평과 구분 가능한 공정의 의미 탐색' 논문에서 매우 깊이 있게 설명하고 있다. 공정 개념의 철학적 재구성 연구에서는 '공정', '정의', '평등', '공평' 등의 개념들이 혼용되어 사용되면서 사회적 논란이 발생한다고 지적한다. 특히, '공정'은 기회의 평등을 전제하는 합목적 공평성으로 정의되면서, 능력주의와 관련된 문제들의 설명에 활용한다고 보았다. 한편, 능력주의에 대하여 영산대학교 장은주 교수의 저서『공정의 배신』에서는 능력주의가 서구 자본주의 사회에서 불평등을 '능력과 노력에 따른 정당한 결과'로 정당화하는 이데올로기라고 설명한다. 능력주의는 과거 신분제 사회를 해체하는 데 많은 기여를 한 것은 사실이지만, 현대에 와서는 불평등을 은폐하고 정당화하는 수단이 되었음을 지적한다. 그리고 이러한 능력주의는 한국 사회에서 유교적 전통과 결합하여 더욱 강력한 형태로 나타난다고 보았고, 과거제도와 같은 유교적 능력주의는 현대 한국의 교육열과 경쟁 중심 문화를 형성하는 데 많은 영향을 미쳤을 것이라는 주장을 펼친다. 이는 형식적으로는 기회 평등을 강조하지만, 실제로는 사회적 배경과 환경에 따라 실질적 불평등을 초래하고 있음을 지적했다. 이처럼 한국 사회에서의 능력주의는 개인의 능력과 노력에 따른 보상을 강조하면서, 이는 부모의 사회경제적 지위, 교육 환경, 유전적 요인 등 개인이 통제할 수 없는 요소들에 의해 크게 좌우되는 현실을 설명하면서 한국의 능력주의는 실질적인 평등을 보장하지 못하고 오히려 불평등을 정당화하는 데 사용되고 있음을 강조한다. 장은주 교수는 능력주의를 넘어 공동선을 위한 능력의 사용, 보상의 격차 줄이기, 노동의 가치 재평가 등을 포함한 민주적 평등주의를 제안하며, 시민교육을 통해 민주주의적 정의를 실현하고, 모두가 존엄한 삶을 살 수 있는 사회의 지향을 꿈꾸었다.

　이러한 능력주의에 대한 비판은 마이클 샌델(Michael J. Sandel) 교수의 『공정하다는 착각』(원제: The Tyranny of Merit)을 들 수 있다. 샌델 교수는 현대사회에서 능력주의가 어떻게 공정함을 가장하여 사회적 불평등과 분열을 심화시키는지를 분석한 매우 품격 있는 작품이다. 샌델은 공정하다는 착각에서 특히 미국 사회를 중심으로 능력주의의 한계와 그로 인한 사회적 문제들을 조명하였다. 그는 현재의 능력주의가 개인의 노력과 재능에 따른 보상을 강조하지만, 실제로는 사회적 배경, 운, 환경 등의 요인에 의해 성공이 결정된다는 사실을 지적하였다. 이러한 능력주의 결과는 성공한 이들에게 오만함을, 실패한 이들에게는 자기 비하를 유발함으로써 나아가 사회적 연대를 약화 시키는 현실들을 고발한다. 현대의 정치적 현상들은 엘리트 계층이 자신의 성공을 정당화하고, 실패한 이들을 무능력자로 낙인찍는 경향의 강화로 인하여 사회적 분열과 불만이 증대되면서 포퓰리즘 정치가 부상할 수 있도록 많은 기회를 제공한다고 하였다. 또한 현대사회에서 학력이 과도하게 중시되며, 대학 진학 여부가 개인의 가치를 판단하는 기준이 되는 현실도 비판한다. 샌델 교수는 능력주의의 한계를 극복하기 위하여서는 겸손과 연대의 가치를 회복하여야 한다고 보았다. 이는 개인의 성공이 사회적 요인에 의해 영향을 받는다는 인식을 바탕으로, 사회 구성원 간의 상호 존중과 협력이 필요하다는 의미로 이해된다.

서양의 고대사와 근대, 현대에 이르기까지 역사적 사실을 종합해 보면, 토지는 왕조시대와 봉건시대의 토지 독점제를 넘어 시민혁명 이후 농지개혁을 통한 농지의 사유재 시행으로 소작농의 경제적 자유와 불평등 해소에 많은 영향을 주었다. 이후 산업혁명에 따른 독점 자본주의는 기술의 진보에도 불구하고 여성과 아동 노동자들까지 극단적 빈곤과 궁핍으로 내몰았고, 이러한 비인간적인 사회 현상들은 마르크스의 공산주의를 탄생시켰다. 그리고 소련을 중심으로 한 공산주의는 동유럽으로 확장하고, 이에 놀란 서방 국가들은 미국을 중심으로 자유주의 체제를 유지 확립하기 위하여 세계는 이념적 대립과 냉전체제를 겪었다. 사회주의 국가는 공산주의 이념에 따라 모든 토지를 국유화하였고, 자유주의 국가는 토지 사유재를 법률로 보장하였다. 시간의 흐름에 따라 소련연방의 몰락은 자유주의 경제 체제가 사회주의 체제보다 효과적이라는 사실을 증명하였지만, 자유시장 경제 또한 부의 불균형이라는 태생적 문제로 극심한 몸살을 앓고 있으며, 붕괴 위협을 받고 있다. 과거에는 농지가 부와 권력의 기준이었으나 현대 경제사회에서 토지는 자본의 구성요소 중 일부분으로 흡수된 상태이고, 인구의 밀집과 유동성이 풍부한 대도시 토지는 시골의 농지와 비교할 수 없는 높은 가치가 형성되었다. 이러한 현상은 미래로 갈수록 더욱 심화될 것이며, 부의 불균형 또한 심각하게 편중될 것이다. 한편, 부의 불평등 해소의 대안으로 토지를 국유화한 사회주의 국가들 또한 개혁개방 이후 토지 사용권을 기반으로 하는 부동산 투기 현상은 자본주의 이상의 심각한 불평등을 만들고 있다.

부의 불평등 해소를 위하여 사회주의 국가는 토지를 국유화하였고, 자본

 공익개발론

주의 국가는 소득에 대한 누진세를 채택하였다. 자유시장경제에서 불평등 해소 방안인 소득 누진세(Progressive income tax)는 프랑스와의 전쟁(나폴레옹 전쟁) 자금 조달 필요성에 따라 전쟁 세금(War tax)의 일환으로 영국에서 1799년 처음 도입되었다. 영국은 1802년 한차례 폐지되었다가, 1803년 헨리 애딩턴 총리에 의해 부활하였고, 1816년 나폴레옹 전쟁 종료 후 다시 폐지된다. 이후 보수당 로버트 필 총리에 의해 1842년 산업 혁명 이후 재도입되었으며, 1850년대 이후 빅토리아 여왕 시대에 세율 상승 및 항구적 과세제도로 정착된다. 한편, 프랑스는 재무장관 조제프 카요(Joseph Caillaux)에 의하여 1914년에 도입된다. 카요는 소득 구간을 5단계 이상으로 나누고 점진적으로 세율을 상승시킴으로써 소득 불평등 해소와 국가 재정을 확보한다. 한편, 영국은 데이비드 로이드 조지 총리와 재무장관 윈스턴 처칠이 중심이 되어 고소득자와 지주 귀족의 소득에 높은 세율(전시 재정 부담으로 최고세율 90% 이상)을 적용하는 소득에 관한 누진세를 도입하지만, 초기에 사회적 논란과 심각한 계급 갈등을 겪는다. 이러한 누진소득세는 '부유한 사람은 자신이 즐기는 소득과 사회적 보호 수준에 비례해, 더 많은 세금을 내는 것이 정당하다.'는 애덤 스미스와 조 스튜어트 밀 등의 경제학 주장들이 누진소득세의 기초가 된다. 애덤 스미스는『국부론』속에서 조세 4대 원칙을 주장하였는데, 모든 국민은 각자의 능력과 소득에 비례하여 국가를 유지하기 위한 비용을 부담해야 한다는 "공평의 원칙(Equity)"과 세금의 내용과 금액이 명확하여야 한다는 "확실성의 원칙(Certainty)", 세금은 납세자에게 가장 편리한 시기에 징수해야 한다는 "편리성의 원칙(Convenience)"과 징수 비용이 최소화되어야 한다는 "경제성의 원칙(Economy in collection)"을 주장하였으나 명시적으로 누진세를 주장하지는 않았다. 그러나 세금은 개인의 지출 능력(소득 수준)에 따라 비례적으로 부담되어야 한다는 생각을 통해 현대 누진세의 윤리적·이론적 뿌리를 제공한 것은 분명하다. 존 스튜어트 밀은 조세는 소득의 한계효용에 따라 부과되어야 한다고 주장하였으며, 토마 피케티(Thomas Piketty)는 『21세기 자본』에서 "r(자본 수익률, 이자, 배당, 임대 수익 등) > g(경제 성장률, 임금, GDP 성장 등)"에 따라 자본주의는 자연적으로 불평등을 심화시킨다는 구조적 특징을 설명하였다. 자본주의 체제에서 고소득층은 자본 수익으로 더 빠르게 부를 축적하는 반면, 중하위 층의 노동 소득은 매우 느리게 증가하기 때문에 부의 불평등은 구조적으로 심화될 수밖에 없다는 것이다. 이에 피케티는 불평등의 자연적 심화를 제어하고 민주주의의 지속 가능성을 확보하기 위하여 자본세(Global Capital Tax)를 제안한다. 그러나 피케티의 자본세는 국제 관계에서 각국의 자산 평가가 어려우며, 국제 조세 공조의 한계와 낮은 실현 가능성 및 투자위축 가능성 등의 지적을 받기도 한다. 하지만 IMF, OECD 등 국제기구도 피케티 이후 자산 불평등 문제를 주목하게 되는 계기를 제공한 것은 사실이다. 반면, 신자유주의자 밀턴 프리드먼은 시장 효율성을 우선시 하여야 하기 때문에 정부의 개입은 최소화하여야 하며, 누진세는 경제 효율성을 해진다고 비판하였고, 피구와 케인즈는 조세는 사회 형평성과 경기 안정화 수단으로 활용되어야 한다고 보았다.

대한민국에서 최고가의 토지는 공시지가를 기준으로 21년째 네이처리퍼블릭 명동점이 1㎡당 1.7억 원을 기록하고 있으며, 가장 저렴한 토지는 전남 진도군 조도면의 임야로 1㎡당 318원이다. 따라서 명동점 1평의 가격은 조도면 임야는 55만 평 이상을 교환할 수 있는 가치다. 이와 같은 결

 공익개발론

과는 토지의 가격은 넓이와 상관없이 위치에 기반하여 형성되는 것으로, 대한민국은 땅이 부족한 것이 아니라 도시의 땅만 부족한 것이다. 우리가 토지에 관한 공정 의미를 규정한다는 것은 다양한 사람들과 다양한 생각 만큼 토지의 가치 또한 다양함을 알 수 있다. 인류는 다양한 사람들의 관계 속에서 올바름(정의)의 핵심을 공정이라고 정의하였다. 따라서 공정은 사회적 협력과 질서를 기준으로 개인의 권리와 사회적 형평성을 고려하여 경제적 자유를 추구하는 일련의 모든 과정상의 올바름이라 할 수 있다. 하지만 공정에 있어 중요한 점은 절대적 평등을 주장하여서는 아니 되고, 누진세와 같은 합리적 불평등 또한 인정하여야만 공정한 사회로 나아갈 수 있다. 그리고 토지에 대한 공정 또한 이와 같으므로 누진세는 공정의 가치 실현이고 자산에 대한 부유세는 공정의 실천이다.

동양 사상에서도 공정은 중요한 주제로 다루어졌다. 공자는 인(仁)과 예(禮)를 통해 조화로운 질서를 강조하였으며, 맹자는 민본사상(民本思想)을 기반으로 공정한 정치를 역설하였다. 정약용은 제도 개혁을 통한 민생 개선을 공정 실현의 핵심으로 보았다. 이와 같이 서양의 공정 개념이 합리적 분배와 제도적 정의에 기초한다면, 동양의 공정 개념은 도덕적 질서와 민생 개선을 중시한다는 점에서 상호 보완적이다.

4.8. 토지의 공정가치

토지 사유재는 지속 가능한 세상을 만들 수 있는가? 대안으로 토지 공공재가 효과적인 걸까? 토지에 대한 공정성을 찾기 위하여 인류의 역사적 관점에 살펴보면, 원시적 부족사회부터 고대국가 그리고 중세의 군주제와 공화정, 영국의 명예혁명과 프랑스의 시민혁명, 인류 과학의 산업 혁명으로부터의 자본주의와 사회주의, 20세기 2월 혁명으로부터 탄생한 소비에트 연방과 냉전체제 그리고 공산주의와 자유주의, 1991년 소련의 해체로 인한 냉전체제의 종료와 금본위제로 탄생한 미국의 달러 패권, 초강대국의 탄생으로 미국의 자유무역 확대는 세계 경제를 하나로 통합하고 산업은 국가별로 분업화되었다. 이처럼 인류의 역사에서 토지에 관한 소유권 개념은 많은 변화의 과정을 겪으며 발전하였다. 원시사회는 수렵·채집 활동에 따라 땅에 대한 개인 소유 개념 자체가 없는 자연이다. 이집트와 메소포타미아 등의 고대사회에 접어들면서 토지는 왕이나 신권 지도자가 국가 또는 신의 이름으로 토지를 지배하며, 백성에게는 경작권만 주는 공동 소유 개념에서 지배계급의 권리로 변화한다. 봉건적 토지 지배의 중세 사회는 토지는 왕의 소유이고, 귀족들에게 분배하며, 농민은 소작하는 농노제가 시행된다. 반면 한국과 중국 등의 동양에서는 '천하의 토지는 왕의 토지가 아닌 것이 없고, 천하의 신하는 왕의 신하가 아닌 사람이 없다'는 왕토사상(王土思想)을 『시경(詩經)』에서 확인할 수 있으며, 고려 시대 벼슬아치에게 농사용 땅과 땔감용 시지를 하사하는 전시과(田柴科)와 과전법(科田法)이 있었으며, 이는 벼슬아치에게 토지에 대한 소유권을 준 것이 아니고 조세를 거둘 수 있는 수조권(收租權)을 주는 제도로 이해한다. 토지에 대한 최초의 개인 소유 개념은 시민혁명 이후 자유와 재산권의 중요한 권리 인식에 따른 근대 법률 체계 속에서 토지의 개인 소유가 국가로부터 인정되었으며, 우리나라는 대한제국 말기인 1910년 토지조사사업으로 토지

공익개발론

를 정부에 등록함으로써 토지의 사유 재산화가 진행되었는데, 이 시기에 많은 토지가 소수 지주(부역자)나 일본인에게 넘어가는 계기가 되었다. 현대에 들어서면서 중국, 베트남, 북한 등의 사회주의 국가는 국토를 몰수하여 국유화하였으며, 사회주의 국가를 제외한 자유민주주의 국가들은 개인의 토지 소유권을 인정하면서, 사회 인프라 건설을 위한 토지의 수용과 환경보호를 위한 개발 제한 등 공익을 목적으로 개인 토지의 소유권이나 사용권 일부를 제한하는 등의 법률을 제정하는 방식으로 발전한다. 이로써 사유 재산권을 보호하면서도 공공성을 조화하는 토지제도가 정착된다. 즉, 이처럼 인류의 역사에서 토지의 소유는 권력을 의미한다. 고대의 신정과 왕정에서는 토지를 가진 자가 절대 권력자이며, 중세의 봉건 영주 계급 사회에서는 토지를 가진 귀족이 군사력과 행정력을 보유하며 지방 권력을 행사하였고, 근대 부르주아 시민계층의 등장으로 토지 사유화가 확산하여 권력이 자본가 계층으로 이동하였다. 근대사회의 경제 권력자는 정치적 영향력을 점점 더 확대하며, 정치·경제에 복합적으로 영향력을 행사한다. 고대 왕과 종교, 중세의 영주 그리고 현대의 부르주아 계급 모두가 토지 소유권을 바탕으로 정치권력을 행사하고 있으며, 사회주의 국가에서는 토지를 정부가 몰수하면서 공산당이 유일한 권력의 중심이 되었다.

토지에 관한 경제적 측면에서 현재 온라인 서비스 산업을 제외한 대부분의 생필품 재화는 토지를 기반으로 상품을 생산한다. 중국, 베트남, 라오스, 쿠바 그리고 북한 등은 사회주의 이념에 따라 생산수단의 국유화 조치로 모든 토지의 국유화가 진행되었고, 사용권만을 국민에게 부여하고 있다. 반면에 자본주의 국가에서는 토지 사유재를 채택하고 유지하고 있

다. 그러나 자유민주주의 국가에서도 평등을 중요시하는 진보주의자와 사
회주의자들은 부의 불균형이 토지로부터 발생함으로 토지의 국유화 또는
공공재 전환을 지속적으로 주장하고 있다. 특히 조지주의자들은 조세제도
를 통하여 토지의 모든 가치를 환수하여야 한다고 주장한다. 자본주의는
특성상 필연적으로 부의 불균형 문제에 직면하고 있다. 더구나 극단적 자
유방임주의는 부의 불균형을 방치하는 등의 수준을 넘어 사회를 지탱하는
인간성마저도 파괴할 정도로 부의 불균형을 심화시키고 있다. 우리는 이
시점에서 진보주의자 특히 조지주의자들의 주장에 대하여도 생각해 보고
적용을 검토해 볼 필요가 있다. 필요하다면 이들의 이론도 인용하거나 대
안이 될 수 있기 때문이다. 그러한 생각들은 부의 불평등과 재분배에 있어
서 그들의 주장과 이론들이 옳아서가 아니라, 시대적 과제를 해결할 수 있
는 대안으로 검토될 수도 있기 때문이다. 하지만 그들의 주장과 같이 토지
를 국유화하거나 공유재 전환으로 부의 불평등을 해소할 수 있는지에 대
하여서는 매우 회의적이다. 토지 공공재가 부의 불평등을 해소할 수 없다
는 것을 세계 여러 곳에서 쉽게 찾아볼 수 있다. 주체사상을 기반으로 고
립된 사회주의를 실현하는 북한을 제외하더라도 중국과 베트남, 쿠바와
라오스 등의 사회주의 국가에서 사회 불평등은 자본주의보다 나은 것이
없으며, 국민 행복도 또한 상대적으로 낮다. 결과적인 측면에서 토지 공공
재로 무장한 사회주의 정부하에서 부의 불평등은 자본주의보다 심각한 수
준으로 공동 부유 정책을 추진하는 중국에서도 개선의 여지를 확인하기란
쉽지 않다. 결과적으로 토지 공공재나 사회주의적 토지공개념이 부의 불
평등을 개선하거나 해결하지 못한다는 사실은 명백하다.

다음으로 자본주의 사회에서 토지 사유재에서의 공정에 대한 고민이 필요하다. 이는 토지 사유재가 공정성을 확보하지 못한다면 지속적인 사유재 유지가 어려울 것이 자명함으로 우리는 사회 건전성 확보를 위하여서라도 토지의 공정성을 확보하여야 한다. 과거 고전경제학에서 토지는 생산의 3요소 중 하나로 여겨 왔지만, 현대사회에서 토지는 자본의 한 부분으로 편입되었다. 토지 또한 자본과 같이 외부로부터의 영향 없이 자의적 결정에 따라 공정하게 토지를 취득하였다면, 그에 관한 소유권은 법률에 따라 보호되어야 한다. 그리고 공정하게 취득한 토지소유자는 토지로부터 발생한 수익에 대하여, 법률로 정한 납세의무를 성실하게 수행함으로써 소유 권리에 따른 모든 의무는 완성 된다.

토지 소유에 대한 공정가치는 국가가 국민의 재산을 보장 및 보호하고, 국민은 토지로부터 발생한 수익에 대하여 법률로 정한 납세의무를 이행하는 일련의 행위이다. 이때 토지 공정가치는 단순 시장 가격 기준을 의미하는 것이 아니라 사회적·공공적 기여도를 반영한 조정된 가치를 의미한다. 특히 토지와 같은 공공성이 강한 자산에는 "사회가 제공한 가치 배분의 기준"이 포함되어야 한다. 국제회계기준(IFRS)에서는 공정가치(Fair Value)를 "시장 참여자들 간에 거래일에 자산이 매각되거나 부채가 이전될 수 있는 가격."으로 정의하고 있다. 이는 정보가 충분하고 강요 없이 거래에 참여하는 양 당사자가 합의할 수 있는 가격을 의미하는 것으로써 시장에서의 합리적인 가치에 기반한 개념이다. 그러나 토지의 가치는 단순히 시장에서 결정되는 가격 이상의 의미가 포함되어 있다. 예를 들자면 도로나 지하철과 같은 공공투자 덕분에 상승한 토지 가격은 개인의 노력보다 사회

적 요인에 따라 발생한 불로소득이다. 따라서 이익은 공정하게 나누어져
야 하며, 공정가치는 사회기여도에 따른 가격만이 아닌 '정의(Justice)'가
반영된 철학적 가치 조정이 필요하다.

　토지의 물리적 특성상 한정된 국토의 효율적 이용을 위하여 공익사업으
로 국민이 소유한 토지가 필요한 경우, 국민은 합리적이고 정당한 보상 외
에 개별적인 요구 없이 자신의 토지를 양도하는 사회적 합의로서 개인의
자유와 공공의 이익이 동시에 존중되어야 한다. 따라서 토지의 공정가치
는 공익을 우선하여서도 안 되지만 사적 권리가 공익보다 우선하여서도
안 된다. 따라서 공정가치는 시장 참여자들의 자유로운 합의에 의해 결정
하되, 공공이익의 정당한 몫을 고려한 조정된 가치로 필자는 공정가치가
반영된 개념을 "토지공정제"라고 정의하겠다. '토지공정제'는 사회갈등을
최소화하고 국가가 도약하기 위해 명확하고 확고한 토지정책을 의미한다.
나는 롤스가 주장한 무지의 베일(Veil of ignorance) 속에서 토지정책을 수
립한다면 공정하고 정의로운 원칙을 도출할 수 있다고 생각한다. 정책 담
당자는 자신이 토지소유자인지, 임차인인지, 이해 관계없는 삼자인지 모
르는 상태에서 자신이 모든 위치에 놓일 수 있다는 가정하에서 토지정책
은 만들어져야 한다. 또한, 사회가 보호해야 할 이웃에게 최대한의 이익이
배정될 수 있음도 전제되어야 할 것이다. 도시개발 과정에서 발생하는 이
익 중 가장 큰 이익은 개발 인허가에 따른 토지용도 변경으로부터 발생하
며, 이는 시민을 대리하는 지방정부의 행정력으로부터 나온다. 지금까지
도시개발 이익은 투자와 그에 대한 수익으로 간주하여 개발자에게 귀속시
켜 왔고, 그들의 개발이익 중 일부를 준조세 성격의 개발부담금과 소득세

로 환수하였다. 그러나 이는 이해 부족과 매우 불공정한 기준에서 비롯된 것으로 투자금에 대한 기회비용(이자 및 수수료 등) 외 별도의 추가적인 개발이익을 소유자 또는 특정 참여자에게 제공하는 것은 매우 불공정한 방식이 아니라 할 수 없다. 따라서 우리 사회의 공정을 위하여 토지제도의 변화가 필요하고 그 출발은 공익개발에 있다.

토지에서 발생하는 소득 분배는 단순히 시장 원리에 맡겨질 수 없으며, 사회 정의적 원칙이 필요하다. 아리스토텔레스의 배분적 정의는 분배가 단순한 평등이 아니라 "공로와 필요에 따른 합리적 불평등"임을 강조하였으며, 롤스의 차등 원칙은 불평등이 가장 불리한 자에게 최대의 이익이 될 때만 정당화될 수 있다고 하였다. 이는 현대 토지정책에서 개발이익 환수와 같은 공환소득의 철학적 근거다.

4.9. 토지개발 이익

사회주의자와 조지주의자는 다소의 차이는 있으나 공통된 의견은 토지의 국유 및 공유재이다. 그들은 노동자의 빈곤과 부의 불평등이 토지의 사유화로 인하여 발생 되었다고 보았다. 하지만 모든 토지를 국유화한 중국과 베트남 등의 사회주의 국가에서 발생하는 부동산 투기 문제와 부의 불평등 심화 현상은 그들의 주장과 반대로 실현되거나 자본주의 사회와 별차이가 없음을 알 수 있다. 따라서 토지 공공화와 같은 사회주의 토지정책이 부동산 투기를 예방하지 못하며, 부의 불균형 또한 해소할 수 없다는 점

등을 확인시켜 준다. 사회주의 국가들조차 부동산 투기를 막지 못하는 이유부터 검토해 보자. 첫 번째로 토지 재정(土地財政) 구조를 들 수 있다. 중국의 지방정부는 모든 토지를 소유하고 있으므로 중앙정부로부터 국세 배분이 매우 적다. 따라서 낮은 국세 배분권을 보완하기 위하여 토지 사용권 매각을 통한 수익에 의존하는 구조인데 이는 토지 임대료와 집값 상승을 유도하게 된다. 즉, 지방정부가 세원 확보를 위하여 집값이 오르기를 바라는 구조를 들 수 있는데, 이는 한국 지방정부의 부동산 재산세 비중과도 흡사하다. 두 번째 이유는 금융이 발달한 선진국을 제외한 대부분의 개발도상국 중산층 계급은 부동산만이 자산을 축적하는 최후 수단이기 때문이다. 이는 주식시장의 불신과 다양한 금융상품이 부족함에서 비롯된 현상으로 자산 포트폴리오가 제한됨으로써 부동산 편중을 더욱 심화시킨다. 세 번째는 사회주의 구조적 틀 안에서 자본주의 방식이 혼재된 이중적 구조의 문제이다. 토지의 국유화로 개인은 사용권만을 취득하더라도 거래, 상속, 전매의 자유는 부동산이 사실상 사유화된 자산이 되고, 한번 점유한 장기적 토지 사용권은 도시화 과정에서 주택 가격상승과 그에 따른 부의 귀속을 결정함으로 개인에게 있어서 부의 사다리 역할과 효과를 발휘하고 있기 때문이다. 결국 조지의 주장과 같이 토지 전부를 공유(국유)화하더라도 토지 사용권을 기반으로 개발이익, 자산 불균형, 투기 수요 등과 같은 시장 메커니즘이 강하게 작동하면, 투기나 버블, 경제위기 등의 자본주의적 문제들은 항상 공존할 수밖에 없다. 따라서 토지 공유재가 부의 불평등 해소나 노동의 빈곤을 해소할 수 있는 대안이 되지 못한다.

반대로, 자본주의 사회에서 부동산 제도의 고질병은 투기 행위이다. 부

                                                               공익개발론

동산 투기를 사전적으로 정의하면 "단기간 내의 시세차익을 노리고 실수요 없이 부동산을 매입·보유하는 행위"로 시장 변동에 기대어 빠른 이익을 추구하는 이기적인 행위를 말하며, 주택이 거주의 공간이 아닌, 수익의 수단으로 전락할 때 투기 문제가 발생한다. 부동산 투기는 대부분 도심의 주택에서 발생한다. 산업 혁명 이후 자본주의나 사회주의 사회를 구분할 것 없이 도시 집중화 현상은 진공청소기처럼 주변 인구를 흡수하게 되고, 이로 인한 주거 부족과 주택 가격상승은 세계 모든 도시의 공통적인 문제이다. 미래로 갈수록 인공지능의 발전과 로봇의 노동력 대체는 도시인구의 집중화 현상을 더욱 심화시킬 것이므로, 초고가의 부동산, 좁은 공간, 높은 인구밀도, 빈부격차 등이 얽혀 주거 문제를 더욱 악화시킬 것은 자명하다. 도시 집중화에 따른 자본주의 사회에서 부동산 투기 억제 수단으로써의 정책은 세계 각국이 직면한 공통된 과제이며, 나라마다 조금 다른 법률적·제도적 방식으로 대응하고 있다. 대표적인 억제 수단으로 첫 번째 방식은 세금 정책으로 이는 매우 보편적으로 사용되는 방식이다. 짧은 보유 기간 후 매도 시에는 고세율의 양도소득세를 적용하고, 다주택자나 외국인에 대해 높은 취득세율을 적용하는 조세제도는 매우 효과적이다. 대한민국에서는 종합부동산세를 투기 방지 목적으로 운영하고 있으나 이는 매우 드물거나 세계에서 유일한 부동산 조세제도이다. 유럽 국가 중 노르웨이, 스페인, 스위스와 프랑스에서는 고액 자산가를 대상으로 순자산세 또는 부유세를 운영하고 있다. 각국의 제도는 과세 대상, 세율, 면제 기준 등에서 차이를 보이지만 조세 형평성을 목적으로 세밀하게 추진하고 있다. 프랑스에서는 2018년부터 부유세(Impôt sur la Fortune Immobilière, IFI)를 운영하고 있으며, 세대를 대상으로 총 부동산 자산에서 부채를 제외한 부동산 자산 총액이 130만 유로(약 19억 원)를 기준으로 0.5%~1.5%의 누진세를 적용한다. 노르웨이는 순자산세(Formuesskatt)를 도입하여 순자산이 일정 기준을 초과하는 개인을 대상으로 주거용 부동산은 시장가치의 약 25% 비율로 평가하고, 기타 자산은 시장가치의 90%로 평가하여 개인당 130,000유로(부부는 2배)를 기본 공제하고 순자산세를 과세하는데, 최근 자산 평가 기준이 완화되어 대부분의 납세자들은 순자산세에 대하여 큰 부담을 느끼지 못한다. 스페인의 순자산세(Impuesto sobre el Patrimonio)는 순자산이 1,000,000유로 이상의 개인에게 부과하며, 700,000유로가 기본 공제되고, 주거용 부동산은 300,000유로가 추가 공제된다. 0.2%에서 3.0%의 세율로 지역별로 상이하며, 마드리드 같은 경우에는 면제되고, 발렌시아, 카탈루냐 등은 최고세율 3.5%를 적용하고 있으며, 2024년부터 3,000,000유로 이상의 순자산 보유자에 대하여 '대자산가 연대세(Impuesto Temporal de Solidaridad de las Grandes Fortunas)'도 운영하고 있다. 대자산가 연대세는 순자산세와 중복으로 과세하지 않는다. 프랑스 등의 부유세는 국민이 자산을 형성함에 있어서 부동산의 집중을 조절하는 완만한 구조와 순자산을 기준으로 하지만, 대한민국의 종합부동산세는 투기 억제를 위한 공격적이고 집중적인 조세 구조가 특징이다. 이처럼 부동산만을 대상으로 부유세와 유사한 종합부동산세 제도를 적용하는 나라는 대한민국이 유일하다. 이와 같이 종합부동산 조세제도가 대한민국에만 존재하는 이유는 부의 불균형 해소라는 정치적 명분으로 저소득층을 대리하여 자산가를 응징함으로써 자신들의 도덕적 우월성 과시와 선민사상에서 비롯된 창작물이 아닌가 하는 생각이 든다. 또한, 조지주의자들이 토지가치세의 초기 버전으로 종합부동산세를 제정하였다고 보는 이들도

 공익개발론

있다. 따라서 종합부동산세는 폐지되는 것이 바람직하고, 고액 자산가를 대상으로 순자산세의 도입이 타당하다. 두 번째는 대출 규제이다. LTV(주택담보인정비율)에 따른 집값 대비 대출 비율 제한이나, DTI(총부채상환비율)에 따른 소득 대비 부채 상환 한도 설정 규제와 다주택자의 신규 주택 구마 시 대출을 불가하거나 엄격하게 제한하는 다주택자 대출 규제 방식 및 더출 자체의 부담을 높이는 금리 인상 방식으로 부동산 구매를 억제한다. 세 번째는 법적 행정적 수단으로 실거래 신고제이다. 실거래 신고제는 한국, 독일, 싱가포르에서 시행하고 있으며, 특정 지역을 투기과열지구, 조정 대상 지역으로 지정하여 대출, 전매 제한, 세금 강화 등의 맞춤형 규제를 통하여 투기를 억제한다. 네 번째로는 거래 제한 조치이다. 신규 분양 주택에 일정 기간 내에는 매매를 금지하여 단기 차익 목적의 거래를 방지하는 조치이다. 캐나다, 뉴질랜드 등의 일부 국가에서도 외국인의 주택 구매 자체를 금지하는 투자 제한 조치를 운영하고 있다. 그 외 대한민국에서는 주택공급 제도개선으로 투기 목적의 신규 아파트의 고분양가 억제를 위하여 분양가 상한제 등이 시행하고 있다.

위와 같이 토지의 공정성을 확보하기 위하여 토지 공유화, 종합부동산세, 실수요자 우선 선정을 위한 주택 청약통장, 분양가격 상한제 등은 합리적이지 못한 조치로 언 발에 오줌 누기 현상과 같다. 몸에서 나온 오줌은 따뜻해서 당장은 약간이나마 언 발을 녹이는 효과가 있지만 오줌이 차가워지면 발은 더 얼고 거기에 오줌의 찬 기운까지 합해져 동상을 피하지 못한다는 이치이다. 특히나 주택 청약통장 제도는 매우 심각하다. 주택 청약 제도는 무주택 국민에게 내 집 마련의 기회를 제공하기 위해 도입되었다.

그러나 현재의 주택 청약제도는 돈 많은 무주택자를 양산하고 있다. 그러나 초기 주택청약자들은 사회경력 증가와 소득 증가에 따라 축적된 자금으로 신규 주택을 충분히 구매할 수 있는 능력을 보유하고 있다. 그러나 주택 청약통장을 이용한 분양가 상한제 방식을 인용하여 서울 도심의 인기 지역을 목표로 주택 구입을 인위적으로 유보하고 있다. 인기 지역의 경우 수백 대 일의 당첨 확률에 청약 가점제는 매우 유용한 팁으로 작용하며, 당첨 시는 로또 복권과 같은 수억에서 십억 원이 넘는 당첨 이익이 그들에게 보장되기 때문이다. 이는 기존 주택을 구매할 수 있음에도 신규 주택 청약에만 집중하는 것은 주택시장을 왜곡하며, 주택공급 정책 또한 어렵게 만든다. 그리고 가점제를 통한 청약제도는 당첨 확률이 낮은 신혼부부와 젊은 세대에게 박탈감까지 주고 있다. 정부와 정치권은 이러한 사유에도 불구하고 청약통장 소지자의 반발이 두려운 나머지 폐지할 엄두조차 내지 못하고 있다. 따라서 이는 반드시 개선되어야 주택시장 왜곡을 일부라도 방지할 수 있다. 다음은 종합부동산세이다. 종합부동산세는 개인 또는 법인이 보유한 부동산 가치를 기준으로 부과되는 세금으로 재산 분배의 형평성을 높이고 부동산 소유에 따른 자산 불평등 문제를 완화하기 위해 설계되고 제정되었다. 이는 부의 집중이 특정 계층에 치우치는 것을 방지하기 위하여 제정되었는데, 현실에 있어서 종합부동산세가 자산 불평등 문제를 어떻게 해결하는지도 알 수 없고, 부의 집중 현상을 방지하는 효과에 대해서도 의문이 든다. 부동산이 국민 생활에 직간접적으로 영향을 미치는 부분은 주택 부분이고 대도시를 중심으로 부동산 투기의 대상도 아파트에 한정된다. 농지와 임야, 지식산업센터와 상업시설 등은 오래전에 투기꾼들의 관심에서 사라졌다. 다만, 소상공인과 직접적 영향이 있는 임대 상가는 임대차보호법의 강화를 통하여 임차인 권리를 상당 부분 보완할 수 있다. 더구나 상업적 창업 결정은 공공적 주거복지 영역 이외의 사항들로 그들의 선택과 결정에서 이루어진다. 따라서 이러한 결정과 책임은 당사자에게 있음을 좀 더 명확히 하여야 무분별한 창업으로부터의 사회적 손실을 막을 수 있을 것이다. 결과적으로 종합부동산세는 조세평등주의 위배와 단일 부동산에 대한 이중과세 문제, 부동산 보유에 대한 징벌적 과세 성격이 강하다. 또한 공시가격 상위 2%를 기준으로 종부세를 부과하는 방안에 대하여 행정비용의 비효율성 또한 지적할 대목이다. 부동산 세제는 공정의 관점에서 형평성을 고려하여 간결하게 제시되어야 한다. 그러므로 재산세율 조정과 필요시 부동산을 포함한 모든 자산에 대하여 부유세의 도입이 최선일 것이다. 다만, 다주택 보유와 주택 단기 매매 등의 투기성 거래에 대하여서는 사회정의 실현을 위해서라도 단호한 징벌적 최고 세율을 적용하여 투기이익 전부를 회수하는 것이 바람직할 것이다.

이와 같은 문제점들을 해결하기 위한 방안이 "토지공정제" 이다. 토지공정제는 토지 가치를 기준으로 사용 가치와 교환가치 그리고 형질을 변경하는 개발 가치로 구분한다. 첫 번째로는 토지의 사용 가치는 임대료와 같이 개인이 토지 소유 중에 직간접적인 사용으로부터 발생하는 모든 이익을 말하며 이는 종합소득세 대상이다. 따라서 토지의 사용 가치 수익자는 토지의 대여로부터 발생한 수익을 포함한 모든 종합소득을 신고하고 누진에 따른 결정 세액을 납부함으로써 토지 소유 의무는 완성된다. 따라서 토지의 사용 가치는 토지소유자의 임대소득과 다른 모든 소득을 합산하여 누진세가 적용됨으로 소득 재분배에 있어서 매우 효과적이다. 두 번째로는 토지의 처분 과정에서 발생하는 교환가치(양도소득)이다. 처분가치인 양도 이익 또한 처분 당해의 종합소득에 포함하는 것을 고려해 보아야 한다. 양도소득세를 종합소득에 포함하는 선진국이 많으며, 이는 조세 정의 측면에서 "모든 소득은 합산하여 누진과세" 원칙을 강화하는 것으로 이는 조세평등주의의 실현과 일치한다. 또한 토지, 부동산 불로소득에 대한 과세 정당성과 세제 단순화 원칙에도 부합한다. 다만, 장기 보유에 대한 공제를 확대와 1가구 세율 우대 등 별도의 장치로 과세 충격을 완화할 수 있다. 따라서 장기적으로 거주 안정화 정책에 도움이 될 것이다. 하지만, 단기 매매와 같은 투기성 양도 이익에 관하여서는 우리나라를 포함한 대부분의 나라에서 투기 방지 목적으로 고율의 세금을 부과하고 있고, 필요에 따라 징벌적 세율 수준으로 강화하여 투기를 예방하여야 한다. 세 번째는 현재까지 담론화를 가지지 못한 개발 가치(토지 형질변경=개발이익)이다. 개발이익은 토지의 용도변경을 수반하는 토지개발 과정에서 발생하는데, 개발이익을 투자와 수익적 관점에서만 설명하기 때문에 이것으로 인하여 특정인의 개발이익 귀속에 관한 문제들이 발생한다. 토지의 개발은 개별 입지와 같은 소규모 개발과 구도심 주거환경 개선 목적의 재개발과 재건축 등의 민간개발, 신규 택지조성과 같은 대규모 도시개발과 산업단지 또는 물류단지 등의 개발이 있다. 대규모 토지개발은 과거 공영개발 위주에서 최근 민관합동 개발 방식이 주류를 이루고 있다. 민간개발의 경우 토지주의 복잡한 이해관계로 많은 시간이 소요되고, 공영개발의 경우 한정된 제원의 효율성 저하 문제를 수반한다. 가장 효율적인 개발 방식이 민관합동 개발 방식인데, 민관합동 도시개발 사업의 경우에도 성남 대장지구에서와 같이 특정 민간의 과도한 개발이익 귀속과 같은 문제가 항상 존재한다. 민간개발 참여자들의 참여 이윤 제한을 위하여 정부는 도시개발법에서 민간사업자의 개발이익 상한선을 총사업비의 10% 이하로 제한하였지만, 위 규정에 따른 민간개발 참여자들의 이익이 적정하거나 공정한지는 알 수 없다. 반면에 시행사, 건설사, 금융사 등의 다수 회사로 구성된 민간 컨소시엄 입장에서 총사업비의 10%로 제한된 사업수익을 다수의 참여자가 배분받을 경우, 실질적으로 각각의 참여자 이익은 상당히 미미하거나 없을 수 있으므로 민간 참여자가 개발이익을 기대하고 사업에 참여할 이유가 없어 공익적 사업 추진을 더욱 어렵게 만든다. 이처럼 복잡해진 사업 구조에서 필자는 "공익 환원을 위한 민관합동 도시개발 모델"로 '공익개발 방식'을 제안하며, 공익개발은 대규모 토지개발에 있어서 개발이익이 발생하는 원인을 분석하여 개발이익을 시민에게 귀속시키는 방식을 의미한다.

나는 20여 년을 도시개발사업에 종사하면서 "도시개발 이익은 어디에서 나오는가?"에 대하여 생각해 보고, 개발이익의 귀속에 대한 공정성이 필요하다고 보았다. 도시개발에 따른 개발이익은 개발하고자 하는 토지의 입지와 토지의 용도변경에 따라 개발이익 규모의 편차는 매우 크다. 도시개발은 토지소유자 집합체 또는 토지 매수를 약속한 예정자가 수행하는 민간개발과 정부 정책에 따라 공공이 추진하는 공영개발, 정부가 민간사업자를 공모하여 수행하는 민관합동 개발방식 모두의 개발이익은 토지의 용도변경에서 발생한다. 민관합동 도시개발에서 토지 확보는 공익사업에 따른 사용 및 수용 방식이다. 즉, 자신의 토지가 아닌 타인의 토지를 사용하거나 강제 수용하고, 용도변경(인허가)에 따라 개발이익이 발생하는 것이다. 이는 사업 참여자들의 노력에 의한 것이 아니라, 제도에 의한 것임을 의미한다. 본인 소유의 토지도 아니고, 용도변경 인허가에 따른 개발이익을 지금까지 투자라는 이름으로 귀속하고 있었던 것인데, 이는 매우 불공정한 행위로 소유자, 정부, 시민 모두를 기만한 것과 다를 바 없다. 개발자들이 정당하게 취할 수 있는 것은 개발 과정에 제공하는 정당한 재화나 용역에 대한 공정가치 그리고 투자금에 관한 기회비용 즉 이자와 수수료로 한정되어야 공정하다 할 수 있다. 따라서 공정한 도시개발은 개발이익 전부가 시민에게 공유되어야 하며 이것이 '토지공정제'이고 토지공정제를 이행하는 방식이 '공익개발방식'이며, 공익개발은 '비영리 도시개발'로 추진되어야 한다.

토지에서 비롯된 불평등은 단순한 경제적 문제가 아니라 사회적 갈등과 정치적 불안정으로 이어진다. 피케티는 역사적으로 토지와 자본의 집중이 사회 혁명이나 갈등의 주요 원인이라고 분석하였다. 한국 사회 역시 부동산 투기가 계층 갈등과 세대 갈등을 심화시키는 주요 요인으로 작용하고 있음을 명심하여야 한다.

4.10. 지속가능한 토지 정의

토지 공정제에 따른 공익개발은 개발이익 전액을 시민과 공유하는 방식이다. 이것은 기존의 민관합동 도시개발방식보다 진보한 것으로 보이지만 그것은 기존의 민관합동 도시개발방식에 대한 실질적 문제들과 오류의 인식 및 변화에 관한 것으로 개발이익이 발생하는 원인에 대한 고찰과 투자

                                              공익개발론

와 개발이익의 귀속에 관한 잘못된 인식과 관행을 수정함으로써 얻는 공정가치의 실현이다. 현재의 민관합동 도시개발방식을 기준으로 문제점들은 열거하기는 어려우나 큰 부분부터 살펴보자면 개발이익의 원천과 귀속에 관한 이론, 민간 투자와 개발이익 배당의 귀속성, 복잡한 민주적 절차와 이로 인한 사회 갈등비용, 투자와 투자에 따른 기회비용의 적정성, 공권력으로 인한 보상의 적절성 등 수없이 많은 문제점들과 그 문제들의 해결 방법을 고민하여야 했다. 예를 들어 투자비에 대한 기회비용의 적정성을 논해 보자. 현재는 투자 비용에 대한 기회비용을 개발이익으로 정의된다. 이는 투자비와 기회비용이 일치한다면 현재의 방식이 유용하다고 볼 수 있지만, 기존의 민관합동 도시개발에서 투자비에 대한 기회비용과 개발이익이 일치한다는 이론은 어디에서도 찾아볼 수 없다. 민·관의 동일한 투자 비용은 특수목적법인의 설립을 위한 출자금뿐이고, 프로젝트 파이낸싱 조달 전까지 소요되는 사업추진비 대부분은 민간 참여자가 부담하는데, 이는 특수목적법인이 금융권으로부터 차입하는 PF 대출금 대비 10% 미만이다. 따라서 특수목적법인은 사업 주체라는 이유로 개발이익 전액을 소유한다는 지배 구조를 취하고 특수목적법인 참여자는 상법상의 주주라는 이유로 개발이익을 지배하고 있다. 따라서 앞서 설명과 같이 민관합동 도시개발사업의 개발이익은 토지의 용도변경(행정력)으로부터 발생하고 있음을 알고 있음에도 특수목적법인 참여자(공공+민간)들은 투자 비용을 기회비용으로 교환하지 아니하고 개발이익으로 교환하는 방식을 취하고 있는 것이다. 모두가 알고 있는 바와 같이 대부분의 민관합동 도시개발 프로젝트에서 투자금은 금융기관의 프로젝트 파이낸싱 대출금이다. 그리고 프로젝트 파이낸싱 대출금 투자는 이자와 수수료 그리고 원금이 특수목적법인 현금흐름에서 우선 상환된다. 이러한 현상을 달리 설명하자면 대출금의 투자가 이루어지고 참여자들이 설립한 특수목적법인이 대출 투자에 대론 의무(이자와 수수료, 원금의 상환)를 모두 이행하였다면 대출 투자에 대한 모든 기회비용은 완성되었다고 보아야 한다. 그럼에도 불구하고 특수목적 법인 참여자(민·관)들은 지분 출자금을 투자 명분으로 삼아 막대한 개발 이익을 참여자들이 분배하는 행위는 공정하지도 못하며 정의롭다고도 할 수도 없는 행위이다. 그들은 이렇게 이야기할 수 있다. "그렇다면 특수목 적법인에 남겨진 개발이익은 누구의 것인가? 특수목적법인이 사업의 주체 이고 개발이익의 주인이다."라는 합리론을 펼칠 수 있다. 하지만 이와 같 은 논리는 신이 인간을 만들었기 때문에 신도들의 모든 재산은 신의 것이 라는 사이비종교의 교리와 다를 바 없다. 따라서 민관합동 도시개발에서 의 개발이익은 법에 의한 강제수용과 행정력에 의한 토지 용도변경이 결 합한 것이 개발이익으로 창출된 것이다. 이를 달리 말하자면 민관합동 도 시개발사업의 개발이익이 특수목적법인 참여자들의 노력으로 창조한 것 이 아니라 우리 사회가 만들었다는 점이 분명하고 명확하다. 사업에 참여 하는 이들은 프로젝트에 제공한 기술이나 노동력, 투자금에 대하여 그에 합당한 재화 또는 용역비, 그리고 이자와 수수료를 청구할 수 있고, 특수목 적법인이 사업에 참여한 그들에게 합당한 비용들을 지급함으로써 과정상 의 모든 공정성은 완성된다.

　정부 또는 정부 출자기관 그리고 민관합동 도시개발사업의 민간 참여 자들은 프로젝트 파이낸싱 대출 외에 사업 추진을 위한 특수목적법인 출 자금 투자와 필요에 따라서 사업 초기 투자금이 필요할 수 있고, 당사자들

　　　　　　　　　　　　　　　　　　　　　　　　　공익개발론

은 사업 추진을 위하여 특수목적법인 참여 민간 주주 또는 금융기관으로
부터 본 PF대출 이전에 일시적으로 조달하는 단기 차입금 성격의 브리지
론[bridge loan] 등을 조달할 수 있는데, 이와 같은 차입은 앞에서 설명한
금융기관의 프로젝트 파이낸싱 대출과 같은 이치의 기회비용을 지급함으
로써 완성될 것이다. 따라서 참여자 모두의 투자금은 금융적 기회비용 방
식으로 지급함이 공정성을 유지할 수 있는 것이며, 추가적인 사항에 대하
여서는 인센티브 옵션의 지급조건 보완으로 충분하다. 그러나 현재의 정
부 또는 정부의 출자기관 및 민간 참여자들은 이와 같은 방법을 사용하지
아니하고, 낮은 기회비용 대신 많은 개발이익을 주인 없는 돈으로 간주하
고, 자신들의 기득권을 활용하여 개발이익을 사유화함으로써 대장동과 같
은 사회문제들이 발생하는 것이다. 예를 들자면 1조 원 이상이 투입되는
도시개발사업에 민·관이 공동으로 설립하는 특수목적법인은 대부분 자
본금 50억 원의 프로젝트 파이낸싱 금융투자 회사(PFV, Project Financing
Vehicle)이다. 이를 정리해 보면, 자본금 50억 원의 특수목적법인 자본금
을 1조 원의 총사업비에 대입하면 0.5%에 해당하며, 필요비용에 비하여
극히 미미하다는 사실을 알 수 있다. 그럼에도 불구하고 현재까지 이러한
미미한 특수목적법인 자본금을 기준으로 개발이익 전액을 공유하는 방식
이 활용되고 있는 것이다. 따라서 이러한 기존의 방식이 매우 불공정하고
불합리한 방식이라는 것을 당사자들은 물론 정부도 알고 있지만 그것에
대하여 개선하려는 노력이나 의지를 확인할 수 없었다. 어쩌면 그러한 생
각조차 없었는지도 모른다. 이러한 상황은 그러한 프로젝트에서 누구의
투자든지 또 그에 관한 기회비용들이 어떻게 지급되었는지를 구분하지 아
니하고, 단지 투자에는 이익이 동반한다는 논리가 압도적이기 때문에 현

재의 사업방식들이 지속된다고 생각된다. 어쩌면 20여 년 동안 민관합동 도시개발사업을 추진해 본 필자의 경험에서도 초창기에는 성남시 대장지구와 같은 대박을 꿈꾸며 도시개발사업을 배웠다. 하지만 세월이 지나면서 현재의 개발 방식에서 많은 문제가 목격되고, 개발이익 발생 원리와 개발이익이 누구에게 귀속되어야 공정한 것인지? 개발 과정에서의 이권 다툼, 주민들과의 갈등, 그리고 갈등으로 인한 손실 비용 등과 같은 사회문제가 모두 개발이익 쟁탈임을 고민하게 되었다. 이러한 문제로부터 합리적인 방식으로 도시의 지속 가능성을 높이기 위한 방식은 공익 개발뿐이다.

공익개발의 출발은 민관합동 도시개발사업에 참여하는 민간 참여자들의 공정한 기회비용 검증에서 시작되어야 한다. 개발이익 전액을 공익화하는 공익개발은 참여하는 민간기업에 어떠한 불이익이 주어져서는 아니 된다. 그것은 공익을 위해 참여한 민간기업의 정당한 이익을 제도나 정부의 권력에 의한 폭력 또는 강탈과 다름이 없기 때문이다. 또한 민간 참여자도 자신이 선택에 따라 컨소시엄 구성원으로서 역할과 주어진 업무들 즉, 특수목적법인으로부터 계약한 용역이나 재화 업무를 충실하게 이행할 의무와 수행에 따른 정당한 대가 등이 확정적으로 확보할 수 있는 기능들이 반드시 필요하다. 그리고 이러한 용역의 수행과 대가는 개발이익보다 우선함으로써 외부 경영환경의 급격한 변화가 있는 경우를 제외하고 그들의 용역이나 재화에 따른 현금흐름은 안정적으로 확보될 수 있을 것으로 보며, 업무에 대한 공정한 대가가 확보되어 있다면 민간이 공익개발에 참여하지 않을 이유가 없다.

공익개발론

민관합동 도시개발 사업은 프로젝트 파이낸싱 대출로 대부분의 사업비를 충당한다. 하지만 사업에 필요한 모든 자금을 프로젝트 파이낸싱 대출로 사업을 추진할 수는 없다. 모든 비용을 프로젝트 파이낸싱 대출로 충당하고자 하는 것은 사업 참여회사나 정부의 투자 없이, 모든 사업비를 대출금만으로 사업을 추진하겠다는 것인데, 이는 결과적으로 사업에 관한 모든 위험을 금융기관에 전가하는 상황이므로 금융기관은 이와 같은 대출은 취급할 수 없을 것이다. 따라서 사업 초기의 추진비용은 금융기관을 제외한 민간사업 참여자들이 구조적으로 부담할 수밖에 없고, 특수목적법인의 출자금을 포함한 사업 초기 비용들은 민간사업 참여자들이 특수목적법인에 단기 대여하는 방식으로 대부분의 사업 초기자금을 조달될 것이다. 이러한 기존의 초기 투자금에 대하여 정부나 민간 참여자들은 향후 막대한 개발이익이 있음을 전제로 그에 관한 기회비용을 무시하나 지급을 유보하는 경우가 다반사였다. 그리고 초기 투자비 지급 유보 기간은 대출금의 상환이 완료(금융기관 입장에서 대출 원금의 상환 전에 민간 참여자의 초기 투자비가 우선하여 지급될 경우, 대출금 상환의 위험을 증가하는 현상 때문) 된 이후 변제가 가능하기 때문에 이러한 사업 초기 투자는 높은 기회비용이 발생할 수밖에 없는 조건이 형성된다. 그러나 초기 비용은 규모 적인 측면에 있어서 전체 조달 사업비 대비 비율이 매우 낮으므로 높은 기회비용을 지급하더라도 개발이익에 미치는 영향은 미미하다. 형식적이지만 사업 추진 방법에 있어서 민관합동 도시개발사업의 초기 비용은 신용 있는 실사용자 우선 모집으로 충분히 확보할 수 있다. 그들이 개발 후 확보하고자 하는 토지의 우선 매입 권리를 보증하는 증거금과 초기 투자로 교환(상계)한다면 시민에게 환원될 개발이익의 손실 없이 사업 추진도 가능할 수 있을 것이다. 이러한 방법으로 공익개발은 개발이익 전액을 시민에게 환원한다.

토지 정의의 지속 가능성은 단순히 불로소득을 제거하는 데 있지 않다. 중요한 것은 기여소득을 보호하고 기생소득을 억제하는 것, 그리고 개발이익을 공환소득으로 환원하는 것이다. 토지는 한정된 자원이므로 정의로운 관리 없이는 사회적 갈등을 심화시킬 수밖에 없다. 따라서 토지 정의는 경제·사회·윤리적 차원의 통합적 관점에서 재구성되어야 한다.

4.11. 공익사업에서의 권리와 의무

과거 대한민국의 군사정부 시절에는 정부 정책에 따라 법률로 정한 공정한 보상 없이 동양의 왕정국가 또는 유럽 중세 시대에서나 볼 수 있는 몰수에 가까운 제한을 가한 사실이 있다. 이와 같은 국가 행정으로 토지소유자들은 정부의 강압과 강요에 의한 토지수용 정책으로 정당한 보상을 받지 못해 재산상의 피해를 많이 본 경험 또한 있다. 따라서 이러한 군부에 의한 국가 행정으로 공익사업이 시민들에게 매우 부정적인 선입견과 피해의식을 주는 동기를 제공한 것도 사실이다. 당시 한국 정부는 민간 자본이 부족한 상태에서 정부 또한 충분하지 못한 세수와 재원으로 인하여 외국으로부터의 차관이나 지원으로 경제 발전을 위한 사회 인프라 시설을 구축하던 시절이었다. 이와 같은 일들은 매우 힘들고 어려웠을 것이다. 같은 이유 때문에라도 당시 사유재산에 대한 충분한 보상은 더욱 어려웠을 것으로 보인다. 어쩌면 이러한 시대적 상황에서 사회 인프라 등의 공익사업에 협조한 시민들의 희생이 한강의 기적과 같은 국가 발전을 이루었다는 점을 감안할 때, 현재의 우리는 당시 재산상의 피해자인 토지 수용자들에게 감사하는 마음을 가져야 할 것이다. 이와 반대로 사회자본이 늘어나면서 한국에서도 님비현상(NIMBY: Not In My Back Yard)은 폭발적으로 증가한다. 님비현상은 지역사회 내에서 공공시설 설치와 같은 개발 사업의 필요성은 인정하면서도 자기 지역에 들어오는 것만을 반대하는 집단이기주의적 현상이다. 이는 도시 계획, 환경정책, 사회복지시설 등 다양한 분양에서 심각한 갈등과 사회적 비효율을 초래하고 있다. 님비현상은 사회적 갈등을 유발하고, 공공정책이 지연되며, 도시 발전의 불균형 또한 심화시킨다. 그리고 이러한 님비현상은 정부 정책의 일관성을 왜곡하거나 지연시켜 지역 간 차별적 대응을 발생시키므로 정부 정책의 신뢰도를 저하하게 만드는 주된 요소로 작용하고 있다. 더구나 노숙인 시설, 장애인 복지시설 등 사회적 소수자 복지시설에 대한 확충에는 더욱이 부정적이다. 그들은 우리 사회에서 인격과 공동생존 등의 구호를 외치면서 자신의 주거지 주변에 사회적 약자를 보호하는 시설 건립은 결사적으로 반대한다. 우리 사회는 사회적 약자들과의 동행을 외치며 현실에서는 그들에 대한 낙인과 편견 그리고 비인간적 행동 즉, "정직한 야만적 행동"을 주저하지 않는다.

님비현상보다도 심각한 사회 현상은 선의의 탈(善意의 假裝)을 쓴 공익 반대운동 즉, "위장된 공익 반대(Disguised Public Opposition)" 행동이다. 이들은 표면적으로는 환경보호, 생업 보장, 주거권 등을 이유로 반대하지만 실제로 그들의 목적은 금전적 보상 확대나 사적이익의 극대화를 목적으로 집회나 반대운동을 전개하고 있기 때문이다. 즉, 그들은 공익적 개발을 볼모로 개인의 사익만을 쟁취하고자 하는 행위로 그들은 선의의 가면을 쓰고, 공공의 이익을 갈취한다. 공정하지도 않으며 정의롭지도 못한 행위임을 잘 알고 있지만 과거 근대화 또는 군사정부 시절의 강압적인 몰수방식의 토지 보상이 있었다는 사실을 기회로 상대적 약자임을 표방하고 있다. 현재의 그들은 사회적 약자 행세를 하는 수억에서 수십억, 수백억 원의 자산가들이 어찌 사회적 약자란 말인가? 그들은 추가적인 혜택을 누리기 위하여 공공의 이익을 편취하는 이기주의 집단으로 그들의 행동들은 그린메일(Greenmail)에 가깝다. 그린메일은 기업 인수합병(M&A)에서 지분을 인수하고 되파는 대가로 금전적 이득만을 추구하는 행위를 의미하는 단어로써 도시개발과 같은 공익사업에서는 유리한 보상 위치를 확보하거나 개발을 지연시키는 방법으로 사적인 대가를 얻기 위해 전략적으로 반대하는 행위를 한다. 그들은 집단적 이기주의를 기반으로 공익 개발을 비윤리적인 방법으로 지연시켜 사익을 증대시키는 경험을 바탕으로 공익개발 반대운동을 전개한다. 더 나아가 이러한 반대운동을 지원하는 전문 컨설팅업 및 법률사무소까지 등장했다. 이들의 비윤리적 사업모델이 성공할 수 있는 이유는 공익사업 구역 내 토지 소유자들에게 금전적 피해가 거의 없는 보상금액이 법률과 제도로 확보되어 있기 때문에 가능하다. 따라서 시위나 집회를 통하여 추가적인 사적이익을 극대화할 수 있으며, 반대로 이와 같은 행위에 대하여 그들에게는 어떠한 손실이나 손해가 발생하지 않으므로 그들은 어떠한 반대 행동도 가능하게 하고, 집단화할수록 사적이익 효과는 높아진다. 하지만 결론적으로 그들이 요구하는 특별하거나

   공익개발론

추가적인 보상은 타인이 납부한 세금이다. 따라서 이러한 그들의 행동은 기회주의적 반대 행동(Opportunistic Anti-Development)이라 정의할 수밖에 없다. 그들은 공익사업을 의도적으로 지연시키고 그 과정에서 협상력을 높여 사익을 극대화하는 지연의 전략과 개발 갈등의 전술로 세금을 사적으로 편취하고 있는 것임에도 불구하고 사회는 그들의 주장에 대하여 효과적으로 대응하지 못하고 있다. 이처럼 그들의 특별한 보상 요구가 어떠한 형태로든 수용되고 나면, 이후의 공익사업에서는 이전의 사적 편취보다 더 많은 특별 보상이 협상테이블에 오르게 된다. 이러한 반대 행동들은 반복 확대되는 구조적 특성상 미래의 공익사업은 그들의 사익 창출을 위한 기회와 도구가 될 것이다. 더구나 이러한 사회갈등 비용은 단순한 경제적 발전 지연이 아닌 구조적 효율성과 사회 신뢰 문제로 확대되어 정책 효율 저하, 정부 신뢰 손실, 사회통합을 저해하는 주요 원인이 될 것이다. 주요한 님비현상과 위장된 공익 반대 행동 사례로는 다음과 같다.

(1) 공공 안전시설(소방서, 파출소 등) 사례

① 서울 금천구의 소방서 건립

금천구는 구로구에서 1995년 분리된 뒤 소방서가 신설되지 않아 금천구에서 화재가 발생하면 구로소방서에서 화재를 진압해왔다. 금천구도 대형 상가와 공장 등이 많이 밀집되어 있어 화재에 취약한 지역으로 2008년부터 구민 대부분이 소방서의 설치를 원했다. 금천구에서 화재가 발생할 경우, 구로소방서에서 출발하면 화재 골든타임 5~10분을 훌쩍 넘어 15~20분 내의의 시간이 걸린다. 그럼에도 소방서가 신설되지 못한 까닭은 우리에게 친숙한 님비현상 때문이다. 2016년 금천소방서 신설계획이 수립되었지만, 신축 예정지 인근 주민들은 설치 반대 현수막과 소방서 건립 반대 서명운동까지 벌리며 집단 항의하는 사태가 발생하였다. 주민들이 반대하는 이유는 사이렌 소음 등으로 인한 집값 하락이다. 서울시와 소방 당국은 갈등조정위원회를 통해 주민들과 수 차례 만나 불만을 수렴하고 보상책을 마련해 겨우 합의점에 도달했고, 소방서 건립계획 수립 후 6년이 지난 2022년에 소방서를 운영할 수 있었다.

② 수원시 영통구 이의 119안전센터 건립

수원소방서에 따르면 2012년 도청사의 환승주차장 및 녹지 조성 공간에 임시 가설 건물로 운영 중이던 이의 119안전센터에 대하여 2018년 12월 광교 2동 행정복지센터에서 화재 골든타임(화재 발생 후 5분 이내)에 적합한 부지를 검토하여 선정하고 '안전센터 이전 건립 설명회'를 개최하였지만, 일부 지역 주민의 이전 반대 의견에 부딪혔다. 주민들은 119안전센터 설립 시 안전사고가 우려되고, 소방 및 긴급구조 차량 출동 시 발생하는 소음으로 생활 피해가 우려된다는 이유였다. 당시 1월부터 11월 말까지 이의119안전센터의 광교 신도시 내 출동 건수는 4천 403건으로 화재 234건, 구조 544건에 달하는 수준에 달하고 있었다. 소방 당국이 영통구 이전 부지 인근에 위치한 주민(아파트 1,702세대, 오피스텔 196세대) 등에 의견을 청취한 결과 369명이 참여하여 118명의 찬성과 3.8%인 65명이 반대하였다. 나머지 주민은 조사에는 참여하였지만 찬·반 의견을 내지 않았거나 일부 다른 사안에 대한 의견으로 제외하였다. 결과적으로 96.2%의 찬성보다 3.8%의 반대 목소리가 더 높게 효과적으로 퍼진 결과이다.

　　　　　　　　　　　　　　　　　　　　공익개발론

③ 강남구 대치지구대 신설

"강남구 대치 1, 2, 4동 주민들의 치안과 안전을 책임지는 대치지구대는 45년 전 영동 아파트지구 개발로 아파트와 동시에 들어선 대치지구대는 시설의 노후화된 지구대를 2007년 리모델링을 추진하지만, 토지주인 아파트 주민들의 반대로 중단되어 현재의 위치에서 670미터의 직선거리로 이전을 추진한다. 그러나 이전 후보지 주민들은 이전 후보지가 부적합하다고 주장하며 반대한다. 이전 후보지 주민은 "대치지구대가 우리 동네로 이전할 경우, 사람들이 사는 주거에 미치는 영향력이 너무도 크기 때문에 그것에 다 해서 지적한 것이고, 그것을 굳이 님비(현상) 이라든지 지역이기주의라고 한다면 말 그대로 아무 말도 못 하는 거죠. 입 다물고 살아야 하는 거죠."라고 주장한다. 다른 주민은 "취객하고 많이 왔다 갔다 하면 취객하고 경찰하고 마찰이 있을 것이고 주거지와 너무 가까워 피해가 발생할 수 있다."라고 주장하며 반대하여 결국 이전이 무산되었다. 이에 대하여 김영식 서원대 경찰행정학과 교수는 "주민들이 경제 관점으로만 볼 게 아니라 공익적 관점에서 지구대 등을 수용할 의무가 있다."라며 "경찰관서가 외곽에 있으면 신속한 출동에 지장을 초래하기 때문에 불편함을 이유로 치안 조직의 운영이나 국민 안전을 위한 경찰 활동에 변화를 줘선 안 된다."라고 지적했다.

(2) 공공임대주택, 청년주택, 기숙사, 등 주거 공공시설 사례

역세권 청년·행복주택 반대, 서울주택도시공사의 임대용 주택매입 사업에 반대하는 구가 전체 25개 구 중 6~7개에 달하고 있다. 서울 집값이 들

썩이는 것과 비례해 저소득층을 위한 임대주택이 들어서는 것에 반대한 주민들의 민원도 증가 추세이다. 2018년 정부의 9·21 주택 공급 정책에 옛 성동 구치소 부지가 포함되자 송파구 주민들이 거세게 반발했다. 이 자리에 복합 문화시설이 들어서는 줄 알았던 주민들은 '구청장 소환'까지 거론하며 강력히 반발했는데, 무엇보다 공공임대주택이 들어설 것이라는 일부 보도가 성난 민심에 기름을 들이부었다. 이에 구청장은 "실질적 이해관계자인 송파구청과 지역 주민들의 입장은 고려하지 않은 채 일방적으로 정책을 발표한 점은 분명 잘못되었다."라고 지적했다. 신혼부부의 주거 안정을 위한 신혼희망타운 역시 같은 이유로 환영받지 못한다. 강동구도 정부의 9·21 주택공급 정책에 고덕강일지구 신혼희망타운 공급 계획이 들어가자 즉각 반대 성명을 발표했다. 강동구청장은 입장문에서 "신혼부부의 주거 안정을 위한 신혼희망타운 조성에는 원칙적으로 찬성한다."라고 하면서도 "그러나 고덕·강일동 일대에는 이미 청년과 신혼부부, 사회적 약자를 위한 주택이 이미 1만 세대 넘게 충분히 공급되어 있다. 공공주택이 특정 지역에 밀집되는 것 역시 지역 균형발전을 위해 바람직하지 않다."라고 지적했다. 2013년에는 목동 행복주택 계획이 발표되자 시민들은 반대 대책위를 조직하여 주변 민간개발에는 침묵하면서도 교통난과 교육 과밀화를 이유로 서민을 위한 행복주택 계획에는 적극적으로 반대하여 사업을 백지화하고 민간 주택 재개발로 추진하였다. 그 외 2014년 구의동 기숙사 백지화, 고려대 기숙사 백지화, 영등포구 역세권 청년주택, 연희동 사회주택, 성남시 행복주택, 한양대 기숙사 등의 사회약자나 공익시설들이 님비현상으로 백지화하거나 취소됐다.

　　　　　　　　　　　　　　　　　　　　　　공익개발론

(3) 특수학교, 사회복지시설 등 사회적 약자 대상 시설 사례

2018년 사회적 약자인 장애 학생을 위한 특수학교의 설치가 필요하다는 사회적 공감대에 따라 강서구에 장애인 특수학교인 서진학교 설립 설명회를 추진한다. 그러나 설명회는 고함과 욕설로 얼룩지며 파행되었다. 교육감은 "장애학생과 비장애 학생이 더불어 살아가는 대한민국을 만드는 길이 험난해 마음이 무겁다."라면서 "작년 9월 장애 학생 부모가 무릎을 꿇고 호소하는 사태까지 낳은 상황에서 사회가 변했다고 생각했는데, 몇몇 주민분이 아직도 반대하시는 줄은 몰랐다."라고 토로했다. 현재 우리 사회는 장애인과 같은 사회적 약자 보호를 외치며 정의로운 척하지만 정작 내 집 주변에 들어서는 문제는 전혀 다르게 접근하는 위선을 보인다. 2019년 은평구 여명학교 계획 또한 이와 같다.

그 외 국립중앙의료원 감염병 전문병원, 남양주 정신건강·중독 치료시설, 광역화장장 프로젝트 등 1988년 이후 폐기물 처리시설에 대한 103건 중 약 30%가 님비현상으로 여전히 해결되지 못하고 있다.

공익을 위한 국민의 희생은 세금과 토지수용이며, 그중 최대 공익은 소득에서의 누진세 적용일 것이다. 국민소득에 누진세가 적용되는 이유는 단순히 "부자에게 더 걷자"는 차원을 넘어서 사회 전체의 정의, 안정, 효율을 지키기 위한 제도적 장치이기 때문이다. 즉, 누진세는 능력에 따른 공적 책임 또한 분담하자는 의미일 것이고, 시장에서 발생한 불평등을 정부가 조정하는 장치이다. 또한 시장 실패(Market failure)를 제도적(무상교

육, 공공의료, 복지제도 등)으로 보정하는 기능을 수행함으로써 지속 가능
성을 제고하는 사회적 합의이다. 토지는 한정된 제원으로서 공익을 위하
여 사유재산을 법률로 제한하고 있다. 공익사업에 대한 개인적 보상은 사
회적 합의를 통하여 법률에 따라 이루어지고 있지만 개인들은 집단을 이
루어 더 많은 보상을 요구하고 있고, 타 공익사업과 비교하여 추가적인 보
상이나 인센티브를 얻지 못하면 바보 취급을 받는 사회 풍토가 만연하다.
이는 과거 가난한 국가 시기의 경제 발전 과정에서의 강제수용으로 정당
한 보상을 받지 못한 개인적 피해 영향도 있겠지만, 현재는 님비현상과 기
회주의적 반대 행동으로 공익보다 개인적 이기주의에 의한 '떼법 불패'만
이 남아 있기 때문이다. 과거 필자가 공익사업을 시행하기 위하여 주민대
표(보상 대책 협의회)와 첫 공익사업 보상 협의에 참여하였을 때의 일이
다. 당시 주민대표는 시 공무원과 사업 주체 대표자인 필자에게 "대한민국
최고 법률을 아느냐?"라고 물었고, 필자는 "헌법이라 생각한다."라고 답하
였다. 필자의 대답에 그들은 이렇게 화답했다. "헌법 위에 떼법이 있음을
확실하게 보게 될 것."이라는 말과 "떼법 선언"으로 공익 보상 협의는 파행
되었다. 이러한 현실에서 사회갈등 전문가와 표를 의식하는 정치권은 도
덕적 해법만을 제시하고 있다. 이는 그들이 사익을 추구함을 알고 있음에
도 정치적 인기와 책임회피에 연연하고 있기 때문이다. 그들은 도덕적 해
법으로 공익성, 공론화 숙의 과정 강화, 정보제공과 우려 해소, 사업 설명.
갈등 조정 기구 설치 및 운영, 혐오 차별 방지 교육 등을 해법으로 제시하
고 있다. 이는 집단 이기주의에 관한 본질적인 문제를 외면하고 있는 것이
다. 님비현상이나 공익사업에 대한 이기적 행동주의의 본질적 구조는 "집
단 이기주의 기반의 경제적 판단"이다. 이러한 판단은 공익시설의 필요성

은 일정하면서도, 내 지역에 들어오는 것은 반대하며, 자기 부동산 가치 하락, 생활 불편, 위험 부담, 개발이익으로부터의 소외 등의 현실적 손해를 우려한 합리적 경제 선택의 결과이며, 이때 주민들이 드는 명분(환경, 생존권, 아이들, 건강 등)은 정서적 장벽이자 협상 프레임이다. 사회갈등에 관한 현재의 도덕적 해법은 다음과 같은 한계에 직면한다. 공익성에 대한 이해 확대를 위한 숙의민주주의는 경제적 기대를 해소하지 못하며, 소음, 진동, 환경 등의 기술정보를 제공하여도 그들의 자산가치 하락 우려는 여전하고, 낙인, 혐오 해소 등의 인식 개선 교육을 수행하여도 "좋은 건 알겠지만 우리 동네는 싫다."와 같은 입장은 유지된다는 한계가 명확하다. 즉, 주민들 입장에서는,

"'명분'은 흔들릴 수 있어도 '계산'은 흔들리지 않는다."

결론하자면 도덕적 해법이 아닌 "합리적 이기주의"를 정면으로 설계에 반영하여야 한다. 숙의와 정보제공은 '필요조건'이고, 충분조건은 '인센티브' 설계로서 개인의 이익과 공익이 충돌하지 않게 설계하는 것만이 진정한 해법이 될 것이다. 단순히 "감내에 대한 보상"이 아니라 "시설을 유치했기 때문에 오히려 유리하다."라는 구조 즉, '피해보상'이 아니라 '이익공유'로의 전환이 필요한 것이다. 이러한 이익공유형에는 반드시 두 가지 절차가 필요하다. 첫째 공공성 결정은 반드시 숙의 과정을 조건으로 추진되어야 하며, 공공사업은 특정 집단의 희생을 동반할 수 있으므로, 피해 당사자와 시민이 참여하는 공정한 절차를 통해 공익성을 검증하여 사회적 신뢰와 정치적 정당성을 확보해야 한다. 그리고 시민 참여에 관한 중요한 부분

은 숙의의 중요성이 민주적 정당성을 확보하는 과정에 한정되며, 숙의가 무조건적 전원 합의가 성립할 때까지 기다리는 과정이 아니라는 점을 명심하여야 한다. 두 번째 결정 이후에는 단호한 추진력이 필요하다. 공익적 의사결정이 정당한 과정을 거쳐 내려졌다면 그 이후는 더 이상 협상의 대상이 아니라 집행의 영역임을 국민적으로 인식되어야 한다. 결정 후 타협 없는 추진이 필요한 이유는 지속적 반대가 정당한 절차를 무력화시킬 수 있으며, 정책의 기회비용이 증대되고, 장기적 지체로 공익이 침해될 것이기 때문이다. 앞서 설명한 서울 강서구 특수학교(서진학교)는 6년간 숙의하면서 장애인 학부모가 반대하는 시민들에게 무릎을 끓고 특수학교 설립을 애원하는 사태까지 발생하였고, 정책 결정 이후에도 정부가 확실히 밀고 나가지 못해 공공성 훼손은 물론 최소한의 기본권인 인권까지 훼손된 매우 가슴 아픈 대표적인 사례이다. 장애인은 그들이 원한 것도 아니며, 그들의 잘못으로 장애를 입은 것도 아니다. 그들은 우리와 같이 살아가는 이웃이며, 나와 내 가족 누구에게도 장애는 찾아올 수 있다. 시간이 흐르면 우리 모두 삶의 끝에서 거동조차 어려운 장애인이 될 것이다. 서진학교 설립 무산은 100년 전에나 있을 인종차별을 서울 중심가 한복판에서 보여준 비참한 21세기 인격 살인 사건이다. 과거 흑인 인권 차별과 별반 다를 바 없는 일임에도 공권력은 무기력했으며, 시민들은 입 다물고 애써 외면한 참혹한 광경이었다. 국민은 "공익의 수혜자"이자 동시에 "공익의 부담자"여야 하는데, 현재는 소비자 의식만 있고 책임이 없는 구조이기 때문에 님비현상이 만연하게 확대되고 있다.

"공공성은 토론으로 확정하고, 공익은 실력으로 실현해야 한다. 공공 인프라는 누군가의 희생으로 유지되는 것이 아니라, 헌법적인 시민 의무로서 분담되어야 한다. 이를 위해선 단순 설득이 아닌, 법률과 제도로 합리적 보상과 분명한 강제와 확실한 책임을 요구하는 구조가 되어야 한다. 즉, 인식의 변화와 제도의 추진력 없이는 공익은 실현되지 않는다." 궁극적으로 공공성은 숙의 과정에서 확정되어야 하지만, 일단 정당한 절차를 거친 공익사업은 타협 없는 집행이 보장되어야 한다. 공익은 단순한 '희생 강요'가 아니라, 시민 모두가 수혜자이자 부담자로서 책임을 분담해야 하는 헌법적 의무라는 점이 분명히 인식되어야 한다.

4.12. 민관합동 도시개발에서의 공익개발 필요성

민관합동 도시개발은 민간과 공공이 협력하여 도시를 개발하는 개념이다. 이는 도시개발 및 재개발 프로젝트에서 민간의 자원과 노하우를 적극적으로 활용하고, 동시에 공공의 지원과 관리로 효율적이고 지속 가능한 도시 환경을 조성하기 위한 전략이다. 이와 같은 민관합동 도시개발은 여러 가지 이점이 있다. 첫 번째는 자원의 효율성이다. 민관합동 도시개발은 민간 부문의 자원과 노하우를 활용함으로써, 공공부문의 예산을 효율적으로 활용하거나 절감할 수 있다. 또한 민간의 창의적인 아이디어와 기술력을 활용하여 경쟁력 있는 도시 발전을 가속할 수 있기 때문이다. 두 번째는 참여와 협력이다. 민관합동 도시개발은 지역사회의 다양한 이해관계자들을 참여시켜 도시개발에 대한 공감대를 형성하고, 협력을 촉진한다. 이와 같은 시민 참여는 지속 가능한 발전을 위한 필수적 요소이다. 세 번째는 지속 가능성이다. 민관합동 도시개발은 지속 가능한 도시 환경을 조성하는 데에 중점을 두고 있다. 이는 환경보호, 친환경 교통 시스템, 공원과 녹지공간의 확보 등을 통해 도시의 생활 품질을 향상 시키는 것을 목표로 한다. 네 번째는 신속한 결정 및 실행력이다. 민관합동 도시개발은 민간 부문의 유연성과 공공부문의 책임감을 결합하여 결정과 실행이 신속하게 이루어질 수 있다. 신속한 결정과 실행력은 프로젝트의 성공적인 완수를 돕거나 나아가 필수적 요소로 작용하기 때문이다. 그리고 다섯 번째는 경제적 효과이다. 민관합동 도시개발은 지역 경제에 긍정적인 영향을 미친다. 이는 일자리 창출, 경제 활성화, 부동산 가치상승 등을 통해 지역사회의 발전에 기여할 수 있기 때문이다. 따라서 민관합동 도시개발은 도시의 지속 가능한 발전을 위해 중요한 전략으로 간주 된다.

이러한 최고의 장점에도 불구하고 최근 민관합동 도시개발사업에서도 많은 사회문제를 야기하고 있다. 횡령 및 배임과 같은 개인의 불법적 일탈 행위를 제외하더라도 민관합동 도시개발에서 제도적 미비로 인한 특정 민간 참여자의 과도한 개발이익 배당이 주요한 사회문제로 떠올랐다. 정부는 민간의 과도한 개발이익 배당을 예방하고자 많은 정책과 법률을 제정하였는데, 계정 된 도시개발법에서는 민간 참여자의 개발이익 상한선을 총사업비 10% 이내로 제한하고, 민간 참여자가 직접 사용하는 토지에 대하여 특수목적법인 지분율과 연동하는 규정을 제정하였다. 필자는 이러한 애매모호한 규제보다 좀 더 효율적이고 확실한 방안이 필요하다고 생각한다. 대부분의 국민은 도시개발사업에서 투자와 리스크에 대한 이해도가 낮다. 따라서 총사업비의 10%가 민간 참여자의 적정이익 인지에 대한 판

  공익개발론

단 또한 어렵다. 이해도가 낮은 시민들 입장에서는 민간사업자가 정량적
으로 얼마의 개발이익을 취하였는가가 더 중요할 수도 있다. 하지만 같은
금액의 정량적 개발이익에도 개인의 성향, 소득 수준, 성별, 연령에 따라
사업에 대한 이해도가 다름으로 개발이익의 귀속에 관한 적정성은 매우
다양하게 분포할 것이다. 따라서 현재의 개발이익 귀속의 기준은 국민적
공감대를 갖추었다고 볼 수 없다. 더구나 개발이익에 대한 적정성 공감을
일치할 수 없는 이유 중 중요한 원인 하나는 우리 사회는 아직 부동산 투기
와 투자에 대한 객관적 기준을 마련하고 있지 못함에서 기인한다고 생각
한다. 그리고 경제 발전과 더불어 많은 부동산 투기 사건이 지속적으로 발
생한 결과로 사회적 불신이 만연해 있음도 많은 부분을 차지하고 있으며,
부의 불균형으로 인한 사회적 양극화 또한 많은 인식의 차이를 가져온다.

따라서 어디까지가 투자이고 어디까지가 투기인지? 내가 하면 투자이
고, 남이 하면 투기로 보는 편향된 사회적 시선이 우리 사회에 만연하다.
투기와 투자에 대한 다양한 시선을 획일적인 기준으로 통합한 대안이 '공
익개발'이다. '공익개발방식'은 투기에 대한 서로 다른 기준을 충족시키기
위하여 개발이익의 사유화를 전면적으로 제한한다. 따라서 개발이익의 사
유화가 없는 공익개발방식에는 개발이익의 적정성을 논할 이유도 없으며,
투기에 대한 어떠한 의혹도 존재할 수 없다. 그리고 모든 개발이익은 주민
을 위한 공익적 재원으로 귀속되어 지속 가능한 도시의 발전을 도모하는
한편 시민의 거주환경 개선 및 향상으로 시민 행복 증진에 기여할 것이다.

민관합동 도시개발사업에서 중요한 부분을 요약하자면 다음의 몇 가지

를 들 수 있다. 첫째는 토지의 확보이며, 둘째는 개발인·허가이고, 셋째는 개발 자금의 조달이다. 정부가 민관합동 토지개발 사업을 추진하는 주된 이유 중 하나는 정부의 재정 투입 없이 민간 제원을 활용하여 토지를 개발하고 개발로 인한 지역경제 활성화를 들 수 있다. 선진국 대열에 합류한 우리 사회는 민관합동 도시개발사업에서의 민간 투자 재원을 재해석할 필요가 있다. 지금까지 민관합동 도시개발사업은 민간 참여자의 신용을 담보로 금융권으로부터 조달하는 PF대출 제원을 민간 투자로 해석하였다. 금융기술이 발전하기 전 대부분의 투자 또는 PF대출은 민간의 직접적 투자 또는 연대보증을 통하여 PF대출이 이루어졌으나, 현재의 보증은 역할의 한계, 즉, '책임 준공'과 같은 좁은 의미의 보증이 주류를 이룬다. 과거 채무자와 연대한 대출에서는 특수목적법인의 채무는 곧 민간 참여사(주로 건설사인)의 채무이므로 사업 결과에 따라 큰 손실이 직접적이고 즉각적으로 적용되는 금융 구조였으나, 현재의 '책임 준공보증'은 대출 기한 내에 공사 준공을 완료하면 PF대출에 대한 상환의무에서 벗어날 수 있는 구조이다. 신용과 기술력을 갖춘 건설회사가 천재지변과 같은 특수한 상황을 제외한 일반적 공사 일정을 준수하지 못한다는 것은 예상할 수 없다. 단지 건설회사 입장에서 제일 중요한 점은 공사 일정에 따라 공사 기성금의 지급 문제가 제일 큰 이슈이며, 분양 결과에 따른 연동성은 기성금 지급에서 배제되어야 하고, 이 과정에서 PF대출의 상환을 위한 실수요자의 사전확보가 제일 중요하게 대두된다. 하지만 건설회사는 공사를 수주하고자 할 뿐이지 사업의 추진을 위한 실수요자 사전 모집은 시공사 입장에서 별개의 문제로 인식될 수밖에 없다. 설사 건설회사가 실수요자를 사전 모집하였다고 하더라도 이러한 사전 모집 행위에 필요한 비용 지출을 공공 참여자 입장에서 향후 공사 원가나 기타 분양 대행 용역 계약 등이 사업비용에 반영되는 것에 동의하기에도 입장이 모호하다. 이러한 실수요자 사전 모집 행위는 분양 행위의 일환으로 시행사 업무에 속한다. 공익개발의 시행사는 사업의 안정성을 위하여 실수요자를 사전 모집하여야 하며, 모집된 실수요자의 신용 등에 문제가 발생할 경우, 대체 모집도 수행하여야 할 것이다. 그리고 이러한 사전 모집 행위 또한 분양 활동의 일환이므로 시장에서 형성된 통념상의 대가를 지급함이 타당하다. 즉, 공익개발은 실수요자 개발 방식 아래 단지가 조성되고, 개발된 토지를 실수요자에게 공급하되, 실수요자는 도시 계획에 부합하는 건축물로 토지를 직접 사용하도록 하여야 한다. 그리고 도시개발 이익은 시민에게 귀속되는 구조이다. 따라서 토지의 개발이익은 공익의 영역이며, 개발된 토지를 법률에 따라 취득하여 개발하는 건축행위는 민간 참여자의 영역으로 "공익개발"은 민·관이 공동으로 추진하는 최적의 도시개발 이익 배분 방식이다.

결론적으로, 민관합동 도시개발의 필요성은 단순한 자본 조달의 문제가 아니라 '개발이익을 어떻게 사회와 공유할 것인가'라는 공익적 관점에서 재구성되어야 한다. 공익개발은 민간의 참여를 배제하는 것이 아니라, 민간의 참여를 조건으로 개발이익을 제도적으로 공익에 귀속시키는 구조로만 실현이 가능하다. 이는 지속 가능한 도시 발전과 사회적 신뢰 회복의 핵심 열쇠라 할 수 있다.

공익개발
[PIO development]

공익개발은 토지에 관한 사회적 문제의식을 공정이라는 철학적 논제로 출발하였다. 토지는 인간 사회의 가장 근본적인 생산요소이자 한정된 자원이다. 그러나 토지 가치 상승에서 발생하는 개발이익은 생산적 노동이나 혁신의 결과라기보다, 제도적 인허가, 공공 인프라, 집단적 수요 증가라는 사회적 협동(Social cooperation)의 산물이라는 점에서 본질적인 공정성 문제를 제기한다. 존 롤스(John Rawls)가『정의론(A Theory of Justice, 1971)』에서 제시한 "차등의 원칙(Difference principle)"은 사회적 제도가 창출하는 이익이 사회적 약자나 공동체 전체의 복리에 기여할 때 정당화될 수 있다고 주장한다. 이러한 관점은 토지 개발이익이 소수 민간개발업자에게 독점적으로 귀속되는 구조가 정의의 원칙과 충돌함을 분명히 지적하고 있다. 더불어 헨리 조지(Henry George)는『진보와 빈곤(Progress and Poverty, 1879)』에서 불로소득(Unearned income), 특히 지대(Rent)의 사회적 환수를 주장하며, 토지 가격상승에서 기인하는 초과 이익은 사회 구성원의 협력과 공공의 발전 덕분이므로 사회 전체로 귀속되어야 한다고 역설하였다. 이러한 사상은 공익개발(PIO development)의 철학적 정당성의 토대가 된다. 공익개발은 민관이 협력하여 도시개발을 추진하되, 토지 형질변경 등에서 발생하는 개발이익이 특정 민간에 귀속되는 것을 사전에 차단하고, 공익 재원으로 환원하는 제도적 장치를 마련함으로써, 롤스의『정의론』과 조지의 '불로소득 환수 이론'을 실천적으로 결합하려는 시도라 할 수 있다.

　한국은 이미 「개발이익 환수에 관한 법률(1989 제정)」과 「도시개발법(2000 제정)」을 통해 개발이익을 공공이 일정 부분 환수하는 장치를 두고 있다. 그러나 현행 제도는 사후적 환수(post hoc recapture) 구조에 의존한다. 즉, 개발 사업이 종료된 뒤 초과 이익을 계산하여 부담금을 부과하거나 공공시설 기부채납으로 환원하는 방식이다. 이는 실제 환수율이 낮고, 과세 회피, 원가 부풀리기, 정치적 협상 등으로 인해 제도의 실효성이 제한되는 문제가 지속적으로 지적되어 왔다. 반면 공익개발은 사전적 차단(Preemptive blocking)이라는 원리를 도입한다. 민간이 토지 인허가 및 형질변경 과정에서 발생하는 초과 이익을 취득하기 전에, 사업구조 자체를 공익 환원형으로 설계하여 개발이익을 민간 이윤으로 전환 시키지 않는다. 이는 단순히 기존 제도의 미세 조정을 넘어, 개발이익 발생의 원천적 구조를 바꾸는 혁신적 접근이라 할 수 있다. 그러나 이러한 원리가 기존 법체계와 충돌할 가능성도 있다. 예컨대 도시개발법이 보장하는 민간 참여자 이윤 구조, 또는 개발부담금의 과세 방식과 상충할 수 있어 법적·제도적 정합성 확보가 핵심 과제로 제기된다.

　공익개발이 제도의 정당성이 확보되더라도, 실제로 시민들의 지지와 수용성을 확보하지 못한다면 공익개발은 제도적 공허성에 머물 수 있다. 따라서 공익개발은 단순한 법 제도 설계를 넘어, 시민 체감형 구조를 내장해야 한다. 구체적으로는 다음과 같은 방식이 고려될 수 있다. 첫째, 개발이익의 생활 환원 구조여야 한다. 개발이익 공익 환수 재원을 지역사회 문화와 복지, 공공임대주택, 청년·신혼부부 주거지원, 생활 SOC 확충 등 시민이 직접 체감할 수 있는 방식으로 사용되어야 할 것이다. 둘째, 투명한 정보 공개로 신뢰성을 확보해야 한다. 개발이익의 규모, 환수 방식, 환수금의 사용처를 시민에게 공개하여 신뢰를 구축하여야 한다. 셋째, 개발이익의 환원 방식의 결정은 시민 참여형으로 하여야 한다. 개발이익 운영에 시민위원회 또는 지역 주민 참여를 제도화하여, 제도의 민주적 정당성을 강화하여, 지역사회가 직접적 혜택을 느끼도록 하여야 한다. 따라서 공익개발에 따른 개발이익 환원의 구조적 장치는 시민이 '공익개발이 나의 삶을 바꾼다'라는 경험을 갖도록 만들어, 제도의 정치·사회적 수용성을 강화하는 데 기여할 것이다.

필자의 공익개발 구상은 민간 투자 위축, 혁신 저해, 공영개발 유사성 등의 여러 비판에 직면할 수 있다. 첫째, 민간 투자 위축론이다. 개발이익을 민간이 가져갈 수 없다면 투자 유인이 약화되어 자본 유입이 줄어들 것이라는 주장이다. 그러나 이는 개발이익에서 '불로소득'과 '정상적 투자수익'을 구분하지 않은 오류에서 비롯된다. 공익개발은 금융기관 이자 및 합리적 위험 보상에 해당하는 기여 수익을 보장하면서, 공정 대가를 제외한 개발이익은 공익에 환원하여야 한다는 것이다. 따라서 민간 자본의 안정적 투자 유인은 유지된다. 둘째, 혁신 저해론이다. 도시개발에서 발생하는 공정 대가를 초과하는 이익은 혁신적 기술개발이나 생산성 향상 등으로 발생한 수익이 아니다. 즉, 토지이용계획 변경이나 기반 시설 확충 등 공공적 결정에 따라 가치가 상승하는 구조이므로, 개발이익 환수는 혁신의 동기를 저해하지 않는다. 오히려 공익개발이 안정적인 투자환수 구조를 제도화함으로써, 투기 대신 생산적 혁신에 자본이 유입되는 효과를 기대할 수 있다. 셋째는 공영개발과의 유사성 비판이다. 공익개발이 사실상 공영개발과 다를 바 없다는 지적이 있을 수 있다. 그러나 이는 구조적 차이를 간과한 주장이다. 공영개발은 공공이 직접 자금을 투자하고 사업을 주도하는 반면, 공익개발은 민간이 자본을 조달하되 민간의 투자에 대하여 시장에서 결정되는 공정 대가는 인정하되 개발이익은 공익에 환수되는 민관협력형 모델이다. 즉, 정부 재정과 민간 자본의 효율성을 동시에 활용하면서도, 개발이익의 사회적 환원이라는 공익성을 달성할 수 있는 혼합적 방식인 것이다. 이러한 구조는 재정이 취약한 지방정부에 있어서 현실적이고 합리적인 대안이 될 수 있다.

결과적으로 공익개발은 도시개발의 정당성을 사회철학적, 경제학적, 법률 및 제도적 차원에서 재구성하려는 시도다. 롤스의 정의론은 사회적 협동이 산출한 초과 이익은 공동체 전체에 귀속되어야 함을 이론적으로 정당화하며, 헨리 조지의 불로소득 환수론은 이를 구체적 정책으로 제시했다. 한국의 개발이익 환수법과 도시개발법은 이미 그 필요성을 인정하고 있으나, 사후적 환수의 한계로 인해 실효성이 떨어지고 있어 공감대를 형성하지 못하고 있다. 이에 공익개발은 사전적 차단의 구조화를 통해 제도의 근본적 혁신을 도모할 것이다. 또한 시민 체감형 구조를 통하여 제도의 사회적 수용성을 강화하고, 민간 투자 위축, 혁신 저해, 공영개발 유사성이라는 비판에 대해 논리적 반박과 구조적 차별성을 확보함으로써, 합리적이고 지속 가능한 도시개발의 새로운 패러다임이다.

공익개발은 단순한 제도의 하나가 아니라, 토지라는 한정 자원에서 발생하는 사회적 불평등을 교정하고, 정의롭고 지속 가능한 도시 발전의 비전을 실현하려는 시대적 실험이자 철학적 선언이다. 이는 한국 사회를 넘어, 인류를 위한 새로운 모델로 정착되기를 기원한다.

5.1. 공익개발 의제

현재의 대규모 도시개발사업은 정부 또는 지방자치단체와 공공이 출자하여 설립한 공사 등이 개발하는 공영개발 방식과 토지소유자로 구성된 조합이나 법률요건에 따른 건설회사, 신탁회사, 시행사 등이 개발하는 민간개발 방식, 그리고 2010년을 전후하여 경제 활성화와 더불어 획일적인 도시개발을 벗어나 도시의 다양성과 창의성을 성취하고자 정부나 지방자치단체(공사 포함)가 공모를 통하여 민간 참여자를 모집하고, 특수목적법인을 설립하여 시행하는 민관합동 개발 방식 등이 활용되고 있다.

공영개발의 장점은 개발이익의 사회적 환수와 택지를 저렴하게 공급할 수 있으며, 계획적인 토지이용을 통하여 토지이용의 효율성 제고를 들 수 있다. 그러나 재원 조달의 어려움과 과도한 규제 및 공급 제한, 주민 반발 초래와 수익성 저하, 사업 지연 및 비용 증가, 전문성 부족과 지역 간 불균형 발전 심화가 대표적인 예이다. 그리고 이러한 장단점 분석은 개별 사례나 시기에 따라 달라질 수 있으며, 공영개발이 공급하는 택지는 법률에 따라 감정평가에 의한 평가금액 이상으로 공급함으로 다른 개발 방식과의 차이에 있어서 특별히 저렴하다고도 할 수 없다. 이에 반하여 민간개발의 장점은 정부 기관보다 의사결정이 빠르고 추진 과정이 유연하게 이루어질 수 있어 시장의 변화에 신속하게 대응할 수 있다. 민간 부문은 경쟁이 치열하므로 혁신적인 기술과 아이디어의 빠른 도입과 사업 적용이 용이함으로 자본과 인력을 효율적으로 활용하려는 동기가 강하므로 자원 배분이 효율적으로 이루어질 수 있다. 그리고 민간개발은 경쟁의 특성상 시장의 요구에 민감하게 반응함으로써 고객의 만족도를 높이기 위해 다양한 서비스를 제공하며, 잠재적 수익성이 높을 경우, 투자자들로부터 자금 유치가 상대적으로 용이하다. 이와 같은 장점에도 불구하고 민간개발의 단점은 이윤을 추구하는 과정에서 환경파괴나 사회적 불평등과 같은 사회적 책임을 간과할 가능성이 공영개발에 대비하여 상대적으로 높으며, 장기적인 공익보다 단기적인 수익에 집중하는 경향으로 도시 발전에 있어서 지속 가능성을 저해할 수 있고, 대규모 인프라 투자나 대규모 공공 서비스 프로젝트 등은 민간기업 혼자서 추진하기 어렵기 때문에 정부와의 협력이 필수적이다. 시장 변화나 경제 상황에 따라 리스크의 대부분을 민간기업이 전적으로 부담해야 하는 경우가 다소 발생할 수도 있다. 더구나 정부 규제와 충돌 시 문제 해결을 위한 조정 시간이 과다하게 발생한다. 공영개발 방식과 민간개발 방식의 장점을 강화하고 단점을 상호 보완한 개발 방식이 민관합동 방식이다. 민관합동 방식의 장점은 풍부한 민간 자금을 활용하여 대규모 프로젝트를 시행할 수 있으므로 복지비 증가에 따른 공공 부문의 재정을 효율적으로 이용할 수 있도록 한다. 민간 부문의 경영 효율성과 혁신적인 기술을 도입함으로써 프로젝트의 전반적인 효율성을 높인다. 프로젝트 리스크를 공공과 민간이 나누어 부담함으로써 각각의 부담을 줄일 수 있고, 민간의 경쟁 환경이 적용되어 기술과 관리 노하우를 통해 고품질의 서비스를 제공할 수 있다. 신속한 의사결정 과정을 통해 프로젝트를 빠르게 시행할 수 있는 점들을 장점으로 들 수 있다. 반면에 민관합동 방식은 복잡한 계약들과 협약이 수반됨으로 시간과 비용이 많이 소요될 수 있다는 단점과 더불어 공공과 민간의 이익이 출동할 가능성이 높다. 이는 프로젝트 진행에 많은 영향을 미칠 수 있어 수익성에 많은 변화를 가져온다. 또한 공공과 민간의 협력 과정에서 공공부문에 대한 투명성을 유지하기 어려울 수 있으며, 투명성이 유지되지 못할 경우, 이는 부패나 비리의 요인이 된다. 그리고 중요한 부문은 책임의 분산 과정에서 책임 분담이 명확하지 않으면 문제가 발생하였을 때 책임 소재를 분명히 하기 어렵기 때문에 소송과 같은 법정 다툼의 원인 등을 단점으로 들 수 있다. 그리고 최근 성남 대장지구 도시개발사업에서 민관합동 방식의 단점 중 하나인 특정 민간의 과도한 개발이익 귀속 문제가 야기되었고, 이러한 민관합동 개발 방식의 단점을 보완한 방식이 공익개발이다. 공익개발방식은 공영개발방식의 최대 장점인 개발이익의 사회적 환수를 목적으로 한다. 다만, 공익개발의 시행에 있어서 그동안 민간 참여 기업이 향유 한 개발이익 전액을 공익화 제원으로 전환함에 있어, 민간의 다양한 참여자별 의도를 검토하여 공익개발 참여 타당성을 확보하기 위한 중요 의제 논의가 필요하다.

공익개발 수행을 위한 현재의 문제점들에 대한 의제를 제시하기 전에 민관합동 개발사업에서의 개발이익의 원천 분석을 선행해 보고자 한다. 개발이익은 어디에서 오는지? 민간의 투자 행위에 대한 범위와 해석, 참여자별 욕구들에 대한 재해석도 분석하여야 한다. 우선적으로 부동산 개발 사업에서 투자에 대한 정의에 대하여 살펴보자. 우리는 공영개발, 민간개발, 민관합동 개발에서 필요한 사업비의 조달 행위를 모두 투자로 간주하고 있다. 사전적 의미에서 '투자'란? 이익을 얻기 위하여 어떤 일이나 사업에 자본을 대거나 시간이나 정성을 쏟는 행위 또는 주권이나 채권 따위를 구입하는데, 자금을 돌리는 일을 투자로 정의한다. 따라서 각자가 투자금 범위 내에서 개발이익을 영위하고자 하며, 이러한 투자활동은 자본주의 시장 경제에서 매우 효율적이고 효과적인 방법임에는 틀림이 없다. 하지만 민관합동 개발 사업에서 공모라는 방식의 절차를 이행하였다고 하더라도 특정인이 선정된 이후에는 자율경쟁방식은 사라지고 독점만이 존재하게 되며, 이러한 독과점 논리는 성남 대장지구 사건과 유사한 특정 민간의 과다한 개발이익 귀속이라는 사회문제를 낳았다. 그리고 민간의 투자활동은 두 가지 방식으로 구분할 수 있다. 하나는 자금을 투입하는 행위이고, 또 하나는 정성을 쏟는 행위이다. 자금은 돈의 투입이라는 단일성만이 존재하지만, 정성을 쏟는 행위는 기술 혁신과 아이디어 제공과 전문 지식 등 다양한 방식을 활용하는 근로 행위까지 포함한다. 살피건대, 지금까지 정성을 쏟는 행위 즉, 기술 제공과 다양한 근로 행위에 대한 대가의 지급에 관하여 사회적 문제로 대두된 사례가 거의 없다는 점에서 용역이나 재화의 공급에 관한 국민적 공감대는 형성되어 있다고 할 수 있다. 하지만 토지공개념을 거론하지 않아도 개발이익에 대한 특정 민간의 과도한 귀속 문제는 건국 이래 반복적으로 재발되어 왔다. 예를 들어 대장지구에서 천하동인 2호와 3호는 대장지구 도시개발사업 특수목적법인에 특정금전신탁 방식을 통하여 각각 872만 원을 출자(투자)하였고, 개발이익에서 각각 101억 원을 배당받았다. 이를 수익률로 환산하면 115,825%이며, 2015년 7월 설립하여 2019년 최초 배당까지 4년의 사업 기간을 감안할 때 매년 28,956%라는 수익률을 올린 것이다. 연간 약 29,000%의 개발이익 귀속은 국민적 공분의 원인이 되기에 충분하며, 이와 같은 특정 민간의 과도한 개발이익의 귀속을 우리 사회는 투기로 인식하지만, 참여자 개인적으로는 정당한 투자 행위로 인식하는 경우가 대부분이다. 즉, 사회적 시각에서의 투기적인 행위도 개인적으로는 투자로 인식하는 것인데, 개인적 시각에서 투자는 최대 이익을 의미하며, 사회적 시각에서 투자는 적정이익을 의미하기 때문에 투자에 관한 인식은 사회와 개인 간에 상대적인 괴리가 존재한다.

부동산개발에 있어서 토지개발과 달리 건축 개발 부문은 민간의 영역으로 함이 타당하다. 선호하는 주거의 형태에 따른 주택 개발이나 상권의 이동에 따른 상업용 건축 등은 시장의 수요 변화에 따라 개발 방향이 결정된다. 그러나 시장의 소요에 따른 공급 외 서민 주거 안정을 위한 영구임대주택 등의 공급은 재정사업을 통한 공공개발이 합리적이라 할 수 있다. 이러한 건축개발과 달리 부증성이 강한 토지개발은 지가 상승 등 부동산 문제를 발생하는 근본 원인으로 작용할 것임으로 도시개발의 개발이익은 사회적 재원으로 환수하는 것이 타당하다. 현행 민관합동 방식의 가장 중요한 점은 민간의 풍부한 개발 자금을 활용하되 개발이익 중 50% 이상을 환수할 수 있다는 점으로 이는 과거 공영개발이나 민간개발 방식보다 발전한 모델임에는 틀림이 없다. 그럼에도 불구하고 성남 대장지구와 같은 현상이 반복되는 이유는 도시개발 투자에 대한 개념과 리스크 분담 그리고 사업 구성원에 대한 이해 부족에서 비롯된 것이기 때문에 이에 대한 고찰이 필요한 것이다. 고찰에 있어서 공익개발방식이 개발이익의 사유화를 원천적으로 금지하기 때문에 "개발이익의 배당이 없다면 어떤 기업이 투자하겠는가?"에 대한 해결 방안도 제시되어야 한다. 따라서 먼저 선행되어야 할 고찰은 특수목적법인 출자금 대비 개발이익 배당 방식을 금융투자 방식으로 인식하고 투자에 대한 이익은 이자 지급 방식으로의 전환이 선행되어야 한다. 예를 들어 하나은행은 대장지구에 7억 원을 특수목적법인(PFV)에 출자하고 10.4억 원을 배당받음으로 전체 수익률은 148%이며, 연수익률은 25%의 금융투자 방식이 적용되었다. 이와 같은 금융투자 방식의 이자 지급 방식을 천하동인 2호에 동일하게 적용할 경우, 872만 원을 출자하면, 연 218만 원(25%/연), 합계 수익률은 1,525만 원(175%)의 금융투자 이자수익을 배당하였을 것이다. 이를 단순 공익개발방식으로 비교하면 101억 원의 개발이익 배당금 대신 약 1,500만 원의 금융투자 이자 배당(하나은행 출자 배당방식)으로 지급됨을 알 수 있다. 따라서 101억 원 중 99.85%(100억 8,500만 원)가 공익 재원으로 활용될 수 있는 결과를 가져온다. 그리고 이를 대장지구 개발이익으로 확대 계산할 경우, 99.85% 즉, 개발이익 대부분이 공익 재원 활용으로 시민에게 돌아갈 것이다. 추가적으로 금융기관이 활용하는 특수목적법인의 참여방식은 연 25%의 금융투자 방식으로 이와 같은 투자수익률은 금융기관에서 사업 위험 리스크 대비 적정 시장금리를 적용하였을 것으로 판단할 수 있고, 시민들 또한 그와 같은 결정에 큰 이의는 없을 것이다.

다음으로 공익개발방식의 투자에 있어서 또 다른 중요성은 투자에서의 정성을 쏟는 행위 즉, 참여자 업무에 대한 공정한 대가에 관한 의제이다. 앞서 설명과 같이 정성을 쏟는 행위는 기술지원과 성실한 근로의 제공을 의미한다. 하지만 지금까지 기술과 근로 지원에 대한 대가는 향후 참여자가 개발이익을 배당받을 수 있다는 기대를 전제로 배제하거나 주먹구구식으로 사업을 추진하였다는 점이다. 이러한 주먹구구식 방식은 상대방에 대한 이해의 부족과 의심, 비난 등이 원인이며, 이는 신뢰의 부족보다는 향후 자신의 개발이익 배당을 증대시키기 위함에서 온다. 즉, 상대방의 근로대가를 줄이면 자신의 이익 배당이 증가하기 때문이다. 따라서 공익개발 방식의 확대에 있어서 민간 참여자들의 기술과 근로 대가는 현재보다 선명하게 정의하고 규정되어야 한다. 예를 들어 책임 준공보증을 부담하는 건설회사에 어떠한 방식의 대가가 제공되어야 하는지, 공사 도급률은 설계가 대비 몇 %가 적정한지, 시행 참여자의 분양 책임 범위를 어떻게 규정할 것인지 등을 예로 들 수 있다. 이러한 부분들에 대한 통찰과 사회적 공감대가 형성되어야만 민간 참여를 활성화할 수 있고, 민간 참여 활성화를 통해 공익개발을 가능하게 할 수 있다.

공익개발을 위한 민간 참여 활성화 대안을 마련함에 있어서 먼저 건설회사와 시행사, 금융기관, 실사용자, 엔지니어링 등 각각의 회사별 요구 사항들을 좀 더 세밀하게 분석할 필요가 있다. 건설회사와 시행사가 민관합동 공익개발에 참여하는 주요 목적은 조성된 토지의 확보 즉, 조성 토지의 우선 매입권이다. 공영개발에서의 조성 토지 공급 방식은 추첨방식임으로 위 회사들의 토지 확보 가능성은 매우 낮다. 따라서 일부 건설회사들은 100여 개에 가까운 계열 시행사를 설립하거나 협력사를 동원하여 토지 추첨에 대한 당첨률을 높이는 꼼수까지 등장했다. 이러한 문제와 관련하여 대장지구에서는 시행사(화천대유)가 대부분의 공동주택용지 우선 매입권을 사업 협약으로 확보하여 공동주택 사업을 독점하는 기회를 만들었

　　　　　　　　　　　　　　　　공익개발론

고, 이를 통해 화천대유는 아파트 개발사업을 통해 큰 수익의 결과를 만든다. 하지만 이러한 시행사의 공동주택 우선 매입권 행위가 사회적으로나 도덕적으로 문제가 되지 않는다고 필자는 생각한다. 사업의 추진에 기여한 당사자를 배제하고 참여나 기여 없는 제3자에게 용지를 입찰이나 추첨을 통해 공급하는 것은 공정하지도 못하며, 이치에도 맞지 않기 때문이다. 한편, 국회는 대장동 3법을 만들면서 조성 토지 직접 사용 권한을 특수목적법인 지분과 연동하도록 법을 개정하였는데 이 또한 공정을 배제한 무책임한 입법 행정이라 생각한다. 예를 들어 투자와 정성을 쏟은 사업 참여자가 아닌 제3자, 즉, 사업의 추진에 기여하지 않은 제3자가 입찰일에 운이 대통하여 용지를 낙찰받아 소유권을 취득하고 공동주택사업을 영위할 수 있도록 한 것인데, 결론적으로 공공을 포함한 특수목적법인의 개발이익에 대한 변화가 없음에도 불구하고 사업 추진에 기여한 당사자를 배제한 결과를 가져온다. 이처럼 본 장에서는 공익개발을 추진함에 있어서 정부(지방정부 포함)와 민간 참여자, 금융기관 등 개별 참여자를 기준으로 문제점들을 분석하고 해결을 위한 대안들을 마련하고자 한다.

5.2. 공공투자자 의제

(1) 공익개발을 위한 행정 지원

공익개발의 주요 모델인 민관합동 도시개발 사업에서 공공투자자의 주요 업무는 공공 출자와 인허가 행정 지원 그리고 사업관리·감독이다. 도시개발사업의 행정 지원은 현재도 대부분 무난하게 잘 이루어지고 있다. 하지만 실무적 입장에서 가장 어려운 부분 중 하나는 특정 민간의 과도한 개발이익 배당과 이로 인한 시민의 비판일 것이다. 따라서 이러한 원초적인 문제점은 행정 실무자에게 무한한 의심으로 민간 참여자를 관찰하게 하고, 모든 업무 사항에 딴지를 걸어 화합을 방해하여 종국엔 사업을 부실하게 만든다. 결국 이전까지 대부분의 문제들이 개발이익의 귀속에서 발생하기 때문이다. 민간에게 개발이익 배당이 없는 공익개발은 개발이익의 시민 환원 성과만이 존재한다. 따라서 시민 환원 성과 경쟁은 시민, 민간 사업자, 정부 모두에게 긍정의 힘을 제공하고 불신을 추방하는 기회를 제공할 것이다. 특정 민간의 개발이익 사유화와 같은 문제점이 해소된 공익개발은 공공의 행정 지원을 더욱 적극적일 수 있도록 기회를 제공하여 행정력 낭비를 줄이고, 나아가 사업의 성과에도 많은 긍정적 영향을 줌으로써, 현재보다 획기적인 사업환경을 가져다줄 것이다.

(2) 공익개발을 위한 규제 완화 및 세제지원과 해외 사례

공익개발에 대한 규제는 관리·감독 외 모든 규제는 폐지되어야 하며, 공영개발보다 많은 제도적 지원과 세제지원을 하여야 한다. 공영개발은 공공 재원으로 개발하지만, 공익개발은 민간 재원으로 개발하며, 개발이익은 공영개발과 같이 모두 환수되는 효과가 있다. 이러한 장점은 갈수록 부족해지는 공공 재원의 효율성을 높여 보다 향상된 시민 복지정책을 실현할 수 있게 하고 여기에 지역경제 활성화 효과라는 추가적인 이점을 가져온다. 도시정책에서 대규모 도시개발이 특정 사업자가 아닌 시민을 위한 개발로 자리 잡을 수 있도록 한다. 개발이익이 시민의 주거복지나 도로, 공원 등의 환경개선 비용으로 충당할 수 있으며, 민간의 개발이익이 존재하지 않으므로 개발로 인한 특혜 시비나 특정 민간의 불로소득을 유발하는 사례 또한 예방할 수 있다.

공익개발은 도시개발에서 민간 자본에 대한 금융적 이자수익만을 제공할 뿐 개발이익 전액은 공익 제원에 충당함으로 개발이익에 대한 사익은 원천적으로 배제된다. 민간 참여자는 참여자 당사자가 고유의 업무에 대한 공정한 대가만을 영위하는 방식이다. 따라서 대규모 도시개발사업은 공익적 영역으로 간주 되고, 개발이익 전액은 공익화함이 타당하다는 이유에서 공익개발은 시작된다. 따라서 정부는 개발이익 전액을 공익화하여 시민의 품으로 돌아가는 공익개발에 보다 적극적인 장려 정책을 마련하여야 한다. 정부가 세액을 감면하더라도 감면한 세액이 특정 개인에게 귀속되는 것이 아니라 개발이익의 확대와 사업의 안정적 추진을 가져올 것이며, 확대된 개발이익 전액 또한 지역사회를 위한 공익 재원으로 사용될 것이므로 다양한 지역의 사회문제를 해결하는 제원 등으로 활용될 수 있다. 세제지원은 공익개발 법인의 외부 차입 규모를 축소할 수 있고, 이는 PF대출 이자를 감소하는 효과가 있으며, 감소되 대출이자 또한 개발이익에 편입되어 추가적인 지역 공익사업의 제원이 된다.

다음으로 개발이익 환수에 관한 법률에 따른 "개발부담금의 면제"이다. 개발이익 환수에 관한 법률은 토지에서 발생하는 개발이익을 환수하여 이를 적정하게 배분함으로써 토지에 대한 투기를 방지하고 토지의 효율적인 이용을 촉진하여 국민경제의 건전한 발전에 이바지하기 위하여 1989년에 제정된 법률이다. 개발이익 환수법에서 개발이익이란 개발 사업을 시행함으로써 정상 지가 상승분을 초과하여 개발 사업자에게 귀속되는 토지 가액의 증가분을 말한다. 개발이익 환수법에 따른 개발부담금의 부과는 부과 대상 사업이 시행되는 지역에서 발생하는 개발이익을 개발부담금으로 징수하고, 사업 시행자에게 납부 의무를 부과한다. 개발부담금은 사업의 종료 시점의 지가에서 사업인가 시점의 지가를 뺀 차액, 즉, 부과 기간의 정상지가 상승분 및 개발비용을 공제한 가액을 기준으로 개발부담금이 부과된다. 개발이익 환수법 또한 특정 민간의 과도한 개발이익 귀속을 막기 위함이다. 공익개발은 민간의 개발이익이 존재하지 않으므로 환수의 대상과 실효성이 없으므로 면제되어야 한다. 추가적으로 취·등록세, 간주취득세, 법인세 등 공익개발 활성화를 위한 세제지원 정책 도입으로 민간의 참여를 유도할 필요가 있다.

다음으로 공익개발과 유사한 몇 가지 해외제도를 살펴보고, 유용한 사례의 도입도 고려해 볼 필요가 있다. 공익개발과 유사한 방식은 미국의 Community Development Corporation(CDC)를 들 수 있다. CDC는 지역사회를 발전시키기 위해 설립된 비영리 단체이다. 이들은 주로 저소득층 지역에서 주거, 경제개발, 그리고 사회 서비스를 제공하여 지역사회 전체의 삶의 질을 향상시키는 것을 목표로 다음과 같은 다양한 활동을 수행한다.

1. 주거 개발: 저소득층 및 중산층 주민들을 위한 저렴한 주택을 건설하거나 개조하는 프로젝트 주도.

 공익개발론

2. 경제개발: 소상공인 지원, 일자리 창출, 경제 인프라 개선 등을 통해 지역 경제를 활성화.

3. 사회 서비스: 교육, 건강 관리, 아동 및 노인 돌봄 서비스 등을 제공하여 지역 주민들의 복지 증진.

4. 지역사회 참여: 주민들이 지역사회 개선 프로젝트에 참여하고 주도할 수 있도록 지원하고, 지역 주민들의 의견을 반영한 개발계획을 수립.

CDC는 보통 정부, 민간기업, 자선 단체 등 다양한 출처에서 자금을 지원받아 운영하며, 지역사회 발전에 대한 관심과 열정을 가진 사람들의 참여로, 지역사회의 지속 가능한 발전을 도모하는 제도로 다음의 몇 가지 사례를 소개하고자 한다.

① East Los Angeles Community Corporation(ELACC)

East Los Angeles Community Corporation은 로스앤젤레스 동부 지역의 저소득층 주민들을 위한 주택 개발 및 경제개발 프로젝트를 추진하는 비영리 단체이다. ELACC는 저렴한 주택 건설, 기존 주택 개조, 소상공인 지원 프로그램, 금융 교육 프로그램 등을 운영하며, 이를 통해 지역 주민들이 경제적으로 자립할 수 있도록 돕고, 지역사회 삶의 질적 향상을 도모하고 있다고 평가받는다.

② Bedford Stuyvesant Restoration Corporation(BSRC)

뉴욕 브루클린의 베드포드-스타이베선트 지역에 위치한 BSRC는 미국 최초의 CDC 중 하나이다. 이 단체는 주거 개발 및 지역경제 창출, 건강 및 웰빙 프로그램, 예술 및 문화 프로그램 등을 통해 지역사회의 전반적인 발전을 도모하며, BSRC는 지역 주민들을 위한 다양한 서비스와 프로그램을 통해 경제적 기회를 제공하고, 지역사회의 복지를 증진시키고 있다.

③ Asian Neighborhood Design(AND)

샌프란시스코에 기반을 둔 Asian Neighborhood Design은 저소득층 및 이민자 커뮤니티를 위한 주거 및 경제개발 프로젝트를 진행하는 비영리 단체이다. AND는 저렴한 주택 건설, 직업 훈련 프로그램, 지역사회의 미화 및 개발 프로젝트 등을 통해 주민들의 생활 여건을 개선하는 데 중점을 두고 있다.

④ Cleveland Housing Network(CHN)

클리블랜드 주택 네트워크는 오하이오주 클리블랜드의 저소득층 가정을 위한 주거지원을 제공하는 CDC이다. CHN은 저렴한 주택 건설, 에너지 효율 개선 프로젝트, 금융 교육 프로그램 등을 운영하여 지역 주민들이 경제적 안정을 찾고 자립할 수 있도록 돕고 있다.

⑤ Jubilee Housing

워싱턴 D.C.에 위치한 Jubilee Housing은 저소득층 주민들을 위한 저렴한 주택 제공과 관련된 여러 프로그램을 운영하는 비영리 단체이다. Jubilee Housing은 주택 제공뿐만 아니라 입주자들을 위한 교육 프로그램, 직업 훈련, 청소년 프로그램 등을 통해 주민들의 자립을 지원하고 있다.

각 사례는 그 지역의 필요에 맞춰 각기 다른 접근방식을 취하고 있지만, 공통적으로 지역사회 발전과 주민 복지 향상을 목표로 하고 있다. 그리고 연방정부는 Community Development Corporations(CDCs)이 활용할 수 있는 다양한 정부 지원 프로그램과 제도 등을 아래와 같이 운영하고 있다.

① Community Development Block Grant(CDBG) 프로그램

미국 주택도시개발부(HUD)가 관리하는 CDBG 프로그램은 주, 도시 및 카운티에 연간 보조금을 제공하여 저소득층과 중산층 주민들을 위해 적절한 주거, 적합한 생활환경, 그리고 경제적 기회를 확장하는 목적으로 사용되며, CDCs는 지방정부를 통해 CDBG 자금을 신청할 수 있다.

② HOME Investment Partnerships Program

HUD가 관리하는 HOME 프로그램은 주정부 및 지방자치단체에 저렴한 주택을 건설, 구매 및/또는 개조하거나 저소득층에게 직접적인 임대 지원을 제공하는 광범위한 활동을 위한 보조금을 제공하며, CDCs는 이 자금을 사용하여 저렴한 주택 프로젝트를 지원할 수 있다.

③ 저소득층 주택 세액 공제(LIHTC)

LIHTC 프로그램은 저렴한 주택공급 프로젝트에 대한 자본 투자에 대하여 민간 투자자에게 세액 공제를 제공한다. 이러한 공제는 주택 금융 기관에 의해 할당되며, 저렴한 주택 개발에 참여하는 CDCs에게는 매우 중요한 자금 출처 중 하나이다.

④ New Markets Tax Credit(NMTC)

미국 재무부의 Community Development Financial Institutions(CDFI) Fund가 관리하는 NMTC 프로그램은 저소득층 지역에 대한 투자를 장려하기 위해 투자자에게 세액 공제를 제공한다. CDCs는 NMTC를 사용하여 민간 투자를 유치하고 지역사회 개발 프로젝트에 자금을 조달할 수 있다.

⑤ Section 4 지역사회 개발 및 저렴한 주택 능력 구축 프로그램

이 프로그램은 HUD가 자금을 제공하며, Local Initiatives Support Corporation(LISC), Enterprise Community Partners, Habitat for Humanity International 등의 중개 기관이 관리한다. CDCs는 이 프로그램을 통해 저렴한 주택 및 지역사회 개발 활동을 수행할 수 있는 능력을 향상시키기 위한 보조금을 받을 수 있다.

⑥ 경제개발 관리국(EDA) 보조금

미국 상무부의 EDA는 일자리를 창출하고 낙후된 지역의 성장을 촉진하는 경제개발 프로젝트를 지원하기 위한 보조금을 제공한다. CDCs는 인프라 개선, 비즈니스 개발 및 기타 경제개발 이니셔티브를 위한 EDA 보조금을 신청할 수 있다.

⑦ Community Services Block Grant(CSBG)

미국 보건복지부가 관리하는 CSBG 프로그램은 지역사회의 빈곤을 완화하기 위해 다양한 서비스 및 활동을 지원하며, 저소득층 커뮤니티를 활성화하고 저소득 가정과 개인의 권한을 강화하며, CDCs는 지역 커뮤니티

액션 에이전시와 협력하여 CSBG 자금을 활용할 수 있도록 하고 있다.

⑧ Neighborhood Stabilization Program(NSP)

HUD가 관리하는 NSP는 유휴 및 압류된 주택 문제를 해결하기 위해 커뮤니티에 보조금을 제공한다. CDCs는 NSP 자금을 사용하여 압류 및 유휴 부동산을 매입하고 재개발하여 지역사회를 안정시켜 지역 황폐화를 예방한다.

⑨ 농촌 개발 프로그램

미국 농무부(USDA)는 농촌지역의 주택, 커뮤니티시설 및 경제개발을 지원하기 위해 다양한 프로그램을 제공한다. 농촌지역에서 활동하는 CDCs는 이러한 자금을 신청하여 개발 프로젝트를 지원할 수 있다.

CDCs는 지방정부 및 기타 이해관계자들과 협력하여 정부 지원 프로그램의 도움으로 필요한 지원을 확보할 수 있도록 다양한 기회가 마련되어 있다.

기타 캐나다의 모기지 및 주택 공사(Canada Mortgage and Housing Corporation, CMHC), 영국의 Affordable Housing Programs, Community Land Trusts(CLTs), 호주의 National Housing Finance and Investment Corporation(NHFIC), 공익방식의 성공적 사례로 꼽히는 싱가포르 Housing Development Board(HDB), Urban Redevelopment Authority(URA), 독일의 Soziale Stadt(Social City) Program, Baugruppen(Building Groups) 등

의 프로그램들은 공익개발 구상에 많은 시사점을 던져 주었으며, 좋은 참고 자료가 되었다. 기타 "세계의 비영리 개발"에 관한 선진국 사례는 6장에서 별도로 설명하고자 한다.

(3) 특수목적법인 출자 지분 연동 직접 사용 토지

특수목적법인 출자 지분 연동 직접 사용 토지 규정을 한마디로 정의하면 지어지앙(池魚之殃)이라고 생각한다. 지어지앙이란 연못 속 물고기의 재앙이라는 뜻으로 뜻밖의 횡액(橫厄)을 당함을 비유하는 말이다. 춘추전국시대 송(宋)나라에 사마(司馬) 벼슬의 환(桓)이라는 사람이 있었다. 그에게는 매우 진귀한 보석이 있었다. 그런데 그가 죄를 지었다. 처벌을 받을 것 같아, 그는 보석을 가지고 도망쳤다. 그의 보석 이야기를 들은 왕이 욕심이 생겨 측근의 환관에게 속히 처리할 것을 명하였다. 환관이 어렵게 환을 찾아내자, "그 보석은 내가 도망칠 때 궁궐 앞 연못에 던져 버렸다"라고 하였다. 환관이 그대로 보고하자, 왕은 당장 그물로 연못의 바닥을 훑게 하였다. 보석이 나오지 않자 이번에는 연못의 물을 모두 퍼내었다. 그러나 보석은 끝내 발견되지 않았다. 다만 물을 모두 퍼내는 바람에 애꿎은 물고기들만 말라 죽었다. 여기서 알 수 있듯이 보석과 물고기는 서로 아무런 관련이 없다. 물고기만 영문도 모른 채 떼죽음을 당했을 뿐이다.

특수목적법인 출자 지분율 연동 직접 사용 토지 허가 규정은 성남 대장지구 시행사인 화천대유가 공동주택용지를 도시개발법에 의한 수의계약으로 소유권을 취득하고 이를 분양하여 얻게 된 공동주택 개발이익에 대한 조치에서 유래한다. 하지만 이와 같은 조치는 우리 속담에 '모진 놈 옆에 있다가 벼락 맞는다'라는 이야기와 통할 법한 이야기로 일시적이고 순간적인 정치적 상황을 모든 미래 상황에 적용한 사례이다. 이러한 조치는 모든 당사자 간 협의를 어렵게 만들 뿐 아니라 정상적인 활동의 모든 참여자를 예비적 범법자로 만들었다. 성남 대장지구와 같은 매우 양호한 입지의 도시개발사업이 있는가 하면, 인구 감소로 소멸에 직면한 지방 도시의 개발도 있다. 개발이 어려운 지역에 있어서 민간사업자를 유치하기 위해서는 더 많은 인센티브가 필요한데, 현재의 규정은 결과적으로 지방의 소멸을 가속화하게 만들 것이다. 우리는 특수목적법인 출자 지분 연동 토지의 직접 사용권 규정에 대하여 역으로 해석하면 어떤 프로젝트에 하등의 이해 관계없는 3자가 아무런 기여 활동 없이 단지 추첨방식이라는 공정성만으로 조성 토지를 매수할 수 있는 기회와 권한을 얻는 결과는 사회 정의에 반하는 결과뿐만 아니라 기업의 사회 기여 활동을 저해하는 결과를 초래할 것이다. 따라서 특수목적법인 지분 연동 직접 토지 사용은 빈대 잡자고 초가삼간을 불태우는 우매한 조치로 정책적 실수임이 분명하다.

성남 대장지구 사건(화천대유)은 '사업 단계상 인허가·조성 면적이 확정되기 전에 특수목적법인(SPC)을 설립하고, 그 SPC 지분·수의계약 등을 통해 막대한 이익이 특정 민간에 귀속되었다'라는 점에 관한 논란이다. 이에 한국의 정당들은 SPC(특수목적법인) 지분 보유와 조성 토지 수의계약 면적을 연동하도록 법을 개정(이른바 '대장동 3법' 관련 입법 등) 했으나, 실무적으로는 인허가 이전엔 조성 면적을 정확히 알 수 없으므로 "사전에 특정 지분율을 연동·확정"하는 규정 자체가 현실과 충돌해 새로운 문제(현실성 결여, 회피·우회 행위, 법적 혼선)를 야기하고 있다. 이처럼 "입법이 현실의 불확실성(미확정 변수)을 전제로 했을 때 발생한 문제"에 대한 유사 사례들 또한 흔히 찾아볼 수 있다. 다만, 직접적으로 "SPC 지분을 '미확정 조성 면적'과 연동하도록 입법했다가 문제 된" 완전히 동일한 해외 판례는 드물지만, 법, 정책이 미래의 불확실한 수치(승인 면적, 수익, 시장 상황 등)에 기반해 의무를 정하거나 산정 방식을 고정하면서 예상치 못한 왜곡, 회피, 사업 중단, 법적 분쟁이 생긴 대표적 유형들이다. 첫 번째는 미국 여러 도시의 인클루전(의무화, Inclusionary Zoning) 방식의 주택 정책이 그 대표적인 예이다. 지방정부가 '개발이익 산정함에 있어서 의무 공급(예: 전체 주택의 일정 비율의 저렴 주택으로 공급)' 방식으로 규정했을 때, 시장·승인 과정의 불확실성 때문에 개발자들이 사업을 보류하거나 설계, 단가를 조정해 의무를 회피하거나 전가하는 사례가 많이 보고되었다. 이는 "의무의 기준이 개발 시점, 허가 후 결과에 좌우될 때" 문제가 커진다는 교훈을 준다. 두 번째는 영국의 Section 106으로 이는 기부 채납성 규약(Planning bligations)이다. 지방 의무(교통, 교육, 인프라 기여 등)를 개발허가 과정에서 조건으로 걸지만, 실제로 '사후적, 가변적 요소(사업 규모, 시기, 단계)'가 크면 기여액, 내용을 둘러싼 협상, 재교섭, 지연과 분쟁이 잦아진다. 이를 해결하기 위해 법률, 관행상 "미래 변동을 반영하는 계약 문구(Future-proofing)"를 강조하는데, 핵심은 '사전에 확정 불가능한 수치에 대해선 조정장치(Clawback, 정산 절차, 에스크로 등)를 두라'라는 점이다. 세 번째는 UN-Habitat 사례분석에서 지적한 "토지 재정비, 지분 배분(Land readjustment) 제도에서의 분배 불일치 문제"이다. 토지 재정비(Land readjustment) 방식은 규칙과 절차가 복잡한데, '사전에 약정된 분

　　　　　　　　　　　　　　　　공익개발론

배 비율'이 현장 측량, 최종 용도 결정 후 달라지면 이해관계자 간 분쟁 및 불만을 초래한 사례들이 보고된다. 이 보고서에는 설계 시 '확정치를 전제한' 규정은 갈등의 원인이 된다는 것을 명확하게 지적하고 있다. 네 번째는 OECD 등에서 말하는 "입법의 비현실성'과 '예상치 못한 부작용"에 관한 규제 일반의 교훈이다. 규제, 법은 목적은 좋아도 현실(행정 프로세스, 신규 사업의 불확실성)을 무시하면 역효과(시장 왜곡, 회피, 법정 다툼)를 낳는 사례들이 많다. 따라서 OECD와 학계는 "규제 설계 시 불확실성과 행동반응을 전제한 조정장치와 사후정산 메커니즘"을 권고하고 있다.

이 문제의 본질적 측면에서 살펴보면 "왜 입법이 '비현실적'이었나?"일 것이다.

법 조항은 '사전 확정'(지분과 계약 면적 연동)을 요구하지만, 현실은 '인허가 → 면적 확정 → 사업 시행' 순으로 진행되기 때문인데, 이는 법이 현실의 의사결정 흐름을 거꾸로 요구하는 것이 된다. 이는 결과적으로 시간 순서 불일치(Temporal mismatch)로 도시개발사업 프로세스에 관한 이해가 부족한 상태에서 원인 분석과 결과의 예측마저 소홀하게 다룬 결과라 할 수 있다. 또한 인허가 전에 내부자(사업 참여자)가 사실상 정보를 선점하고 있는 상황에서 내부자가 조작하면 규범 취지가 무력화될 수 있다는 점을 들어 정보의 비대칭성과 게임 가능성을 예상할 수 있는데 이 또한 과도한 해석에 불과하다. 내부자의 예측은 그들의 희망일 뿐 심의 과정에서 심의위원들은 프로젝트의 이해 관계인이 아니기 때문에 심의 신청자들의 예측을 감안 하거나 이해할 이유가 하등에 없다. 더구나 '예상 면적'을 기준으로 지분을 정하면 사후정산과 집행으로 인하여 복잡한 분쟁과 법률소송을 유발할 것으로 예상된다. 또한 민간 참여자들은 이와 같은 규정의 맹점을 이용하여 회피하고자 복잡한 우회 계약 등의 역설적 형태의 구조가 만들어질 가능성 또한 높아진다.

특수목적법인 출자 지분 연동 직접 사용 토지 규정은 위와 같은 선례와 비판을 참고하여 명확성과 공정성, 유연성과 국제적 적합성을 확보하여야 할 것이다. 하나의 대장지구 사건으로 모든 민간개발 참여자를 사회의 악으로 규정하고, 자신들이 공정한 심판자로 보이게 하는 수단에 불과한 결과다. 특수목적법인 출자 지분 연동 직접 사용 토지 규정은 우리 사회의 공정을 기준으로 좀 더 세심한 검토가 필요한 부분이며, 지방 소멸에 대비한 다양한 제도가 마련될 수 있도록 이전 방식으로 회기 또는 삭제되어야 할 것이며, 보다 향상된 방향으로 재설계 되어야 할 것이다.

(4) 프로젝트 자금관리 및 집행 감독

공익개발에서 과정의 공정함은 매우 중요하며, 공정한 과정은 투명한 자금의 계획과 집행에 있다. 대규모 민관합동 도시개발의 경우 대부분의 자금계획은 사업 초기에 사업계획과 계획에 따른 예상 비용으로 사업 협약 및 주주 협약에 따라 집행 방법이 결정된다. 다만, 초기 계획 수립 과정에서 예상하지 못한 환경 변화와 대규모 계획 변경 등으로 추가적인 의사결정이 필요할 수 있다. 민관합동 도시개발사업에서 자금은 용도별로 구분된다. 용지비와 공사비 그리고 용역비와 금융비, 제세공과금 등으로 구분한다. 용지비는 사업 구역 내 토지 매입비용으로 공인된 감정평가사에

공익개발론

의한 가액을 반영한다면 실행의 변동성은 5% 내외가 될 것이다. 공사비는 사업비의 증감을 가져올 수 있는 중요한 요소로서 공공참여자의 검토와 확정이 필요하다. 공사내역서 검토는 첨단 특허 공법의 적용 필요성, 자재의 품질, 기타 일반 공사 내역을 포함하고 있다. 다만, 사업 추진 과정에서 추가적인 공법의 적용 여부, 기타 변경된 사정으로 인한 공사 기간 연장, 민원 해결을 위한 조치 등에 대한 추가적인 비용이 소요될 수 있으며, 이러한 문제들은 현장의 책임감리 검토 의견을 토대로 프로젝트의 참여자 간 논의를 통하여 공정성의 확보가 가능하다. 용역비는 설계, 감리, 영향평가, 법률, 회계, 감정, 컨설팅, 홍보, 분양 등 전문 기술 비용으로 일위대가나 사회 통념적 가액 적용으로 타당성을 확보할 수 있으며, 사전 조사와 비교 검토, 다년간의 경험으로 공정 범위를 특정할 수 있다. 그리고 그 외의 제세공과금은 법률로 확정된다. 공공참여자의 관리에 있어서 가장 어려운 부분은 금융비용이며, 이는 상황에 따라 변동성이 매우 큰 부분으로 지식과 경험에 더하여 금융시장의 모니터링과 미래 예측 과정까지 필요한 매우 전문적인 분야이다. 특히 미래 금융시장 예측은 객관화하기 어렵고, 매우 주관적인 경향을 띠고 있을 수 있으므로 이들의 극단적인 시장 예측을 일반화한다는 것은 프로젝트에 위험을 가할 뿐 아니라 프로젝트를 파탄으로 이끌 수 있다. 따라서 복잡하고 다양한 금융 문제들은 참여자들에게 결정 회피 행동을 불러오게 되는데, 참여자 대부분은 빗나간 미래 예측으로부터 자신의 책임을 면하고자 의결 결정을 지연하거나 타인에게 미루는 경향으로 나타난다. 이러한 현상은 공공참여자에게 있어서 두드러지게 나타나는데 이는 공공의 감사제도에서 비롯된다. 이는 업무에 있어서 결과의 공정 보다 과정의 공정함이 중요한 공공업무의 특성이 반영된 결과이다. 따라서 이와 같은 문제들은 보다 정교한 사업 협약과 주주 협약으로 예방할 수 있다. 하지만 공공참여자의 고유 업무 특성상 금융시장에 대한 이해도가 낮은 경우가 많음으로 금융시장의 변동성과 이에 대한 대응은 민간 참여자가 적극적으로 대응하는 것이 최선일 것이다. 이처럼 금융시장의 변동성이 중요한 이유는 금융시장 대응에 실패할 경우, 개발이익 전액이 금융비용에 충당되고, 최종적으로 프로젝트는 파산에 이른다. 프로젝트에 있어서 특별한 경우를 제외하고 대부분의 사업비용은 사업계획에서 확정되지만, 금융비용은 인허가 완료를 기준으로 PF대출 조달 시점상의 금융시장 이율이 반영된다. 2008년 금융위기, 코로나 사태 그리고 코로나 사태에 따른 각국의 유동성 공급, 유동성에 따른 높은 인플레이션 발생, 인플레이션으로 인한 연준의 고금리 정책, 부채 증가에 따른 자국 우선주의와 나라별 기준금리 차이로 발생한 환율 변동성은 의사결정에 더욱 어려움을 가중한다. 결론적으로 복잡하고 다양한 상황에서의 금융 관리 부족은 시민에게 돌아갈 개발이익을 금융비용으로 소진 시키는 요인으로 작용할 것이다. 따라서 프로젝트의 성공 여부는 금융시장 관리에 있다.

공익개발방식에서 자금관리는 3단계와 최종 승인 단계로 한다. 3단계는 이사회, 운영위원회, 자산관리로 구분하고 최고단계는 거래 가액 기준 10억 원을 초과하는 자금의 집행을 요하는 계약(변경 포함)은 특수목적법인 이사회에서 승인으로 결정하고, 다음은 운영 단계로 1억 원 이상의 자금의 집행을 요하는 계약 및 변경 계약은 프로젝트 참여회사의 각 실무 담당자들로 운영위원회를 구성하고 운영회의를 통하여 의결 승인한다. 1억 미만의 소규모 자금 집행은 자산관리 회사에 위임하되, 자산관리 업무처리

     공익개발론

결과는 차기 운영위원회에 보고하는 구조가 되어야 한다. 특수목적법인의 연말 결산 시에는 이사회, 운영위원회, 자산관리회사의 소규모 집행을 결산하여 주주총회에 보고함으로써 프로젝트의 비용 관리에 대한 투명성을 확보한다. 최종 승인 단계는 자금관리를 담당하는 금융기관으로 위와 같은 절차가 적법하게 이행되었는지 확인하고 자금을 집행한다. 공익개발 특수목적법인의 이사회 및 운영위원회의 의결은 만장일치제를 원칙으로 한다. 하지만 당사자 간 입장 차가 발생할 경우의 대비도 필요하다. 이러한 입장 차는 크게 공공과 민간 참여자 간에 입장의 차이가 발생할 수 있고, 민간 참여자와 금융기관, 시공사와 그 외 참여자들 간에는 다양하게 존재한다. 따라서 예상되는 모든 입장 차는 사업 협약이나 주주 협약에 분명하고 경확하게 명시하고 해결 방안 또한 제시되어야 한다. 만일 이러한 문제들을 사업 협약 및 주주 협약에 명시하지 아니한 경우에는 추진 과정에서 많은 문제를 야기하고 합의를 위한 협의 과정에 추가적인 금융비용을 발생하며, 합의가 있었음에도 구성원 간에 앙금은 잠재적인 갈등으로 자리 잡게 된다. 또한 인사로 교체된 생각이 다른 담당자는 같은 문제에 다른 결론을 내리게 되고 잠재적인 갈등과 결합하여 파트너의 신뢰를 깨트린다. 중요한 것은 이러한 과정이 무의식적인 결과에 기인한다는 것이다. 공공의 업무 담당자와 민간의 업무 담당자는 자신이 처리하는 고유 업무가 다르고 처리하는 방식도 다르다. 재정사업의 특성상 업무처리 과정에 있어서 절차적 하자가 없다면 결과에 대한 책임을 부담하지 않는다. 하지만 민간의 경우 업무처리 과정에서 하자가 없다고 하여 결과에 대한 책임을 면할 수 없다. 이와 같이 업무에 임하는 차이는 복합 문제가 발생할 경우, 사건의 처리에 있어서 당사자 간 큰 폭의 이견이 발생하기 쉬우며, 문제의 해결 방식에도 이견이 발생하고, 소요된 시간 상당의 금융비용을 초래하게 한다. 이러한 과정에서 책임이란 존재는 찾아볼 수 없고 시민에게 환원할 개발이익을 금융비용으로 소진하는 어리석은 결과만을 남길 것이다.

　따라서 참여자 간 내부 갈등을 사전 예방할 수 있는 조치가 반드시 선행되어야 하며, 업무에 관한 처리 기준과 방침이 다양한 경험을 바탕으로 면밀하고 확정적인 방법으로 사업 협약 및 부속서에 명시되어야 한다. 사업을 추진하는 초기 과정에서는 대부분의 참여자들은 추진 성과를 높이기 위하여 자신을 포함한 상대방에게 깊은 이해와 보다 많은 배려심을 갖는다. 반면에 장기적인 시간이 소요되는 부동산개발 특성상 담당자의 교체 이후에는 이러한 깊은 이해와 배려는 기대할 수 없고, 관리적인 측면에서 현실적인 문제로만 인식하게 된다. 따라서 성과를 이루고자 하는 과거의 추진력은 사라지고, 자신이 부담할 수 있는 모든 책임으로부터 회피만이 업무처리 기준이 된다. 우리는 사회생활을 하면서 하나의 사소한 문제로 인한 갈등이 보편적인 모든 사항에 영향을 미치는 경우를 주위에서 보아 왔다. 그리고 이와 같은 갈등의 증폭 현상은 '문제를 삼지 않으면 문제가 아닌데, 문제로 삼는 순간부터는 문제가 된다'. 이러한 현상을 심리학에서 '금지된 생각 금지 효과' 또는 반어적 처리(Iironic process)라 한다. 이러한 현상에 대한 이론에 따르면 "인간의 뇌는 '생각하지 말라'는 것을 생각하지 않을 수 없다고 한다." 즉, 문제를 삼지 않아야 한다고 생각하면 더 문제를 삼게 되는 경우로, 이보다 더 모순적인 것은 '문제를 삼지 말자'의 반대는 문제를 삼는 것이기 때문에, 한번 떠오른 문제는 끝까지 문제가 된다는 것이다. 이러한 문제를 삼지 않는 방법에 대하여 사회 인문학에서 포용

238　　　　　　　　　　　　　　　　　　　　　　　　공익개발론

력이 필요하다고 한다. 하지만, 이러한 사회 인문학적인 해결 방법으로 프로젝트 내의 갈등을 해결하기에는 시간적, 공간적인 측면에서 선택하기 매우 어렵다. 따라서 현실적인 대안은 사업 초기에 사업 참여자들이 각자의 과거 경험을 토대로 예상되는 모든 문제를 발취하여 논하고, 협의에 따른 처리 방안을 사업 협약 또는 그 부속서 등에 명확하고 확정적으로 명시하여 프로젝트 추진 과정에서 불필요한 미래 갈등을 예방하는 것만이 최선이다.

사업 협약이나 부속서에는 내부 당사자(출자자, 사업 참여자, 이해관계자)와의 용역 및 제화에 관한 사항이 포함되어야 한다. 제화나 용역비의 산정 기준, 업무 및 제화 범위, 지급조건과 기타 계약의 중요한 특별조건을 명확하게 명시하여야 하고, 부속서의 변경이 필요한 경우에도 참여자 간 만장일치로 변경되어야 한다. 그리고 만장일치가 어려울 경우를 대비하여, 계약 당사자를 제외한 참여자들로 다수결에 의한 의사결정을 포함하되, 안건을 거부한다는 이유로 이사회나 운영위원회에 불참하는 것 또한 금지하는 강력한 규정도 필요하다. 그리고 공정한 절차에 의한 결의에 대하여서는 참여자 누구도 이의를 제기하여서도 안 된다. 사업 협약 및 주주 협약 그리고 부속서의 내용을 특수목적법인 이사회나 운영위원회에서 변경은 금지되어야 하며, 필요한 경우에 계약 당사자들의 전원 동의를 얻어 변경할 수 있도록 하여야 한다. 이처럼 사업 협약 및 그 부속서는 매우 중요하다. 그리고 경험치를 방영하지 못한 미래의 예측은 현실성에 취약함으로 경험자로부터의 검토가 충분하게 이루어져야 한다. 잘 준비된 사업 협약 및 그 부속서는 당사자 간 갈등을 예방함으로써 금융비용의 절약을 가져오고, 절약된 금융비용은 개발이익을 최대화할 수 있고, 증가한 개발이익 또한 시민에게 환원되는 것이 효율적이며 바람직하다.

(5) 개발이익 공익협의회

공익개발은 개발이익을 공익에 사용하는 방식이다. 하지만 개발이익을 어떠한 곳에 사용할 것인지는 지방자치단체에 따라 다양할 수 있고, 개발이익의 활용에 있어서 가장 효율적인 대안은 주민들로부터 나온다. 따라서 환원의 우선순위를 결정하기 위하여 "개발이익 공익협의회"의 설치가 반드시 필요하며, 시민이 참여한 개발이익 공익협의회는 기존의 지방자치단체 위탁 방식보다 개발이익 사용처를 시민이 직접 결정하고, 감시할 수 있도록 하는 투명성과 책임감을 확보할 수 있도록 하여야 한다. 지역 실정과 주민들의 요구를 반영한 환원 사업이 공익협의회로부터 선정되도록 하여, '개발이익이 사라진다'라는 불신을 줄이고 체감형 환원 기능을 갖춤으로써 도시개발에 관한 신뢰를 회복할 수 있다. 나아가 사전, 사후 개발이익 환원 과정의 모든 협의 과정은 모든 분쟁을 최소화할 수 있을 것이다. 협의회의 시민 대표는 연령, 성별, 지역 균형을 반영하되 무작위 추첨과 공개모집을 병행하고, 도시 계획, 부동산, 회계, 법률, 사회학 등 분야별 전문가와 관련 부서 공무원, 사업 시행 대표자 및 독립적인 감사위원 또는 회계법인의 감사 등을 참여케 할 필요가 있다. 공익협의회는 형식적 참여가 아닌 실질적인 시민 권한을 확보하며, 협의체 기구를 통한 집행으로 정치적 입김을 최소화하는 효과 또한 기대할 수 있을 것이다. 공익개발은 개발이익의 사회적 가치를 극대화함으로써 지역경제 선순환 효과를 가져올 것이다.

공익개발에 민간이 참여하는 가장 큰 이유 또한 수익 창출이라는 것에는 의심의 여지가 없다. 하지만 모든 민간 참여자가 성남시 대장지구처럼 115,825%의 과도한 이윤 창출을 목표로 대규모 도시개발사업에 참여하는 것은 아니다. 다수의 민간 참여자는 자신의 업무 수행에 따른 사회 통념상의 적정이윤 상당을 목표로 한다. 따라서 위와 같이 민간 참여자가 자신의 프로젝트 상의 역할에 따른 고유 업무와 사회 통념상의 적정이윤이 "공정대가"이다.

대규모 도시개발사업에서 민간 참여자의 고유 업무와 역할 수행에 대한 공정 대가는 투자 대가와 용역 대가로 구분할 수 있다. 투자 대가는 금전 또는 신용을 프로젝트나 특수목적법인에 제공함으로써 제공자가 얻을 수 있는 경제적 이익을 의미하며, 금융시장의 상황에 따른 이자수익을 말한다. 반면에 용역대가는 민간 참여자가 프로젝트 수행을 위하여 투입하는 근로, 기술, 특허, 아이디어 등 노동력과 기술의 투입에 대한 업무 대가이다.

지금까지 우리 사회와 정부는 국가 발전과 경제 안정을 위하여 민간 투자 활성화 방안을 지속적으로 추진하여 왔고, 이러한 과정에서 특정 민간의 과도한 이익 방지를 위한 노력을 깊이 있게 연구하고 실험하였으나 대장지구와 같은 사건은 현재에도 진행 중이다. 하지만 특별한 조치가 없는 한 이러한 상황은 미래에도 무한 재생 반복될 것이 자명하다. 지금까지 그래왔듯이 우리 사회는 민간 투자 활성화와 특정 민간의 과도한 개발이익 방지라는 두 마리 토끼를 동시에 잡기 위한 방안을 모색함에 있어서 토지 공개념 3법 등의 다양한 실험을 시도하였으나 모두 실패하는 참담한 결과를 낳았다. 따라서 우리 사회는 이처럼 참담한 결과의 주요 원인에 대한 깊은 고민과 성찰이 필요하다. 특정 민간의 과도한 개발이익 귀속 현상은 자유시장경제 있어서 독과점과 유사한 형태의 문제로 건전한 사회발전을 저해하는 매우 위험한 형태이다. 따라서 특정 민간에 대한 과도한 개발이익 귀속 문제의 원인부터 알아볼 필요가 있다. 이에 대하여 전문가들은 공공의 역할 축소와 이익 산정 불투명, 환수제도의 부제를 들고 있지만 이는 현실을 반영하지 못한 "탁상 이론"으로 개발 후 결과만을 기준으로 문제의 원인을 분석한 결과이다. 그리고 이러한 결과론적 탁상 대안은 일시적 효과는 있으나 시장의 다양한 변화에 취약함이 드러나기 마련이다. 과거 경험에서와 같이 경기 침체가 발생할 때 "탁상 이론"의 문제점은 확연하게 드러난다. 대부분의 정부는 침체하는 내수경기를 활성화하기 위하여 규제를 완화하게 되고, 이러한 규제 완화와 금리인하 등의 시장 유동성 증가는 자산시장의 팽창을 가져오며, 성장과 맞물린 규제 완화는 개발이익의 특정 민간 귀속을 반복한다. 즉, 규제의 한계는 사전 예방 기능이 없다는 것으로 과열된 후에야 규제할 수 있고, 침체한 후에야 완화할 수 있다. 결과적으로 부동산 규제와 완화로는 특정인의 개발이익 귀속을 막을 수 없다는 것이다. 우리는 환자의 치료도 중요 하지만 병의 발생 원인을 분석하여 예방함은 더욱 중요하다. 높은 세제 중심의 일시적 방법도 있겠지만 개발이익이 공익 재원이라는 사회적 인식 전환과 공익개발을 위한 제도개선이 선행되어야 한다.

공익개발을 위한 선행 과제 중 하나가 특수목적법인의 주식취득 과정이다. 지금까지도 대규모 토지개발을 위한 특수목적법인의 주식취득 성격을 상법상의 주식회사와 동일시함으로써 발생한다. 대규모 도시개발사업의 특수목적법인은 계속 기업적 성격의 법인이 아니라 하나의 특정 프로젝트를 운영하기 위한 한시적 법인이다. 즉 계속기업 기준의 주식취득과 같이 볼 필요성이 없다. 참여하는 민간기업은 구성원별로 참여 의도가 명확하게 구분화되어 있고, 각자의 참여 의도가 완성되면 구성원 모두가 만족하고 프로젝트를 청산한다. 이러한 과정에서 건설회사는 건설업무에 따른 근로와 기술 그리고 신용 보강에 따른 시공 참여이익을 원하는 것이고, 시행회사는 사업관리, 홍보, 분양 등에 필요한 근로와 개발 노하우 제공과 이러한 각종 용역대가에 관한 참여이익을 원하는 것이며, 금융기관은 안전한 대출 원금의 상환과 이자 이익을 원하는 것이다. 그 외 전략적 참여자는 특수목적법인에 본인의 신용을 제공하고 안정적으로 본인이 원하는 조성 토지를 확보하고자 하는 것이 주요 목표이다. 많은 개발이익을 배당하여 준다면 싫어하거나 마다할 개인이나 기업은 없다. 하지만 개발이익 배당이 없다고 하여 주요 목적이 완성될 수 있는데 사업에 불참할 이유도 없다. 위와 같이 민간 참여자의 주요 참여 목적에 기반한 것이 공익개발이다. 공익개발은 참여하는 민간기업이 본연의 업무에 대한 공정한 대가를 지불받음으로써 공익개발 참여 목적은 완성된다.

공익개발에 대하여 가장 많은 질문 중 하나가 '개발이익의 귀속이 없다면 민간이 투자하겠는가?'라는 질문이다. 필자는 강원도 춘천 학곡지구 도시개발사업을 춘천시 및 춘천 도시공사와 공동으로 추진하였다. 그리고 춘천 학곡지구 도시개발사업을 추진함에 있어서 중요한 실험을 실시하였는데, '국내 대기업 건설회사가 개발이익의 배당에 비참가하는 내용으로 사업에 참여할 수 있는가?'의 실험이었다. 국내 5위권 내의 H엔지니어링은 필자가 추진하는 춘천 학곡지구 도시개발사업의 시공에 참여하는 의사를 결정하였고, 도시개발사업의 사업비 조달을 위한 프로젝트 파이낸싱에 책임 준공을 보증하는 약정을 대주단에 제공하였다. 여기에서 중요한 점은 H엔지니어링과 같은 대기업이 최초 사업 기획에서부터 개발이익 배당에는 참여하지 않음을 전제로 단지 조성 공사 수행에 따른 시공 이익만을 목적으로 민관합동 도시개발사업에 참여하였다는 점이다. 이와 같은 실험은 건설회사와 더불어 금융기관 또한 개발이익 배당 없이 대출이자와 관리 수수료만을 목적으로 춘천 학곡지구 도시개발사업에 참여하였으며, 금융기관이 특수목적법인(춘천 학곡지구 도시개발(주))에 출자한 출자금 또한 고정금리의 금융이자 배당으로 한정하였다. 위의 사례와 같이 춘천 학곡지구 도시개발사업은 대기업 건설회사와 금융기관 모두가 개발이익의 배당 없이, 금융이자 상당의 금리 지급조건만으로 대규모 도시개발사업을 수행할 수 있다. 이는 매우 중요한 사례로서 민간기업이 개발이익에 대한 무배당 참가 실험이었다. 또 하나의 중요한 사례는 큰 이슈를 불러온 성남 대장지구이다. 현대엔지니어링은 성남 대장지구 도시개발사업 또한 책임 준공보증을 제공한 시공사임에도 불구하고 개발이익 배당에는 참여하지 않았다. 춘천 학곡지구와 성남 대장지구의 공통점은 시공사가 민간 컨소시엄에 참여하지 아니하고 민·관 컨소시엄으로부터 공사를 발주받은 외부 참여자라는 점이다. 만약에 현대엔지니어링이 특수목적법인의 출자 참여자라면 기존 개발이익 배당에 관한 사항이 내부에서 논의될 여지가 높으며 실험과 같은 결과는 불가능할 수도 있었을 것이다. 결과적으로 위와 같은 조건의 사례에서 보는 바와 같이 대형 건설회사와 금융기관들이 개발이익 배당 없이 대규모 도시개발사업에 참여할 수 있다는 증거는 명확하며, 이를 통하여 공익개발의 가능성 또한 확인되었다.

5.4. 공익개발에서의 민간 투자 대가

민간 투자 대가는 공익개발에 참여하는 민간 참여자가 특정 프로젝트나 특수목적법인에 투자되는 자본금과 주주 차입금, 그리고 기타 특수목적법인 설립 전에 프로젝트 추진을 위하여 투입되는 모든 비용(이하 '선 투입'이라 한다)이 민간 투자 대가의 범주 속한다. 이러한 투자 대가는 향후 특수목적법인이 금융기관으로부터 차입하는 프로젝트 파이낸싱 후순위 대출보다 높은 금리의 투자 대가를 지급함으로써 완성될 수 있을 것이다. 일예로 대장지구에서 하나은행을 비롯한 금융 출자자들의 출자금은 누적적 우선주로 구분하였고, 연 25%에 해당하는 금리를 사업 청산 시점까지 이연하여 지급하는 방식이 적용되었다. 위 금융기관의 출자 기법에서 알 수 있듯이 연 25%의 수익률이 금융상품으로서는 매우 높은 수익률일 것이다. 하지만 토지개발을 위한 특수목적법인 주식인수 투자는 높은 위험을 감안할 때 수익이 높다고만 할 수는 없다. 이와 같이 민간 참여자들의 특수목적법인 모든 출자를 고위험 고수익 방식의 금융투자 상품화한다면 개발이익은 자연적으로 시민에게 환원될 것이다.

　다음으로 논의되어야 할 것은 민간 참여자의 선투자 비용에 관한 공정 이윤을 고려하여야 한다. 민간 참여자는 특수목적법인 설립 출자금 외에 외부 차입(프로젝트 파이낸싱) 이전까지 사업 추진을 위한 운영 및 추진비(설계 및 영향 평가비)를 조달하여야 한다. 필자의 경험에 따르면 민관합동 도시개발사업의 경우 특수목적법인의 설립자본금은 프로젝트 금융 투자회사(PFV, 최소 설립자본금 50억 원)로 설립하는 경우가 대부분이다. 설립자본금이 PF 외부자금 조달 전까지 필요한 설계비와 운영비 충당에 부족함이 없다면 문제가 발생하지 않겠지만 대부분의 사업에서 특수목적법인의 출자금은 이에 미치지 못하고 있으며, 예상하지 못한 문제들 즉, 문화재 조사 및 발굴 등의 추가 비용 또한 발생할 수 있다. 따라서 예상되는 모든 사업 추진 비용을 출자금으로 마련한다는 것은 현실적으로 어렵고 과다한 특수목적법인 설립자본금은 예상치 못한 불가항력적인 사유로 사업 추진이 중지되는 경우, 프로젝트 참여자들은 사업 청산 합의를 이루어야 하는데, 자본금이 큰 경우 남은 자본금의 분배가 당사자들 간에 해결해야 할 문제가 된다. 추진이 중단된 프로젝트에 있어서 공공과 민간 또는 민간 참여자 당사자 간에도 중단에 대한 책임 소재 등이 불분명할 경우가 상당히 존재할 것이며, 이러한 문제들은 당사자 간에 많은 논쟁을 남기기 마련이다. 그리고 이러한 논쟁은 참여자들이 사업을 안정화 시키기 위한 노력보다 프로젝트 중단에 대한 책임 소재로부터 자신을 보호하고, 상대방에게 사업 중단 사유를 찾기 위해 모든 노력과 역량을 기울이게 될 것이 자명하다. 결론적으로 각각의 참여자들은 최대한의 출자금 회수가 주요 업무 성과로 자리 잡게 될 것이다. 당사자 간의 논쟁은 더욱 격화될 것이다. 이러한 문제들의 해결 방안은 특수목적법인의 최소 자본금과 필요적 사업추

　　　　　　　　　　　　　　　　　　　　　　공익개발론

진비용을 시기에 차입하는 방식을 사전에 합의하고 사업 협약에 규정하는 것이다. 이와 같은 결론은 필자의 경험을 바탕으로 관찰하여 내린 최종 결론이다.

(1) 프로젝트 파이낸싱

투자 대가는 이자이며, 이자는 대출 비용의 회수 위험을 수치화한 것이다. 대규모로 토지를 개발하는 민관합동 도시개발사업에서 가장 많은 자금의 조달은 프로젝트 파이낸싱으로 사업비의 대부분을 차지한다. 프로젝트 파이낸싱의 투자 대가는 프로젝트에 참여하는 금융기관과 특수목적법인이 대출 협의 당시의 기준금리, 사업 특성과 분양에 대한 위험성 등의 종합적인 위험을 금리로 표시하여 결정한다. 그리고 위와 같은 금융협의에서 또 다른 중요한 점 하나는 공사를 책임지는 건설회사의 신용등급이 금리 결정의 기초로 활용된다. 책임 준공 확약을 제공하는 시공사의 신용이 낮다면 높은 가산금리가 적용될 것이고, 신용도가 높은 건설회사가 책임 준공을 보증한다면 조달 금리가 낮아질 것이다. 이를 역설적으로 설명하자면 신용도가 높은 건설회사의 책임 준공보증은 금융비용을 절감하게 되고 개발이익은 증가하는 결과를 가져오게 된다. 반면에 낮은 신용의 건설회사 책임 준공보증은 개발이익 중 상당한 금액이 금융비용으로 소진된다는 것을 의미한다. 이러한 결과는 금융기관들이 시공사의 책임 준공보증을 기초로 프로젝트 파이낸싱 조달 금리를 정하기 때문이며, 금융기관의 입장에서 개발 사업 부지의 준공이 담보가치 상승을 의미하는 것으로 대출 회수 기회를 한층 안정화할 수 있기 때문이다. 따라서 책임 준공보증의 의미는 보증 시공사가 책임 준공을 이행하지 못한 경우, 차주(특수목적법인)가 금융기관으로부터 차입한 PF 대출금 중 미상환된 대출금 전액에 대한 대위변제 확약이 PF대출의 요지다.

　도시개발을 위한 PF대출은 매우 어렵고 복잡한 구조다. 대규모 도시개발에 있어서 프로젝트 파이낸싱은 하나의 대출로 구성되어 있지만 내부적으로는 대출의 회수 위험도를 기준으로 분산될 수 있다. 사업의 중단에도 담보 부동산만으로 경매나 공매 등을 통하여 대출금 회수가 가능한 구간을 선순위 대출로 정할 수 있으며, 선순위 보다 회수의 위험성이 높은 구간을 중순위로, 회수 위험도가 가장 높은 구간을 후순위 대출로 구분하고 선순위와 중순위 그리고 후순위 대출을 하나의 대출로 만든 것이 일반적인 도시개발 PF대출 구조이다. 이와 같은 방식이 도시개발사업 PF대출의 기본적인 구조이지만 토지 담보만으로 선순위 대출을 보증한다면 선순위 대출 비중이 낮아지는데 이는 전체 대출 대비 토지 담보가 평균적으로 50% 내외이기 때문이다. 따라서 낮은 담보 비율을 보강하기 위한 신용 보강이 필요하게 된다. 신용 보강은 다름 아닌 신용도 높은 조성 토지 실사용자의 매입 확약이고 시행 참여자는 사업공모 이전부터 PF대출 약정 및 최초 인출 전까지 PF대출 상당의 토지 실사용자를 모집하여야 한다. 앞서 설명한 바와 같이 금리는 회수 위험성을 표시한 수치이다. 따라서 차주는 한정된 담보에 토지 실사용자 모집을 통하여 금융비용을 절감하는 계획을 수립하고 실행하여야 할 것이다. 이처럼 토지 담보와 신용 보강(신용도 높은 책임 준공과 매입 확약)을 통하여 프로젝트 파이낸싱은 높은 선순위 비율과 낮은 금리, 낮은 후순위 비율과 높은 금리를 구성하여야 하고 이 모두를

　　　　　　　　　　　　　　　공익개발론

합산한 금융비용을 총대출금으로 나누면 All in cost가 된다. 그리고 All in cost가 프로젝트 파이낸싱 대출의 금리가 될 것이다.

프로젝트 참여자들 입장에서 PF대출의 중요사항을 살펴보면, 분양성을 높이면 금리가 낮은 선순위 대출 구간을 증가시켜 금융비용을 절감할 수 있는 결과를 만들 수 있다는 것을 확인할 수 있다. 향상된 분양성은 사업의 안정화와 더불어 금융비용을 절감하게 되고, 절감된 금융비용은 개발이익을 증가시키므로 개발이익 환원 효과 또한 증가시킨다. 따라서 사업 참여자들은 향상된 분양성을 만들기 위하여 최대한의 노력을 다하여야 할 것인데, 향상된 분양성은 화려한 조감도나 미래 희망을 가득 담은 낙관적 추정치로는 실질적 분양성이 향상되지는 않는다. 가장 효율적인 방법은 전략적 참여자의 모집이다. 다만, 전략적 참여자가 향후 조성된 토지에 대한 토지 매입 대금의 납부 의무보다 높은 신용도의 보유 및 유지가 필요하며, 시행 참여자는 전략 출자자의 신용도 변화에 따른 대안 또한 마련해 두어야 한다. 이처럼 금융비용을 절감하고 개발이익을 확대하여, 보다 많은 공익 기여를 권장하는 것이 공익개발이다. 앞 장에서 설명과 같이 대한민국 국회는 대장지구 사건을 이유로 도시개발법을 개정함에 있어서 민간 참여자가 직접 건축물을 건축하여 사용하거나 공급하려고 계획한 토지는 전체 조성 토지 중 해당 민간 참여자의 출자 지분 범위 내에서만 조성 토지 등의 공급 계획에 포함하도록 하고 있는데, 이는 현명하지도 못하며, 대장지구라는 단편적 사안을 각기 다른 조건의 모든 사업에 적용하여 공익개발을 막는 규정이 되어 버렸다. 이와 같은 규정은 대장지구에서 특정 민간기업이 조성된 모든 토지의 매수권을 행사한 경우를 들어 생성된 규정이다. 예를 들어 보자, 프로젝트에 참여하여 노력한 당사자를 배제하고 이해관계는 없으나 운이 좋은 3자가 노력한 자와 같은 가격으로 조성 토지를 확보할 수 있게 된다면 이를 정의롭고 공정하다고 할 수 있는지 매우 회의적이다. 이는 주택용지의 경우, 공급 방식이 최고가 입찰방식이 아닌 추첨 방식이기 때문에 특수목적법인의 추가적인 이익도 발생하지 않기 때문이다. 따라서 이와 같은 조치는 프로젝트 민간 참여자를 악의적인 집단으로 추정한다는 대목으로 필자는 납득하기 어렵다.

(2) 특수목적법인(SPC) 출자금

현재의 민관합동 방식과 공익개발방식의 가장 큰 차이는 민간 참여자가 특수목적법인의 자본금을 납입하고, 취득하는 주식의 종류다. 공익개발에서 공공참여자는 보통 주식을 취득하며 의결권과 배당권을 취득하는 반면, 민간 참여자는 2종 우선주식을 취득하여 의결권과 확정금리 상당의 이자를 이연 배당받는 주식을 취득하게 하여야 한다. 여기서 1종 우선주식은 금융기관이 취득하며 2종 우선주식보다 우선하여 투자 대가를 청구할 수 있고, 2종 우선주식은 보통 주식보다 우선하여 투자 대가를 청구할 수 있는 구조다.

위와 같은 특수목적법인 출자금과 출자 비율 그리고 개발이익 배당을 공익개발방식으로 가정해 보면 다음과 같다. 개발이익 총액에 대하여 당시 성남 대장지구 관련 기자회견 발표를 기준으로 공공 환수 5,503억 원, 금융기관을 포함한 민간 참여자 개발이익 배당금 4,071억 원을 기준으로 개발이익 총액은 9,574억 원임을 알 수 있다. 위와 같은 대장지구에 필자의 공익개발방식을 적용하면 민간 참여자 출자금 투자 대가로 환산할 경우, 다음과 같은 결과가 나온다. 대장지구와 같이 사업 기간을 6년으로 가정하고, 금융기관이 출자한 제2종 우선주식과 같이 연 25%의 이연 금리 적립방식을 가정할 때 민간 참여자 총출자 비율은 총 발행 주식의 50%-1주를 취득하였다. 따라서 PFV 설립자본금 50억 원 중 24억 9천만 5천 원을 출자함으로 사업 기간 6년, 연 25% 금리로 환산한 공익개발 출자금 투자 대가는 37억 원 상당이다. 따라서 공익 환수는 5,503억 원에서 9,510억 원으로 증가함을 알 수 있고, 이는 총 개발이익의 99.6%에 해당한다. 대장지구의 비교와 같이 공익개발은 대규모 토지개발 이익의 99% 상당이 공익화될 수 있다. 업무독려와 격려를 위한 상여금 상당의 성과급을 지급한다고 가정하더라도 공익개발은 개발이익 90% 이상이 공익화될 것이다.

(3) 민간 참여자로부터의 차입금(선투자와 업무비용)

총사업비 대비 낮은 특수목적법인 자본금과 더불어 사업 추진 지연 등의 사유는 빠른 자본 잠식을 가져온다. 따라서 특수목적법인 참여자들은 사업 추진의 지속성을 유지하기 위하여 외부로부터 조사설계비 및 운영비의 차입이 필수적으로 발생하게 된다. 이러한 차입은 인허가 과정의 지연과 개발로 인한 민원 해결을 위한 재원으로 부족한 사업추진비는 대부분 민간 참여 주주 차입으로 조달하고 때로는 Bridge loan과 같은 금융 차입 방식을 사용한다. Bridge loan 대부분은 신용을 기반으로 하는 자금 조달 방식으로 대출에 대한 담보물이 없어 PF대출 후순위 대출과 비슷하거나 높은 금리가 적용된다. 그러나 위 추진 상황에서는 PF 협의가 존재하지 않으므로 후순위 대출금리 또한 확정할 수 없다. 따라서 주주 차입 과정에서 차입금의 이자율은 향후 특수목적법인이 금융기관으로부터 프로젝트 파이낸싱을 체결하는 경우 PF 대출 후순위 이자를 인용할 것을 명기하고, 이자의 지급 시기는 특수목적법인 출자금 우선주식과 같이 이연하여 프로젝트 파이낸싱 대출금 최초 인출에서 일괄 지급하는 방식이 타당할 것이다. 위 과정에서 전략 참여자의 대여금은 전략 참여자가 특수목적법인으로부터 우선 매입하기로 한 토지의 분양 대금 일부로 전환하는 방식 또한 고려해 볼만하다.

특수목적법인 출자금 부족으로 인한 주주 차입은 전체 사업비 또는 프로젝트 파이낸싱에 대비하여 매우 미미한 수준이므로 차입으로 인한 비용은 개발이익 증감에 큰 변화를 가져올 정도의 사항은 아니다. 다만, 프로젝트가 사업 초기의 태동기임으로 불확실성이 다양하게 존재할 수 있고, 미래에 대한 변수가 많이 존재함으로 투자위험도는 매우 높은 시기임에는 틀림이 없다. 따라서 그에 합당한 기회비용이 지급되거나 정산되어야 할 것이다. 그러나 현실에서는 이에 관한 규정과 절차를 마련하지 아니하고 급한 대로 주주로부터 자금을 차입하거나 투입하는데 이는 차후에 불신의 씨앗이 된다. 이처럼 공익개발에서 투자 대가를 사전에 확정하는 이유 중 하나는 현재의 민관합동 개발 방식에서 발생하는 공공참여자와 민간 참여자 간의 과다한 견제와 불신 예방에 목적이 있다. 이러한 관점에 더하여 공공참여자는 특정 민간기업의 과다수익 귀속 현상을 예방하기 위하여 화합보다는 견제를 강요받는 현실에 직면하게 된다. 어쩌면 위와 같은 과대

견제 현실이 발생하는 원인 중 하나가 천문학적인 개발이익을 탐하는 일부 민간 참여자가 존재하기 때문이기도 하다. 따라서 공공참여자의 견제와 의심을 기반으로 하는 현재의 업무 형태는 공익개발방식 이외에는 원천적으로 예방할 수 없다. 과다한 견제와 불신의 문제는 불필요한 사회비용을 증가시키고 참여자의 기회비용과 개발이익을 감소시키게 된다는 것이다. 공익개발은 공공참여자와 민감 참여자들 간의 불합리한 관계를 사업 초기에 투자 대가라는 통념상의 확정된 수익을 민간 참여자들에게 보장함으로써 민간 참여자에게는 기회비용을 확정적으로 제공하고, 공공참여자가 우려하는 특정 민간 참여자의 과다한 개발이익 귀속을 사전에 예방할 수 있어 개발이익의 시민 환원에 토대를 가져올 것이다.

일부를 제외한 대부분 민간 참여자는 막대한 개발이익을 목적으로 대규모 도시개발사업에 참여하지 않는다. 민간 참여자 자신이 영위하는 고유 업무 영역에 대한 공정한 대가와 프로젝트의 구성원으로서 사업의 안정과 성공적 결말을 원할 것을 인터뷰와 설문을 통하여 확인되었다. 우리 사회 구성원들은 민간의 힘 즉, 선량하고 현명한 국민이 대다수임을 대한민국 역사가 증명한다. 대한민국의 민주화 쟁취도, 세계 10위의 경제 발전도 민간의 피와 땀으로 이룬 결과이기 때문이다.

5.5. 공익개발과 경기순환 관계

민관합동 토지개발 사업에 민간이 참여하는 이유는 대부분 재화나 용역

대가의 확보와 수익 기대이고, 업무 대가에는 기획, 건설, 홍보, 분양, 세무, 법률, 금융 자문과 기술에 관한 특허 및 개발 사업에 대한 노하우 등 매우 다양한 기술들을 포함하고 있다. 개발 사업은 민간 참여자로부터 민간 참여자 자신이 속한 집단의 특허와 최신 기술 그리고 긴 시간 동안 동 업종을 유지, 관리하는 경험을 바탕으로 진보한 노하우 등이 필요에 따라 적용되고, 참여자는 자신의 고유 업무 영역에 대한 재화의 공급이나 용역을 수행하고 이에 대한 합리적인 대가의 귀속을 원한다.

필자는 경험에서 이러한 민간 참여자의 용역대가가 상당 부분 공공참여자로부터 침해받는 현실을 목격하였다. 침해의 근본 원인은 개발이익의 증대가 목적인데, 공공 참여자 입장에서 민간 참여자의 용역대가를 최대한 낮추도록 함으로써 개발이익이 증가함으로 공공참여자의 개발이익 배당을 높이기 위함이 포함되어 있다. 또한 정확한 기준이나, 가이드 라인과 같은 지침이 마련되어 있지 않으므로 무조건 최대한 용역단가를 낮게 함으로써 향후 행정 사무 감사 등에 대비도 할 수도 있기 때문일 것이다. 하지만 이와 같은 현상의 바탕에는 민간의 과도한 개발이익 귀속이라는 문제점이 자리 잡고 있다. 특히나 지금까지 언급한 과도한 개발이익의 범주는 개인의 성향에 따라 차이가 매우 크다. 무엇을 기준으로, 어느 정도 이상이 과도한 개발이익 귀속인가도 명확하지 않다. 따라서 누구는 과도한 개발이익의 귀속이라고 단정하고 또 다른 이는 정당한 귀속이라고 이야기한다. 즉, 이야기하는 사람의 자산이나, 소득의 수준 그리고 진보와 보수의 이념적 성향 등에 따라 같은 개발이익도 다르게 해석할 수 있기 때문이다.

민간 참여자의 용역 대가에서는 민간 참여자들의 업종에 관한 공익개발 참여 의도와 민간 참여자들에 대한 공정한 용역대가에 관하여 필자의 경험을 기준으로 대안을 모색하고자 한다. 대규모 도시개발사업에는 개발하고자 하는 방향도 다양하고 참여하는 민간 참여자들도 다양하다. 참여하려는 다양한 민간사업자들의 모든 생각을 담을 수는 없지만 중첩되는 건설 참여자, 시행 참여자, 금융 참여자 기타 기술 참여자와 조성 토지를 확보하고자 하는 전략 참여자로 구분하여 기술하고자 하며, 필자의 경험을 기초로 민관합동 도시개발사업 업무별 참여자들의 참여 방안을 제시하고자 한다.

(1) 건설 참여자

현재까지 대규모 토지를 조성하는 민관합동 도시개발사업에 건설 참여자의 참여 목적은 도급공사 수주이며, 조성 공사를 통한 건설 이윤 추구와 더불어 개발이익의 배당을 목적으로 개발 사업에 참여해 왔다. 하지만, 공익개발방식의 경우, 개발이익의 민간 배당이 없으므로 건설회사 또한 공사 수행을 통한 공사이익만이 참여로 인한 이익의 전부이다. 따라서 공사를 수행함에 있어서 설계가 대비 계약하는 공사 도급률이 참여를 결정하는 유일한 요소가 될 것이다. 여기에 추가적으로 외부자금인 PF대출 과정에서 분양률과 연동되는 공사 기성금 확보 등이 시공 참여를 결정하는 중요한 조건이 된다. 건설 참여자 입장에서 현재의 공사대금 확보 방식은 프로젝트 파이낸싱 약정에 공사대금의 지급만을 위한 별도의 특별계정을 두고 관리하는 방법이 보편적이다. 이러한 별도 공사비 계정은 공사비가 타 사업비용으로 전용될 수 없도록 하고 공사비만을 지급할 수 있게 하는 유용한 기법이다. 하지만 공사비 별도 계정 관리방식에도 불구하고 통상적으로 도급공사 예정 금액 전부를 프로젝트 파이낸싱에서 조달하는 경우는 거의 없다. 대부분 시공회사가 공사의 수행으로부터 얻을 것으로 예상되는 이익, 즉, 공사이익은 프로젝트 파이낸싱의 상환까지 지급이 유예되거나 연기되고, PF 대출금이 상환되면 이후의 특수목적법인의 현금 흐름에 따라 지급 받을 수 있도록 하는데, 이와 같은 현상은 PF 대주단 입장에서 건설회사가 조성 공사를 수행함에 있어서 공사이익을 제외한 최소한의 공사비만을 우선적으로 조달되게 하는 사유로 금융사 입장에서 건설회사 또한 분양률 제고 활동에 직접적으로 참여나 동참하라는 의미를 내포하고 있다. 추가적으로 PF 대출금의 총액을 축소함으로써 대출금 회수의 안정성을 높이기 위함도 포함되어 있다. 따라서 PF 대출금으로 조달된 공사비 외 금액은 특수목적법인이 분양 활동을 통하여 현금흐름을 만들고, 분양 대금은 PF 대출금 상환에 우선 충당되며, PF 대출금 상환 후에 미지급 공사 잔여금을 지급할 수 있게 만든 금융 구조가 일반적이다. 이러한 조건에서 분양이 저조할 경우 잔여 공사대금의 확보가 어려워질 수 있다. 그러므로 시공참여사 입장에서는 PF에서 확보된 공사비를 제외한 잔여 공사대금을 확보하기 위하여 분양성 또한 매우 중요한 사업성 검토 요소이다. 개발 토지의 분양 책임은 일차적으로 프로젝트 기획을 주관하는 디벨로퍼(시행 참여자)에게 있으나 분양률이 저조할 경우 건설회사 또한 공사대금 확보가 어려움으로 사업 파트너인 디벨로퍼(시행사) 선택에 있어서 기획 및 개발 역량은 시공 참여사 입장에서도 매우 중요한 요소이다.

앞서 설명과 같이 공익개발에서 심도 있게 관찰하여야 할 문제는 특수목적법인이 시공 참여자와 특수목적법인 간에 체결하는 공사도급계약의 공사 도급률이다. 일부 극단적 비관론자는 건설회사가 공사비를 부풀려 개발이익을 독식한다고 주장하는 경우가 있는데, 이는 현재 이루어지는 민관합동 도시개발 과정을 이해하지 못하고, 사회 불신에 따른 의혹적 주장이다. 현재 민과 관이 합동으로 도시개발사업을 추진하는 사업에서 공사비 부풀리기는 개인적인 일탈 행위를 제외하면 구조적으로 발생할 수 없다. 단지를 조성하는 토목공사의 경우, 설계 도면과 공사내역서를 시행사뿐만 아니라 공공참여자가 사전 검토하여 수정된 내역에 따라 공사 금액이 확정되기 때문이다. 검토 및 수정되는 과정에서는 공사에 필요한 자재의 단가, 수량, 일위대가 등과 특허의 적용 여부까지 모든 공사의 시공 사항들이 포함되고, 수정된 공사 내역에 따라 공사 설계 가격이 확정되기 때문에 시공사가 임의적으로 공사비를 부풀릴 수 있는 개연성이 없다. 그 외 설계의 변경에도 같은 방식이 동일하게 적용된다. 이러한 감독 기능에 추가하여 책임감리제를 두어 책임 감리로 하여금 설계와 내역에 관한 3자 검토와 시공상의 감리 보고서를 종합하여 공사비의 적정성이 확인되는 만큼 공사비에 대한 감독구조는 충분하다.

지금까지의 경험에서 시공사의 공사 도급률에 대해 항상 민간 참여자와 공공참여자 간에 이견이 존재하였다. 공공참여자인 정부 담당자는 공공에서 발주하는 평균 공사 도급률 86.745%를 기준으로 제시하곤 하였다. 공공에서 발주하는 평균 도급 공사률 적용 방식은 공사 수행을 통한 기성 결과에 따라 공사비가 지급되는 재정사업의 기준이다. 하지만 민관합동 프로젝트사업에서의 공사도급계약은 재정사업과 같이 공사대금을 기성에 따라 지급할 수 없음이 전제되고, 참여 건설회사는 공사도급계약과 별도로 '책임 준공보증'을 요구받게 된다. 따라서 시공사가 부담하는 '책임 준공보증'에 대한 이해가 필요하다. 시공사가 PF 대주단에 제공하는 '책임 준공보증'을 짧게 요약하자면 다음과 같다. 책임 준공보증은 공사대금의 지급과 관계없이 시공사는 대출 기한 내에 자신의 책임으로 공사를 준공하여야 하며, 책임 준공 의무를 위반하는 경우 PF 대출금 또는 미상환 PF 대출금 전액을 채무자인 특수목적법인을 대위하여 대주단에게 변제할 것임을 확약하는 약정이다. 즉, 일련의 사유로 대주단이 공사비를 지급하지 아니하여 시공사가 자기 자금을 투입해서라도 대출 기한 내 단지 조성 공사를 완료하라는 것이다. 그리고 대출 기한 내 준공하지 못하는 경우 책임 준공보증인(시공사)의 자금으로 PF 대출금을 상환받겠다는 의미이기 때문에 미래 예측에 관한 위험도가 매우 높은 공사도급계약이라는 현실을 감안하여야 할 것이다.

따라서 책임 준공보증과 미래 분양률이 연동하는 미확보 공사비 문제를 공공 재정사업으로 발주되는 평균 공사 도급률로 반영하는 것은 공정하지 못하다. 필자의 경험으로는 각각의 프로젝트마다 미래 분양률 위험을 반영하여 5% 내지 10% 범위에서 다양하게 도급률을 적용하였다. 따라서 프로젝트 공사 도급률은 공공기관의 검토 및 수정된 공사 설계 및 내역을 기준으로 91.745%부터 96.745%까지 적용하였다. 그리고 이처럼 공사 도급률의 다양한 이유 중 하나는 참고할 만한 '리스크 프리미엄' 설정값이 없었기 때문이기도 하다. 위와 같은 상황에서 민간 참여자와 공공참여자는 사업협의 과정에서 개별 사업에 따른 다양한 쟁점 사항들을 중심으로 논의하는 결과일 것이다. 여기에 더하여 현재까지의 민관합동 개발 방식에서는 건설회사도 개발이익 배당권자에 포함되어 있었기 때문에, 향후 개발이익 귀속도 염두한 공사도급계약 협의 결과로 보아야 할 것이다.

　지금까지와 달리 공익개발은 건설회사를 포함한 민간 참여자에 대한 개발이익 귀속 과정이 없음을 전제함으로 시공사는 조성공사 수행에 따른 공사이익으로 한정된다. 공익개발에서의 통념상 공정 공사이익(공정대가)이란 3자가 같은 공사를 하더라도 대동소이한 공사이익의 범주를 말한다. 따라서 공정한 공사 금액의 산출을 위하여 도면과 설계 내역서의 검토와 확정은 공공참여자로부터 이루어져야 하고, 시공사는 책임 준공보증과 분양 불 공사대금 지급조건을 조건으로 공공 재정사업의 평균 도급률 86.745%에 '리스크 프리미엄'이 더하여 확정되어야 할 것이다. 앞서 설명과 같이 기존의 협의에서 '리스크 프리미엄'은 최저 5%부터 최고 10% 상당이다. 하지만 대장지구에서 확인되듯이 개발이익 대비 공사비 5% 상승은 비교할 수 없을 정도로 미미한 수준이기 때문에 신용도가 높은 민간 건설회사의 공익개발 참여를 유도하기 위해서라도 '리스크 프리미엄'은 시공사의 의견을 충분히 청취하고 유연하게 반영되어야 한다고 생각한다.

(2) 금융 참여자

　공익개발방식에서 금융 참여자의 용역대가로 볼 수 있는 업무는 프로젝트 파이낸싱 조달을 위한 금융 자문업무와 자금관리 업무 그리고 신탁계약에 의한 신탁업무다. 하지만 위 금융 참여자의 용역대가는 현재의 민·관 합동 개발사업에서 시장 변동 사항이 충분하게 반영하고 있으므로 추가적인 이슈는 거의 존재하지 않는다.

금융 참여자의 용역대가 중 가장 큰 비중은 금융 자문업무이다. 시행 참여자의 기획을 건설회사가 검토하고 수치화된 자금흐름을 토대로 시장금리를 적용하여 프로젝트 파이낸싱 규모가 결정된다. 분양계획에 주변 시세 등의 현실성을 반영한 자금 흐름의 안정성을 시뮬레이션하여 대출 약정의 주요 사항을 차주와 협의 조정 과정을 진행한다. 조정 합의사항을 기준으로 법무법인이 대출 약정(안)을 작성하여 다큐멘테이션을 실시하고, 대주와 차주 그리고 프로젝트에 참여하는 이해관계 당사자들이 위 대출 약정(안)에 대한 최종 검토를 진행한다. 최종 검토 의견에 대한 이해관계를 조정하고 의견이 반영된 대출 약정(안)이 확정된다. 그리고 계약의 당사자들이 위 대출 약정(안)에 기명 또는 날인 함으로써 프로젝트 파이낸싱 계약이 체결되고, 대주단으로부터 토지비를 포함한 공사비 등이 프로젝트 파이낸싱에 명시한 인출 조건에 따라 자금이 집행된다. 위와 같이 프로젝트 파이낸싱 조달에 있어서 대주를 대신하여 대출 조건을 검토, 제안, 협의, 조정, 합의 등 일련의 과정을 총괄하여 추진하는 업무가 금융 자문업무 용역이다. 용역의 수수료는 프로젝트 파이낸싱 대출총액을 기준으로 약 0.5~1.5% 상당이며, 요율은 프로젝트 특성과 업무의 난이도에 따라 결정된다.

다음으로 금융 참여자의 용역대가에는 자금관리 업무위탁계약이다. 저축은행 사태 이전까지는 프로젝트 파이낸싱 대출금을 차주가 일괄 인출하여, 직접 관리하는 경우가 있었는데, 차주의 일탈적 행위 또는 범법행위로 대출금을 지정 목적에 사용하지 않거나, 횡령 또는 배임하는 사태가 종종 발생하였다. 따라서 이후 횡령 등의 개인적 일탈 행위를 예방하기 위하여 대주단이 프로젝트 파이낸싱을 포함한 분양대금, 출자금, 기타 프로젝트의 모든 자금을 관리하게 되었다. 자금관리 위탁수수료는 업무에 투입되는 인원의 근로 대가를 기준으로 월 단위 금액으로 산정하는 방식이 일반적이다. 자금관리 위탁 사무는 자금의 집행 업무를 관장하는 신탁회사와 사업의 현금흐름을 고려한 자금관리 사무를 관장하는 금융주관사가 2단계 구분하여 수행하며, 자금관리는 집행 업무와 관리 업무를 구분함으로써 중첩적으로 안전성을 강화하는 구조가 바람직하다.

신탁 관리는 프로젝트 파이낸싱의 담보물과 분양 대금 등 차주 소유의 일체 자금을 관리하도록 하여야 한다. 자금관리에 있어서는 신탁계약 약정을 기초로 자금을 유지, 관리하되 대주의 요청에 따라 자산의 처분과 배분 업무를 포함한다. 신탁계약에는 담보신탁, 관리신탁, 처분신탁, 개발신탁 등 다양하며 민관합동의 대규모 도시개발사업의 경우 담보신탁계약을 일반적으로 체결하지만, 때에 따라서는 관리, 처분, 개발신탁을 활용할 수 있다. 신탁업무의 용역대가는 계약의 종류와 업무 난이도의 편차가 매우 크고, 일반적으로 신탁회사에서 제시하는 비용 또한 편차가 크므로 계약 체결을 준비하는 시점에서 업무의 난이도를 평가하고 시장 가격을 조사하는 등 공정성을 확보하여야 할 것이다.

공익개발의 실현성을 높인 요인 중 하나가 선진화 금융기술이다. 현재 대부분의 금융기관은 민관합동 도시개발사업의 특수목적법인 설립에 출자 참여를 하지만 개발이익의 배당에 참여하지는 않고 있다. 대안적으로 금융투자 방식의 이자 청구권을 취득한다. 공익개발은 이와 같은 금융기관의 금융투자 방식의 특수목적법인 출자 방식을 모든 민간 참여자에게 적용하는 것인데, 결과적으로 민관합동 도시개발사업에서 개발이익의 사유화를 원천적으로 차단하게 되고, 개발이익 전부는 공익 재원으로 활용되는 일련의 과정이다.

(3) 디벨로퍼(시행 참여자)

민관이 합동으로 대규모 토지를 개발하는 형태의 사업에서 시행사의 역할은 매우 중요하다. 일반적으로 부동산개발 시행사는 개발계획 수립, 자금 조달계획 수립, 토지 확보 계획 등과 인허가 활동, 분양계획 수립 등 입주까지의 모든 개발 과정의 총괄자다. 그러나 민관합동 개발사업의 시행사인 특수목적법인은 대부분 페이퍼 컴퍼니로 구성된다. 따라서 일반사무는 자산관리 회사에 위탁하고, 자금관리 사무는 금융기관에 위탁하는 간접 관리 방식을 활용하고 있다. 따라서 특수목적법인은 이사회를 통하여 사업의 추진 계획과 중요한 계약에 대한 심사 및 승인 업무만을 관장하게 된다. 자산관리 업무를 위탁받은 자산관리회사는 추진 계획(안)과 중요한 계약에 대한 사전 검토서를 첨부하여 PFV 이사회 의결을 요청하고, 이사회로부터 승인된 사항에 한정하여 일반사무 관리를 수행하게 된다. 이와 같은 업무 특성으로 시행 참여자가 자산관리회사의 설립을 주도하거나 공공을 포함한 다른 참여자와 공동으로 특수목적법인을 대행하여 시행 업무

공익개발론

를 수행하는 형태와 구조가 일반적이며, 공익개발 또한 이와 유사하거나 같다.

공익개발방식의 활용이 기존 방식과 비교하여 가장 큰 차이점은 시행 참여자의 의지에 있다. 성남시 대장지구와 같은 사건도 시행 참여자의 과도한 개발이익 귀속에 관한 문제가 원인이었음을 감안할 때, 공익개발에서는 시행출자자 또한 개발이익의 배당이나 귀속이 없으므로 대장지구와 같은 특정 민간의 과도한 개발이익 귀속에 관한 문제들은 원천적으로 발생할 수 없다. 다만, 공익개발에서는 개발이익의 귀속이 없는 시행 참여자의 참여 유도와 공익가치 창출에 대한 이해가 절대적으로 필요하다. 프로젝트가 최고 수준의 안정성을 확보하고 있다는 조건의 개발계획이라면, 건설 참여자는 공사 수주를 목적으로 참여가 가능할 것이고, 금융기관은 대출이자를 목적으로 참여가 가능할 것이다. 이에 반하여 참여 목적이 개발이익이었던 시행 참여자에게는 개발이익을 원천적으로 공익에 귀속하고, 시행사 성과 업무에 대하여 시민 눈높이의 성과급으로 지급을 대체한다. 이로써 시행 참여자 또한 공익을 목적으로 한 대규모 토지개발에 참여를 선택한 만큼 개발이익의 공익화에 동의하였다고 볼 수 있고, 정부 입장에서 시행 참여자가 개발이익을 시민에게 환원될 수 있도록 기여한 부분을 고려하여 그의 노력에 상당하는 인센티브 제공은 바람직하다.

다음으로 명확히 할 부분은 대규모 토지개발을 민관합동으로 수행하는 경우, 기존의 시행 참여자가 수행하는 업무 중 분양 및 홍보 업무의 용역 대상과 범위 문제이다. 일반적인 공동주택 개발에서 시행사가 자신의 개발기획을 잘 표현해 줄 수 있는 홍보와 실력을 겸비한 분양대행사를 선정하고 이에 관한 용역을 발주하게 한다. 시행사는 분양을 통한 미래 현금흐름을 반드시 확보하여야 하고 분양으로부터 프로젝트 파이낸싱 대출금의 상환을 계획하여야 한다. 위와 같이 아파트(공동주택) 개발 사업에서 시행사가 홍보 및 분양대행사를 결정하고 비용을 확정하는 주된 이유는 개발이익이 전부가 시행사의 이익과 동일시되기 때문이다. 그리고 이러한 방식은 일시적으로 홍보와 분양을 추진하여 그 결과를 도출시키려는 공동주택사업에서의 일반적인 예이다. 그러나 대규모 토지를 개발하는 민·관 합동 개발방식은 긴 시간이 요구되는 장기 사업으로서 공동주택 시행과 같은 방식의 일시적이고 대대적인 홍보와 시민을 대상으로 하는 분양 방식을 적용하기에는 매우 어렵다. 따라서 홍보의 경우 이사회 승인을 통하여 자산관리 회사가 사업 시기적으로 필요를 조정하여 시행사와 공동으로 수행함이 합리적이다. 하지만, 토지의 분양 업무는 시행 참여자가 직접 관리하에 수행하여야 한다. 홍보활동은 분양을 지원하기 위한 보조행위로써 사업의 성공적 수행에 직접적인 영향을 미치지 아니하지만, 분양은 대출금 상환과 일부 공사비 등의 사업비 조달을 위한 직접적으로 영향을 미치는 활동으로 참여자 중 누군가는 분양에 대하여 직접적인 책임을 부담하여야 한다. 자산관리회사가 분양 관리의 주체로 생각할 수 있으나, 분양활동은 공모단계 이전부터 계획되어야 하고 이후 지속적으로 수행되어야할 것임으로 자산관리회사에서 수행하기에는 구조적으로 불가능하다. 즉, 자산관리회사는 컨소시엄 결성과 사업자 공모, 공공참여자를 포함한 사업협약 이후에 특수목적법인의 설립과 동시에 설립되기 때문이다. 자산관리회사의 설립과 사업구조 및 업무 목적 측면에서도 분양 책임을 자산관리

회사에 전가하기 어려운데, 이는 사업계획을 자산관리회사가 수립한 것이 아니며, 시행사가 계획한 사업계획을 수행하는 단순 업무 기능 때문이다. 민간이 컨소시엄을 구성함에 있어서 시행 참여자는 사업계획을 수립하여 건설 참여자와 금융 참여자에게 배포함에 있어서 ① 관계 법령에 부합하는 토지이용계획과 사업비를 산출하고 ② 시장조사를 통하여 현실성 있는 분양계획을 수립하여 사업 수지를 검토한다. ③ 분양계획의 실행을 위하여 사전 수요자를 모집하여 미래 현금 흐름 신용을 창출하여 PF 대출금 상환 및 공사비를 포함한 사업비 조달계획을 수립하여야 한다. 수립된 계획을 건설 참여자와 금융 참여자에게 검토를 요청하여, 참여 회신을 승인받음으로써 공익개발 민간 컨소시엄이 구성된다. 따라서 시행 참여자의 분양계획과 책임은 민간 컨소시엄의 매우 중요한 업무로서 분양 업무는 사업계획 단계부터 사업 청산 단계까지 수행하여야 한다.

도시개발법에서는 특수목적법인이 토지를 확보하고, 단지 기반 시설 공사가 입주가 가능할 정도로 조성 공사가 완료되었을 때, 관리기관의 허가를 받아 토지를 공식적으로 분양할 수 있도록 규정하고 있다. 분양 승인 신청 과정에서 특수목적법인의 주주가 직접 사용하거나 개발하여 분양하는 토지의 계획을 포함할 수 있도록 하고 있으며, 직접 사용 토지 외의 일반적 조성 토지의 공급은 추첨 및 최고가 입찰방식에 의하도록 명시하고 있다. 이와 같은 과정에서 미분양이 발생한다면, 대출금의 미상환, 공사비 미지급, 기타 사업비 등의 부족이 발생할 것이므로 시행 참여자는 미분양 해결에 관한 책임도 부담하여야 한다. 따라서 시행 참여자는 프로젝트의 계획단계부터 청산까지 분양에 관한 계획과 반복적인 수정을 통해 지속적인 분양 활동 전개하여야 사업 위험을 최소화하여야 한다. 그러함에도 공공 참여자 입장에서 시행 참여자의 공모전 선분양 활동을 공식적으로 인정할 수 있는가에 대한 의문이 존재한다. 공공 참여자 입장에서 공모전 시행사 활동을 알 수가 없고, 공모 과정에서 전략 출자자 즉, 조성 토지의 실사용자가 포함되어 있기 때문이다. 하지만 시행사는 향후 금융기관의 투자와 컨소시엄 참여 그리고 특수목적법인 출자를 승인받기 위하여 사업의 안정성 즉 PF 대출금의 상환 계획을 확보하여야 금융기관의 민간 컨소시엄을 구성할 수 있고, 투자금이 확보되어야 신용도 높은 건설회사의 책임 준공보증을 확보할 수 있다. 따라서 가장 중요한 부분이 조성 토지의 실사용자 확보와 같은 선분양 활동이 사업 추진의 열쇠와 같다. 여기에 더하여 추가로 조성 토지의 매입 의사가 있다고 하여 모두가 참여할 수는 없다. 조성 토지 매입 의사가 있는 예비 전략적 참여자라 하여도 그의 신용이 그가 매입하고자 하는 토지 가격을 보증할 수 있어야 한다. 이는 전략적 참여자가 신용의 부족으로 인하여 토지 대금 납입을 지연하거나 납입을 못 하는 문제가 발생할 경우, 프로젝트 모든 참여자에게 피해를 주거나 프로젝트를 파산시킬 수 있기 때문이다. 따라서 참여 희망자의 신용 조건의 충족 문제들로 인하여 참여 의사와 별개로 금융기관의 검증 과정으로 가입과 탈퇴는 반복된다. 참여 의사표시 및 컨소시엄 구성 당시의 신용뿐만 아니라 토지 대금 납입이 완료될 때까지 신용은 유지되어야 하기 때문에 지속적인 관찰도 수행되어야 한다. 그러므로 시행 참여자는 예상하는 PF 대출금이 상환될 때까지 직접사용자 발굴 업무를 지속적으로 반복 수행하게 된다. 하지만 공공참여자도 사업의 추진 과정에서 신용도 높은 선 분양자가 자기 상황에 따라 참여를 포기하거나 컨소시엄과 특수목적법인 주주구성

     공익개발론

에서 탈퇴하는 경우가 발생하게 되고 프로젝트의 불안정성이 증가하는 상황을 경험하게 된다. 그러한 상황을 개선하기 위하여 탈퇴한 주주보다 신용도가 높거나 최소한 동일 수준의 대체자를 모집하는 과정에서 공공참여자 또한 인정하는 경우를 많이 보았다. 따라서 분양에 대한 책임 있는 참여자가 필요한 만큼 토지의 직접사용자 모집 등과 같은 선분양, 공개입찰 그리고 미분양 등 사업계획과 더불어 여러 형태의 토지 분양 활동 등을 종합하여 시행 출자자에게 책임과 의무를 부담하도록 하는 것이 바람직하다.

(4) 전략참여자

전략 참여자의 중요성은 대규모 도시개발사업에서 사전 분양을 통하여 미래 현금흐름을 안정적으로 확보함으로써 프로젝트 파이낸싱의 상환과 사업비 조달의 가능성을 높인다. 여기에 프로젝트 파이낸싱으로 확보하지 못한 시공사의 잔여 공사비의 확보가 가능해짐으로써 시공사가 프로젝트 파이낸싱에 제공하는 책임 준공보증 결정에 긍정적 영향을 미치게 된다. 즉, 프로젝트 파이낸싱 과정에서 시공사가 대주단에 제공하는 '책임 준공보증'과 같은 우발채무 위험에 대하여 전략 참여자의 '매입 확약 보증'의 확보는 위험성을 최소화할 수 있는 최적의 방법이기 때문이다. 전략 참여자의 '매입 확약 보증'은 높은 신용을 보유한 시공사가 승인된 개발계획에 따라 단지 조성 공사를 준공하는 경우 조성된 토지 중 약정된 토지를 매입하겠다는 계약이다. 다만, '매입 확약'에서 중요한 점은 확약자의 경제 활동 상황 변화 또는 변심으로 매입 확약을 포기나 중지할 수 없다는 점인데, 매입 확약을 이행하지 않는 경우 신용불량자 등록과 같은 경제활동상의 불이익을 받을 수 있는 점이다.

전략 참여자의 참여와 관련하여 민관합동 도시개발사업 추진 과정에서 조성 토지의 공급 방식이 사회 정의에 부합하는지에 대한 논의가 필요하다. 현행 민관합동 개발 방식에서의 조성 토지의 공급은 참여자가 직접 사용하거나, 개발하여 분양하는 직접 사용 방식과 일반인을 대상으로 공평한 기회를 제공하는 입찰방식으로 구분한다. 그리고 용지에 따라서 주거를 목적으로 하는 주거 용지는 매각 토지를 감정하여 추첨방식으로 매수자를 선정하며, 주거를 제외한 상업 등의 용지는 최고가 경쟁입찰 방식으로 매수자를 선정한다. 이와 같은 방식의 결과를 살펴보면 주거용 용지는 매수자와 상관없이 매각으로 인한 특수목적법인의 개발이익에 변함이 없지만, 상업용지의 경우 최고가의 변동으로 개발이익의 증감이 발생할 수 있음을 예상할 수 있다. 대장지구 사건으로 인하여 국회에서는 특수목적법인의 출자 지분율과 조성된 토지 비율을 연동하여 민간 참여자가 조성 토지를 매입할 수 있도록 하였는데, 이는 매우 불합리한 조치가 아닐 수 없다. 향후 조성되는 토지 면적을 정확하게 예측하는 것은 인허가 심의 등으로 현실적으로 불가능하다. 토지의 직접사용자 지분율이 정해지는 특수목적법인 설립 시기는 개발계획 등의 인허가 승인 전이고, 이후 민원, 도시 계획 실과협의와 심의 과정에서 개발계획과 면적 수정은 수없이 반복된다. 이러한 현실에서 출자 지분율과 매입 토지 비율을 같이 할 수 있는 방법은 존재하지 않는다. 특정 민간이 공동주택용지 등을 과다하게 매입하거나 독점하는 것을 방지하고자 한다면 다른 대안이 필요할 것이다. 공익개발에서는 전략 참여자의 프로젝트 신용공여는 매우 중요한 요소이다.

                                                  공익개발론

전략 참여자의 신용공여로부터 안정적인 현금흐름이 창출되고 안정된 현금흐름은 시공 참여자의 책임 준공보증을 유도하며, 위 신용들의 제공은 안정된 최저금리의 프로젝트 파이낸싱의 토양이 된다. 그리고 이자 비용의 절감은 개발이익의 증가를 의미하고, 증가한 개발이익으로부터의 공익화 활동은 우리 사회의 소외계층 보호와 시민의 생활 편익 증대에 좀 더 많은 기회를 제공할 수 있을 것이므로 토지의 직접 사용 제한 규정은 수정되거나 폐기 되어야 할 것이다.

5.6. 지속가능한 도시개발의 사회적 정당성 공익개발

민·관 합동 도시개발에서 발생하는 개발이익을 시민에게 환원하는 "공익개발 방식"은 단순한 윤리적인 이상을 목표하는 것이 아니다. 사회적 정당성과 지속 가능한 도시정책이 핵심적인 기조이다. 특히 최근 대한민국에서도 대규모 개발사업(예: LH, 대장동 등)에서 개발이익 사유화에 대한 비판에 있었기 때문에 "시민이 직접 이익을 체감할 수 있는 공익 개발 구조"는 미래 도시정책의 새로운 패러다임 전환을 목적으로 한다. 공익개발은 세금이나 공공재가 아닌 시민에게 직접적으로 수혜가 전해지는 구조로서 개발이익 자체를 시민에게 귀속시키는 것을 의미하는 것이다. 따라서 자본주의의 재창조를 통하여 성장 흐름을 창출하고자 하는 방식이다. 공익개발은 기업의 사회적 책임(CSR, Corporate Social Responsibility)이나 공유가치 창출(CSV, Creating Shared Value) 개념과 '선행을 통하여 이롭게 한다.'라는 배경에 있어서는 동일한 의미를 가진다. 하지만 각각의 이론들은 다른 개념 또한 포함하고 있다. 이에 대하여 공유가치 창출 기사의 공동 저자인 마크 크레이머(Mark Kramer)는 CSV는 '가치 창출'하는 것인데 반해, CSR은 '책임에 관한 것'이라고 기술한바 있다. 저자는 논문에서 공정무역의 사례를 통해 설명하는데, 저개발 국가의 가난한 농부가 재배한 농작물에 대하여 제값을 쳐주는 공정무역은 CSR 관점에서 빈곤을 해결하는 선행의 의미이지만, CSV는 농법을 개선하고 협력체계를 구축하는 방법으로 접근함에 따라 효율적이고, 지속 가능한 방법으로 수확량과 품질을 개선하도록 지원하여 농가 소득 증대와 기업 경쟁력 강화를 동시에 접목한 비즈니스 모델을 제시하는 개념이라는 점에서 볼 때 CSV는 CSR 개념을 확장한 모델이라고도 보았다. 필자는 공익개발이 CSR과 CSV의 개념을 넘어서는 것으로 토지개발에서 사익과 공익의 한계를 철학적 분석을 통하여 기업활동과 주민복지를 동시에 만족하는 개념으로 도시의 지속 가능성을 높이기 위한 개념이라고 생각한다. 경쟁이 더욱 심해지는 자본주의 시장에서 사회적 압력에 의해 선행을 베풀고 이를 통한 기업평판을 제고하는 등의 기업의 사회적 책임을 넘어 도시개발 이익에 관한 담론과 사회적 편익 등에 더하여 기업의 경쟁력 강화를 포함한 모두의 가치 창출이 공익개발의 목표이다. 앞서 설명과 같이 토지 수용권과 국가 권력에 의한 토지의 용도변경(개발계획)으로 수행되는 도시개발에서의 수익은 토지의 가치상승에 따른 이익을 의미하는 것으로 이는 투자와 수익에 대한 개념으로 해석하여서는 안 된다. 토지개발에서 투자는 이자의 범주에 한정되어야 하며, 개발이익은 시민의 공유재산이 되어야 한다. 이러한 개발이익의 시민 환원을 위하여 필자는 3대 가치와 5대 환원 모델을 제안한다.

첫 번째 가치는 사회적 가치 중심의 공공성(Publicness) 구조 설계이다.
이는 단순 인프라 공급을 넘어서 삶 중심의 개발로 전환하려는 목적이 있
다. 따라서 개발계획 단계부터 시민 삶의 질과 지역 불평등 해소에 초점
을 두어야 한다. 공익가치 창출(CSV)은 시민의 참여와 사업비의 투명성,
그리고 개발이익의 환원을 통하여 시민들의 삶에 질적인 향상을 도모하
는 행위를 모두 포함한다. 이는 도시개발 이익을 시민에게 환원하는 공익
개발에 CSV 개념을 적용한 방식으로 불평등, 주거 문제, 환경 등의 사회적
평등을 해결하고, 기업의 지속 가능한 사업모델의 시장 창출로 경제적 기
회를 발굴하며, 지역사회 신뢰 회복과 지역브랜드 개발로 시민사회와 참
여 기업 모두가 장기적인 경쟁력을 확보할 수 있도록 한다. 도시개발 이익
을 단기 수익 배분이 아닌 청년 주거난 해소, 사회적 약자를 위한 교육인프
라 등을 확충함으로써 사회 구성원 간의 문제 해결과 장기적 도시 경쟁력
을 확보하고자 한다. 이것은 도시의 지속 가능성과 인구 정착력을 높이는
장기 전략을 가져올 수 있도록 하는 것이며, 이것이 공익개발의 가치이다.
공익개발에서의 민간 참여자는 개발 사업 주체로서 단순히 비용 부담 주
체가 아닌, 공익가치를 함께 설계하는 파트너로서 공공시설(공원, 커뮤니
티센터 등)의 디자인과 운영에 참여함으로써 참여 기업의 브랜드 신뢰도
상승효과를 또한 기대할 수 있다. 따라서 민간과 공공은 협업을 통한 혁신
적인 개발구조를 지양하여 사회적 가치가 경제적 가치를 낳는 선순환 구
조로 공익개발을 설계하여야 한다. 개발이익은 참여자의 주머니로 들어가
는 것이 아니라, 도시 환경의 질적 향상과 사회적 약자를 위한 인프라 등을
구축함으로써 참여 건설사는 개발이익의 환원 과정에서 추가적인 공사를
수주할 수 있고, 시민은 쾌적한 주거환경과 지역 일자리 창출을 할 수 있을

것이다. 완성된 인프라와 복지시설 등은 공공에 귀속함으로써 공공은 추가적인 재원 없이 공공자원을 확보할 수 있다. 따라서 공익개발은 일상적인 공공 재원의 효율성을 높여 이전보다 다양한 복지정책을 펼칠 수 있도록 협력하는 기능을 한다. 공익개발의 공공성 구조 설계는 도시개발이 특정 집단의 이익을 넘어서, 전체 시민이 공동으로 누릴 수 있도록 하는 원칙에 따라 창출된 이익은 사회 천체에 균형 있게 분배되어야 한다. 이로써 도시 공간의 정당성이 확보될 수 있기 때문이고, 개발 사업의 정당성과 지속 가능성을 확보하는 핵심 조건이 공공성이기 때문이다.

> "도시에 대한 권리는 도시가 구현하는 자원에 대한 개인의 접근권 그 이상이다. 도시를 변화시킴으로써 스스로를 변화시킬 수 있는 권리이다."
> -David Harvey(1935년), 2008년, New Left Review, 53, pp. 23-40.
> 『도시에 대한 권리(The Right to the City)』-

두 번째 가치는 형평성과 다양성(Equity & Diversity)이다. 형평성(Equity)은 사회 구성원 누구에게나 공익개발 자원을 공정하게 분배하며, 특히 사회적 약자와 소외계층의 기회와 결과를 보장하는 것이다. 형평성의 실현은 종종 기득권의 반발을 불러오며, '효율성' 논리와 충돌할 가능성 또한 매우 크다. 기득권층의 반발은 주로 공공임대나 복지시설이 들어오게 되면 주변 집값(자산가치) 하락 우려 때문인데, 저소득층, 이주민, 장애인 등에 대한 편견 또는 배제 요구 등의 특정 계층과의 동거 거부 행동과 개발이익이 소외계층에 우선 배분될 경우, 중산층 이상 계층이 손해를 본다는 자원 배분의 상대적 박탈감, 그리고 기존에 영향력 있는 자신(주민/단체)들의

　　　　　　　　　　　　　　　　　　　　　　　공익개발론

일부 의사 결정권 상실 등의 탈 권력화 등이 주요 이유이다. 이러한 기득권 반발 외에도 형평성은 효율성 논리로부터 항상 충돌하여 왔다. 결과의 공정성과 사회약자의 권리를 보장하려는 형평성은 자원과 시간의 최적 활용, 최대 산출의 효율성과의 초점 괴리가 발행하게 되며, 맞춤과 차등의 형평성과 보편적이며 표준화된 방식과의 접근방식의 차이, 그리고 공공성과 윤리성을 중시하는 형평성과 경제성과 성과지표 그리고 속도에 관한 정책 결정의 기준에서도 이들의 논리는 충돌한다. 이뿐만이 아니다. 형평성 중심 정책은 필연적으로 초기 비용이 높으며, 수익성은 낮다. 비용은 증가하며, 주민 참여, 갈등 조정 등의 시간이 오래 걸려 개발 속도가 저하하게 한다. 현실에서 기득권층의 저항, 경제성 논리와의 충돌로 갈등이 불가피하지만, 형평성 실현은 도시의 도덕성과 사회 통합력을 강화하는 핵심 전략이기 때문에, 조화로운 설계와 설득 과정으로 민주적 절차 정당성을 확보하는 과정이 반드시 전제되어야 한다. 앞서 설명과 같이 숙의 과정은 다양한 의견을 경청하기 위한 것으로 만장일치를 위한 제도가 아니라 민주주의 절차적 정당성을 위한 행위임을 시민 모두가 반드시 인식하여야 한다. 또한 도시 내에는 다양한 인종, 종교, 계층, 문화, 성별, 신념 등이 공존함으로 특정 계층을 중심으로 한 하나의 규범이 강요되어서는 아니되며, 다양한 정체성과 문화가 공존하는 공간이 되어야 한다. 특히 프랜차이즈 상권이나 고급화 개발 등은 도시의 생명력을 약화하는 주요한 원인으로 다양한 영세 상인과 소형 주택 등이 복합된 먹자골목 등의 상생 설계를 지향하여야 한다. 미국의 도시 계획 교육자인 수잔 파인스타인(Susan Saltzman Fainstein)은 『정의로운 도시(The Just City, 2010)』 이론에서 도시 계획가들이 사회적 다양성과 건축 환경의 다양성에 대한 열정으로 인해 성장 지향 체제하에서 불평등에 대한 대안을 제시하지 못했으므로 규범적 정의 이론의 필요성을 주장하며, "소통적 계획(충분히 포용적이고 심의 적인 계획 절차가 정의로운 결과를 낳는다.)" 패러다임은 정의로운 결과를 낳을 수 없다고 주장하였다. 형평성, 민주성, 다양성의 세 가지 규범 모두 도덕적 주체가 달성할 수 있을 만큼 충분히 준수되어야 할 것이며, 주체가 이러한 기본원칙 중에서 우선순위를 선택할 수 있도록 해야 한다고 주장했다. 이에 공공성 가치에서 소개된 데이비드 하비는 "도시계획에 대한 마르크스주의적 비판을 확장하여 '정의로운 도시' 이론이 자본주의 도시화의 내재적 불의를 시정하는 것이 아니라, 오히려 완화한다."라고 비판하였는데, 이에 파인드타인은 "이러한 접근방식이 자본주의 발전 내에서 실현이 가능한 것을 시도하며 '혁명적 변화'에 의존하지 않는다."라고 답했다. 페인스타인은 이렇게 정의한다. "정의로운 도시는 공정성, 민주주의, 다양성을 명시적인 계획 목표로 추구하고, 프로그램과 제안이 이러한 가치에 미치는 영향을 평가하는 도시이다." 필자는 경험과 신자유주의에 따른 부의 불균형이 심화하는 현대사회에서 정의로운 도시개발은 사회적 약자와 소외계층이 기회와 결과를 보장받을 수 있도록 효율성 논리를 축소하고 형평성과 다양성에 기초한 공익개발로 추진되어야 한고 생각한다.

"A just city is one that pursues equity, democracy, and diversity as explicit planning goals and evaluates programs and proposals in terms of their impact on these values."

- Susan Fainstein, 『The Just City』(2010)-

세 번째 가치는 지속 가능성(Sustainability)이다. OECD(2021). Principles on Urban Policy는 OECD가 38개 회원국을 대상으로 도시가 직면한 사회적, 환경적, 경제적 과제를 해결하기 위해, 포용성(Inclusiveness), 지속 가능성(Sustainability), 복원력(Resilience)이라는 3대 가치를 중심으로 도시정책을 설계할 것을 권고한다. 포용성(Inclusiveness)은 도시정책 수립에 있어서 소득, 젠더, 세대, 인종, 장애, 국적, 종교 등에 따른 차별을 방지하고, 주거, 교통, 교육, 일자리, 등 기본적 도시 서비스의 보편적 접근성을 보장할 것을 권고하며, 불평등 완화와 사회적 통합을 도시정책의 우선 목표로 삼아야 한다고 하였다. 이에 관한 정책 방향으로 공공임대 및 혼합 주거 모델을 강화하고, 취약계층 접근성을 고려한 교통으로 계획하고, 시민 참여 플랫폼을 통한 정책 결정권을 확대할 것을 제시하였다. OECD 포용성(Inclusiveness) 권고를 참고하여 프랑스는 파리에 '사회적 혼합(Social Mix)'을 위한 도심 내 공공임대 의무 비율 적용하였고, 핀란드는 헬싱키에서 저소득층 대상 스마트 교통요금제 및 공공 와이파이 확대 등의 도시정책을 수립 시행하였다. 다음으로 자연재해, 경제위기, 감염병 등 예기치 못한 충격에도 유연하고 회복력 있는 도시 시스템 구축을 위한 사회 복원력(Resilience)을 권고하였다. 위기 대응 능력을 넘어서, 위기를 기회로 전환할 수 있는 구조로 설계하고, 물리적 인프라뿐만 아니라 사회적, 경제적 복원력도 포함된 지역 커뮤니티와 공공 거버넌스 강화를 통해 빠른 대응 가능성을 확보할 것을 주문하였다. 이를 위한 정책 방향으로 위기 시 신속 대응이 가능한 디지털 도시 인프라 구축과 분산형 에너지/식수/교통 시스템으로 리스크를 최소화하고 지역 단위의 자립적 운영 체계 마련을 권고하고 있다. 복원력에 대하여 일본 고베시는 한신 대지진 이후, 내진 건축

강화 및 시민 중심 재해 대응 교육을 확대하였으며, 서울시는 코로나19 대응 시 신속한 방역 정보 디지털화 및 데이터 기반 행정을 추진한바 있다. 이러한 복원력과 더불어 중요한 것이 지속 가능성으로 도시는 현재뿐 아니라 미래 세대까지 고려하여 환경·사회·경제적 영향 등 균형 있는 관리가 요구된다. 이를 위하여 탄소중립 도시 실현과 순환 경제 및 지역 내 자원 활용강화, 토지이용과 교통, 주거, 에너지 정책의 통합적 접근, 그리고 단순한 성장 중심 개발에서 벗어나 저성장 시대에 맞는 도시 생태적 전환을 강조한다. 이러한 권고에 따라 덴마크 코펜하겐은 2025년까지 세계 최초 탄소 중립 도시 목표를 설정하고 자전거 인프라 세계 최고 수준을 계획 및 추진하고 있으며, 독일 프라이부르크는 생태 주거단지 'Vauban'과 신재생에너지 자립 계획을 추진하고 있다. 이처럼 지속 가능성은 단순한 환경보호를 의미하는 것이 아니다. 지속 가능성은 도시가 장기적으로 회복력 있고 균형 잡힌 성장을 지속하기 위한 통합적 개념으로 도시가 경제적·사회적 기회를 창출함과 동시에 환경적 제약 내에서 운영되어야 하며, 현재의 세대뿐 아니라 미래 세대의 삶과 질을 보장하기 위함이다. 이를 위하여 토지이용은 고밀도·복합용도 개발을 통한 토지의 효율적 사용(Compact City)과 재생에너지 전환, 고효율 에너지 도시 인프라를 확대, 전기버스 및 자전거와 TCD 등의 친환경 교통수단 중심의 도시 이동구조의 구축을 마련하여야 한다. 이를 위한 실천으로 탄소흡수원 설계를 통한 도시 생태계 복원과 온실가스 감축 목표를 설정하고, 기후 위기 리스크 분석과 정책이 상호 연계되어야 할 것이다.

다음으로 공익개발 3대 가치에 이어 시민이 체감할 수 있는 5대 개발이익 환원 모델(5 Public Value Models)을 제시하고자 한다. 그 첫 번째 모델은 생활 기반 확충 모델(Living Infrastructure Model)이다. 이는 시민 체감도의 즉각적인 상승을 기대할 수 있으며, 주거 만족도를 향상시키는 도로, 공원, 주차장, 복지시설 등 도시 기본 인프라의 확충을 의미한다. 즉, 주민 접근성이 상대적으로 높은 생활 SOC의 설치 모델로서 사회적 약자에 대한 기반 시설이 우선 고려되어야 한다. 이러한 시설들은 도시개발 이후에는 설치가 매우 어려운데, 특히 사회적 약자인 장애인 복지시설과 무료 급식소 등이 이에 해당한다. 그리고 지구대나 소방서 등 사회 안전시설 또한 이와 같다. 그 외 어린이도서관, 문화시설 등은 주민 체감성과 접근성이 매우 높은 편의시설인데, 이들의 건축을 기반으로 하는 생활 기반 시설들은 단일 목적이 아닌 복합 활용이 가능한 시설로 계획하여 효율성을 높이는 것이 현대 도시에 있어서 매우 중요하다.

두 번째 모델은 주거 안정 및 공간 복지형(Housing & Space Welfare Model) 모델로써 사회적 약자의 정주 여건 강화를 위한 역세권 공공주택 및 커뮤니티 복합 공간 개발이다. 청년주택 공급의 핵심은 생활환경의 고급화보다 저비용과 편리함을 기반으로 하는 커뮤니티시설이 포함되어야 한다. 보편적으로 청년 및 사회적 약자의 공통점은 사회 초년생으로 현금 흐름이 높지 못하다. 따라서 사회 초년생들이 안정적으로 자립하고 사회에 정착할 수 있도록 지원하는 것으로 이는 단편적인 일자리 자원을 넘어 주거, 교육, 심리, 문화까지 통합한 생애 초기 투자 전략을 정부나 사회가 제공할 필요가 있기 때문이다. 생애 초기 투자를 사회가 제공해야 하는 이유는 이들 청년이 가까운 장래와 미래를 이끌어 갈 우리 사회 주인공들이고, 그들 청년 외에 우리 사회는 다른 대안이나 방법이 전혀 없기 때문이다. 따라서 정부는 청년들이 사회에 자리를 잡을 수 있도록 자립의 조건을 단계별로 통합 지원하는 정책 프레임이 필요하며, 지역적 공익개발은 개발이익 중 일부를 청년들을 위한 복합커뮤니티 주거 창출을 지원할 필요성이 있다.

세 번째 모델은 지역경제 순환형 모델(Local Economic Circulation Model)이다. 경제적 자립 기반 조성과 지역 일자리 창출을 위하여 지방정부가 참여하는 공익개발은 건설자재 구매와 하도급 공사 등에 보다 많은 지역 업체가 참여할 수 있도록 행정력을 펼쳐야 하며, 이것으로 인하여 지역 일자리 창출과 지역 소득 창출을 지원하여야 한다. 이러한 활동들로 인한 지역경제의 선순환 구조는 단순한 경제 성장 전략을 넘어 지속 가능한 지역 사회 발전과 사회적 통합, 지역 경제 활성화 및 환경 보전까지 아우르는 핵심적 원리를 제공할 것이다. 공익개발은 선순환 경제 흐름 구조로써 생산 ⇒ 소비 ⇒ 재투자 ⇒ 고용 창출 ⇒ 소득 증가 ⇒ 소비 확대로 이어지는 지속적인 경제 순환 구조를 만들 것이다. 이 과정이 끊이지 않고 순환되면 경제 성장과 사회 안정, 환경 지속성이 함께 실현될 수 있다. 다음으로 지역에서의 공익개발이 갖는 또 다른 의미는 소득 분배 개선 및 사회 통합 강화기능이다. 지역 자재 구매와 일자리 창출은 소득이 다시 소비로 연결되어 추가적인 고용과 자영업 유지에 긍정적 영향을 준다. 소비 여력이 증가한 계층이 다시 지역경제에 참여하는 반복적인 활동을 통하여 빈부격차와 계층 간 단절 완화 효과 또한 기대할 수 있다. 그리고 이러한 활동은 정책 비용 대비 효과 증대를 가져온다. 복지/보조금과 같은 일회성 지급이 아닌

　　　　　　　　　　　　　　　　　　　　공익개발론

시장이 스스로 작동하게 하는 구조로써 지방정부의 중장기적 예산 절감 기능을 가져오며 지역 순환형 모델은 외부 투자 중심 경제 모델에서 지역 순환형 모델을 통해 지역 경제 자립도 향상을 가져올 것이다. 공익개발의 경제적 의미는 '단순한 성장'이 아닌, "함께 잘 사는 사회" 구조를 만드는 것이다.

　네 번째 모델은 환경·기후 대응형(Green Resilience Model) 모델이다. 지속 가능한 도시 생태계를 형성하기 위하여 도시 숲, 탄소중립 인프라, 친환경 교통 등 개발부지 내 탄소흡수원 조성을 포함하는 것이다. 지속 가능한 도시 생태계(Sustainable urban ecosystem)는 도시가 환경·사회·경제적으로 균형을 이루며 장기적 생존이 가능하고, 회복력 있는 구조를 갖추는 것을 의미한다. 이를 실현하기 위해서는 도시 계획, 에너지, 교통, 생물다양성, 주민 참여 등 다양한 분야의 전략이 통합되어야 한다. Beatley, T. (2000). Green Urbanism: Learning from European Cities에 따르면, 생태계를 도시계획의 중심에 두고, 자연과 인간이 공존하는 공간 설계가 필요하며, 도시 내부의 생물다양성, 생태 네트워크, 녹지 축의 복원 등을 중심으로 전략을 설정하여야 한다고 주장하였다. 또한 도시 내 녹지 연결성(Green connectivity)을 확보하고 수변공간, 습지, 하천 복원 및 자연형 하수처리의 필요성을 강조하고 있다. Seto, K. C. et al. (2014). "Human Settlements, Infrastructure and Spatial Planning"-IPCC 보고서에 따르면 도시에서 배출되는 탄소(교통, 건물, 산업)의 저감과 재생에너지 활용을 중심으로 분산형 에너지 공급, 제로 에너지건축, 스마트 그리드 시스템 구축을 강조하며, 건축물 에너지 효율화 의무와 지역 단위 재생에너지 자립률 지

표를 도입하여야 하며, 교통부문의 전기화(전기버스, 자전거 도시)를 확대
필요성을 주장하고 있다.

다섯 번째 모델은 시민 참여 개발 펀드(Public Benefit Urban Fund)이다.
민관합동 도시개발은 민간의 기술과 자본에 공공의 행정력을 결합한 사업
이다. 따라서 공공의 감시와 감독 기능을 통하여 관리되는 사업으로 투명
성을 높이는 장점이 있다. 현재 대부분의 민관합동 사업에는 금융기관의
PF(Project Financing)으로 대부분의 개발 자금을 조달하고 있어 개발 자
금에 관한 이자 수입은 금융기관과 일부 사모펀드에 귀속된다. 그러나 개
발의 주요 이해관계자인 시민(개인)은 이와 같은 PF 금융투자 분석 능력
이 없거나 현저하게 낮으므로 전문 기관이 운용하는 개발형 공공 펀드 또
는 지역 개발 신탁의 설계가 필요하다. 투자 위험 및 손실에 관하여 원금
보장형은 어렵지만, 지방정부가 추진 관리하는 민관합동 도시개발사업에
서 위험도가 낮은 선순위 또는 중순위 대출 그룹 중 일부에 시민 참여 개발
펀드(Public Benefit Urban Fund)를 구성하여 참여할 필요성이 있다. 이는
시민이 금융기관과 대출이자 이익을 함께 공유하는 것으로 중순위 경우에
도 예금이자 보다 높은 수익률(연 6~7%)을 시민에게 제공할 수 있어 시민
의 투자 기회와 소득증대를 기대할 수 있다. 다만, 위험도가 높은 후순위
PF 대출은 금융기관 및 사업 참여 민간 회사가 부담하는 것이 바람직할 것
이다.

제6장

세계의 비영리 개발 -공익개발과의 비교 연구

필자는 공익개발을 제안하는 과정에서 여러 나라의 많은 제도를 조사하고 각각의 제도에 대하여 장단점들과 유사성에 대하여 검토해 본 결과 공익개발과 같은 의미의 철학과 운영 방식 등을 다양한 곳에서 찾아볼 수 있었다. 공익개발과 같은 방식인 "민간은 PF 차입·이자와 수수료만 보전(원금+이자, 수수료 수준의 금융비 보전)+성과급만 지급하고, 개발이익 전액은 공익 재원으로 시민 환원"이라는 "무 배당형 민관합동 공익개발"과 같은 전형적인 사례는 존재하지 않았다. 하지만, 배당 및 초과이윤을 봉쇄하거나 잉여 이익 일부를 공익에 귀속시키는 구조의 모델들은 세계 여러 곳에서 확인된다. 이처럼 주거에 대한 공익적 활동은 1988년부터 공공주택, 협동조합 주택, 사회주택 연맹인 "하우징 유럽(Housing Europe)"에서 찾아볼 수 있다. 하우징 유럽은 유럽 31개국 44개 국가 및 지역 연맹과 16개 협력 기관을 대표하는 네트워크로 약 2,500만 가구를 관리하고 있으며, 이는 유럽 전체 주택 재고의 약 11%를 차지하는 규모이다. 하우징 유럽의 공공, 협동조합, 사회주택은 모든 사람에게 저렴하고 양질의 주택을 제공한다는 공통된 사명을 공유하며, 다양한 주택 시스템과 조직을 포괄하고 있다. 프랑스의 "적정 임대주택", 덴마크의 "비영리 주택", 독일의 "주택 보급 촉진", 오스트리아의 "제한된 이익 주택", 스페인의 "보호 주택" 등으로 주주의 이익을 우선시하는 영리 기업과 달리 잉여금을 저렴한 주택공급에 재투자함으로써, 주민과 지역사회가 직접적인 혜택을 누릴 수 있도록 커뮤니티 활동을 전개하고 있는 네트워크다.

프랑스의 "적정 임대주택(Affordable rentals)"은 사회주택, 임대료 상한제, 민간 적정임대 유도책이 핵심인 제도이다. 2000년 「SRU법」(Loi Solidarité et Renouvellement Urbains)은 지방자치단체에 사회주택(HLM, Habitation à Loyer Modéré) 비율 목표(20~25%)를 부여해, 고소득 지역의 배타적 주거구조를 완화하고 혼합을 촉진하려는 목적 등으로 사회적 혼합과 주거권 보장을 위한 취지에서 만들어졌다. 수요 초과 지역(Zones tendues)에서 임대료 상한제(Encadrement des loyers)를 통해 기준 임대료(이전임대료+상한) 내에서 계약하도록 함으로써 과도한 임대료 상승을 억제하도록 하는 제도이다. 또한 Loc'Avantages(옛 'Louer abordable/Cosse'의 계승) 같은 세제 유인 정책을 통해 민간 소유주가 시세보다 낮은 임대료로('적정' 수준) 임대하도록 유도하는 등 민간 재고의 공익적 동원도 제도에 포함하였다. 2000년 12월 SRU법을 제정하여 사회주택 의무 비율(당초 20%)을 설정하고 미달 시 제재와 더불어 국가 대행(대체집행)을 할 수 있는 근거를 도입한다. 2013년 1월에는 '공공토지 동원 및 사회주택 생산 의무 강화법'으로 목표를 25%로 상향(지역·규모에 따라 20%/25%)하는 조치를 취한다. 2014부터 2018까지는 「ALUR법(2014)」에 의한 임대료 규제를 도입했으며, 「ELAN법(2018)」이 상한제를 '실험' 형태로 재도입(지정 도시 한정)하였으며 이후 각 도시가 신청·지정해 확대한다. 2022년 「3DS법」 등으로 SRU 운용, 일정 조정, 같은 해 ANAH가 'Loc'Avantages'(2022. 3~2027)를 가동해 민간의 적정 임대 참여를 본격화한다. 2024년~2025년에 '주거 위기'에 대한 대응을 시도한다. 정부는 '주거공급 확대(=적정 임대 확대)' 법안을 제출(소위 '카스바리안 법안') 한다. 위 법안은 SRU 유연화와 중간 임대 (Intermédiaire) 인정 범위 확대와 HLM '평생 거주' 축소 등이 쟁점이었으나, 2024년 하반기 국회 해산으로 사실상 중단되었고, 2025년에는 'HLM 평생 거주 종료' 단독 법안이 발의되어 국회 경제위원회에서 부결되었지만, SUR 자체는 여전히 존속하고 있다. 이 제도의 주요 내용을 살펴보면, 사회주택(HLM)과 SUR 쿼터에 대하여 인구·지역 요건을 충족하는 지자체는 주택의 20~25%를 사회주택으로 확보하도록 하였으며, 미달 시에는 벌금을 부과하고 국가 대행하여 대체집행을 할 수 있도록 한다. 이는 3년 단위로 이행 목표를 부여해 단계적으로 실행하도록 하고 있다. HLM(사회주택) 유형과 대상으로는 PLAI(아주 취약계층), PLUS(표준 HLM), PLS(조금 더 높은 소득층)로 나누어 소득 상한·임대 상한이 유형별로 다르게 설계하였다. 신청 시점에서 소득은 통상 N-2 년도 '과세 표준 소득(RFR)'을 기준으로 판단(예: 2025년 신청=2023년 소득 기준)해 매년 상한액을 고시한다. 다음은 임대료 상한제(Encadrement des loyers)에 대하여 살펴보자면, 임대료 상한제(Encadrement des loyers)는 수요 초과 지역(Zones tendues) 중 국가가 승인한 도시에 적용하며, 행정이 고시한 참고 임대료와 상한 참고 임대료(Majoré)를 넘는 임대차는 금지한다. 다만, 일부 명시된 특정 예외적 사항을 제외하고 신규 계약과 갱신하는 계약에 제재 기능이 포함되어 있고 사안별로 적용된다. 추가적으로 민간 주택의 적정 임대 유도 Loc'Avantages(ANAH)를 위하여 집주인이 ANAH와 6년 이상 "적정 임대(시세 대비 15%/30%/45% 인하 수준)"로 계약하는 경우, 세액 감면을 제공한다. 감면율은 ① 중간 임대(Loc 1)는 15%(기관위탁 및 중개형의 '인터미디에이션' 활용 시 20%) ② 사회임대(Loc 2)는 35%(인터미디에이션

40%) ③ 매우 사회 임대(Loc3)는 (인터미디에이션 시) 최대 65%의 감면율을 적용해 준다. 다만, 임대료와 세입자 소득 상한은 지역별 표준을 적용한다. 하지만 이러한 제도에 반대 의견도 있다. FNAIM(공인중개사 연맹)과 UNPI(개인 임대인연합) 등은 상한제가 공급 축소·퇴거를 초래하고, 음성화를 키운다고 비판한다. 또한 이러한 정책은 "착시에 불과"하며, 착시로 인하여 리노베이션과 신규 공급을 위축시키는 요인이라고 주장한다. 또한 iFRAP 등은 일률적 25% 쿼터가 비효율을 초래하고 공공지출 부담(주거 보조 포함)을 키운다며 SRU 재고 또는 폐지를 요구하고 있다. 더불어 정부·여당 측은 중간 임대 확대 및 SRU 유연화로 공급을 늘리려는 시도라고 설명하는 반면에 아베 피에르 재단, HLM 연합(USH), 다수 학자와 인권기구(CNCDH)는 사회주택 축소 또는 배제 위험과 'HLM 평생 거주' 종료에 반대하며 우려를 표명하였다. 따라서 '적정 임대 확대'(Kasbarian) 패키지에 대한 논쟁으로 2025년 3월 국회 경제위원회에서 '평생 거주 종료' 법안은 부결되었다. 이처럼 프랑스에서 '적정 임대주택' 제도는 SRU의 골격(20~25% 목표)은 유지되나, 적용·이행방식의 유연화(중간 임대 인정 범위, 페널티 조절 등)를 둘러싼 정치적 공방이 계속되고 있으며, 임대료 상한제는 지정 도시에서 지속 중이지만, 전면 확대 및 강화를 요구하는 인권기구·시민단체와 철폐·완화를 요구하는 임대인·시장 진영이 대립하고 있다. 반면에 '민간 적정 임대(Loc'Avantages)'는 핀엘(Pinel) 종료(2024) 이후 대체 수단으로 작용하여 비중이 커지는 흐름으로 정부는 최대 65% 세액 감면(조건부) 등으로 참여 유도를 시도 중이다.

덴마크의 "비영리 주택"(덴마크어: Almene boliger, 영어권 문헌에서는 Non-profit/Common housing으로 표기) 제도와 비영리 주택의 입법 취지와 연혁별 배경, 법적 성격과 운영 구조, 개발 재원과 집행 메커니즘, 그리고 비영리 주택에 관한 쟁점(반대자·반대 이유)과 연구 및 정책 등과 비영리 주택의 시사점과 공익개발을 비교하고자 한다. 덴마크의 비영리 주택은 비영리와 비투기를 원칙에 두고 운영되는 주거공급 섹터이다. 이들의 주된 목적은 "모두가 접근이 가능한 양질의 임대주택" 제공과 사회적으로 혼합된 주거 안정 보장으로 덴마크의 복지국가 건설에 핵심적 비중을 차지하는 제도라 할 수 있다. 덴마크의 비영리 주택은 20세기 초·중반에 노동운동 세력과 사회 민주 세력 등이 협력하여 도심 노동자 주거 문제 해결을 위해 협동조합과 비영리 주택 형태의 발전에서 출발하였으며, 1967년에는 Landsbyggefonden(국가 건물 기금, National Building Fund)을 설립하여, 주택의 장기 보수 및 재생 재원을 위한 회전기금 체계를 마련한다. 1990년대에 들어서면서 비영리 주택정책에 관한 건설 및 운영 재원의 구조조정(지방 보조, 입주자 분담, 모기지 금융 활용 비중 등)을 추진 한다. 그리고 이러한 재원 개혁은 비영리 주택의 '비영리·자기재생(Tenants' contributions+Mortgage)' 모델 정착을 공고히 하게 만든다. 2010/2018/2021 법 개정은 사회문제('Parallel societies/ghetto') 대응을 이유로 Almenboligloven(사회주택 법)에 §61a 등 조항이 추가·변경되었고, 2018년 이른바 'Ghetto Package/Parallel Societies Act'(지역 재구성·주거 비율 규제·매각·철거 규정 포함)가 통과되어 큰 논란을 불러왔다. 비영리 주택의 구조와 운영 메커니즘에 관한 제도의 주요 내용은 4가지로 요약할 수 있다. ① 기본 원칙과 조직 면에서 임대료는 '비영리적 비용 기준(Cost-rent/Kostprisleje)'으로 책정되며, 임대 수익은 소유주 개인의 이윤으로 돌아가지 않고, 유지·관리비, 대출 원리금, 기금 분담 등이 반영된다. 소유와 운영 주체 측면에서 약 500~700개의 독립적 비영리 주택조직(Housing associations/Boligorganisationer/Boligforeninger) 이 전국에 분포해 자산을 소유·관리한다. 그리고 이들 조직은 법적·회계적 독립성을 가지며, 중앙의 업계단체(BL)가 이익·조정 기능을 하도록 하고 있다. ② Beboerdemokrati(주민 민주주의)가 비영리 주택의 핵심이다. 입주자 대표(위원회·총회)가 예산, 큰 공사, 규정 등에서 의결권을 갖고 조직 운영에 직접 참여한다. 이는 사회주택 거주자에게 자신의 주거환경과 자신이 속한 공동체에 영향을 미칠 권리를 부여한다. 이러한 민주주의는 다양한 기구와 회의를 통해 행사되며, 거주자들은 예산, 주택 규칙, 대규모 개보수 프로젝트에 이르기까지 모든 것에 대한 결정을 내릴 수 있도록 규정하고 있다. 이처럼 덴마크의 비영리 주택은 '사회적 관리'체제로 주택을 기반으로 공동체 형성을 제도화한 장치라 할 수 있다. ③ 재원(자금 조달) 핵심적 특징은 모기지·민간금융과 공적 지원의 혼합형이다. 재원 구조는 전통적으로 모기지(위험이 낮은 커버드본드, Realkredit)로 대규모 건설비를 조달하고, 지방정부(보조·보증)와 소액의 입주자 분담에 일정 부분의 국가기금(Landsbyggefonden)으로 보완한다. 2017년 후반기 이후 중앙정부가 '정부보증 모기지 채권'을 매입·지원하는 방식으로 신용을 보강함으로써 금융비용을 낮추는 구조가 추가적으로 도입되면서 시장성 자금과 공적 신용이 결합된 재원 조달 구조를 형성하게 된다. 이러한 과정에서 덴마크의 '국가 건물 기금(Landsbyggefonden)'은 입주자 임대료의 일부·회전기금 방식으로 대규모 리노베이션·사회 프로그램·재개발 자금을 지원과 장기적 유지관리와 사회적 프로젝트 재원을 확보하는 핵심 기구로 자리를 잡고 있다. ④ 이익 배분과 우선수위 그리고 임대료 관점에서 덴마크의 비영리 주택은 원칙적으로 '모두를 위한 주거 (학생·노년층 가구 등 다양한 집단)'이나, 의무적으로 일부(예: 전체 공실의 25% 등)가 시·자치단체에 의해 사회적 배분되도록 하고 있어 공공성을 보장한다(지방 배정권). 그리고 입주자 선정은 대기 명부 및 포인트 제도 등으로 운영하고 있다. 이쯤에서 덴마크가 비영리 주택을 왜 입법했는지, 그리고 그에 관한 입법과 집행의 핵심 원인 등에 대하여 알아볼 필요가 있었다. 그중 많이 대두된 문제는 시장 실패와 주거 불안이었고, 그에 관한 유지와 갱신의 필요성이 더해진 결과였다. 덴마크 또한 여타 선진국과 같이 도심화로 인한 민간 시장의 주택 가격상승은 취약층과 핵심 노동 계층의 주거 접근성을 강하게 위협하는 상황이 발생하였고, 정부는 사회적 합의로 공공성 높은 비영리 주택을 확대하고 보호하기 위한 정책을 추진하게 된다. 여기에 더하여 대규모 주택 스톡의 노후화에 대응하기 위하여 장기적 재원(리볼빙 펀드)과 규범 정비의 필요성이 대두되었기 때문이다. 하지만 덴마크의 비영리 주택 또한 많은 중·단기적 반대에 직면하고 있다. 덴마크 정부는 일부 '소외지역'을 대상으로 사회주택 비율을 줄이고(예: 특정 지역 내 'Almene familieboliger' 비율을 40%로 제한), 토지·건물 매각·철거·재개발을 통해 주민구성을 바꾸는 정책을 추진했다. 이 과정에서 강제 이주·퇴거·거주권 침해 등의 많은 문제점이 제기된다. 주민·임차인 단체(LLO 등)·주택조직(BL)·시민단체 들은 강제 이주·주거권 침해와 '지역

낙인(Labelling)'을 우려. 주민 참여와 사회적 재생을 경시한다고 비판하였으며, 국제 인권 기구 및 UN 전문가들은 매각·철거로 인한 강제퇴거 우려를 제기하고 법적 중단을 촉구(UN OHCHR 등)하였다. 특정 주민·단체는 덴마크 정부를 상대로 소송을 제기했고(예: Mjølnerparken 사건), 이 사안은 EU 법원(ECJ)에서 '인종·민족 차별 여부' 판단 대상이 되기도 했다. 이러한 주민 반대운동 외에 시장 관계자와 정치권의 반대 또는 요구도 있다. 일부 우파·시장주의자는 비영리 주택이 '시장 왜곡'과 재정 부담을 초래한다고 주장하며, 민간 참여·소유권 확대·공공 섹터 축소를 주장하는 목소리도 존재한다. 이는 정책 논쟁의 양상으로 번지고 있고, '공급 부족한 대도시'에서 비영리 주택의 새 공급이 충분치 않다는 비판도 제기된다. 학계와 시민단체는 중앙정부의 개입(특정 지역 규제·철거 지시)은 주민민주주의와 지방 자치적 운영 권한을 확대시키고 있으며, 장기적 주거 안전망을 훼손할 수 있다고 비판받고 있다. 여기에 국제법적 쟁점으로 차별성(Ethnic origin) 문제 제기가 존재한다. 덴마크의 비영리 주택은 '비서구 출신 비율' 등을 기준으로 지역을 선정·규제하는 방식이다. 이는 인종·민족 차별 소지가 있는 것을 이유로 EU 차원의 법적 심판과 비판(ECJ 심리, 유럽 인권 규범 관련 논의)이 진행되고 있다. 끝으로 덴마크 비영리 주택에 관한 학계의 장점과 한계에 관한 평가를 요약하자면 ① 대규모·안정적 저비용 주거공급(약 20% 비중), ② 입주자 주도 거버넌스(주민민주주의), ③ 자생적 재원(모기지+Landsbyggefonden)으로 유지·리노베이션 가능과 같은 장점을 들 수 있고, ① 중앙정책('Ghetto' 대응)으로 인한 강제성·주민권 위협, ② 도심 핵심지역에서의 신규 공급 부족·접근성 저하, ③ 최근의 규제·정책 변화가 조직 자율성과 재무안정성에 미치는 영향(정부 개입 리스크)과 같은 한계와 위험을 들 수 있다. 특히 학자들은 '정책적 개입이 주민민주주의의 장기적 공공성에 어떤 영향을 미치는지'에 대하여 지속적인 관찰이 필요하다고 지적한다. 공익개발과 덴마크의 비영리 주택의 공통점은 비 투기와 비영리 원칙의 실질화 규칙과 사회적 혼합(스마트한 재구성)을 들 수 있다. 공간 재편을 통한 사회적 혼합을 추구할 때, 강제적 퇴거와 매각은 인권·차별 문제를 유발하므로 반드시 점진적 재생, 세입자 우선, 재정착 보장 등의 대체 수단을 먼저 고려하여 설계해야 한다는 점을 덴마크 사례('Ghetto package')의 법적·도덕적 논쟁이 재차 일깨워 준다. 끝으로 덴마크의 비영리 주택에 있어서 "주택 비율 제한 40%" 조항은 실제로는 특정 'Ghetto' 지역에서 Almene boliger 신규 비율을 제한하는 형태로 시행되었다. 정확히는 전체 주거 비중에서 사회주택이 과도하게 높은 지역을 대상으로 한 비율 규제라는 점을 인지하여야 할 것이다.

6.3. 독일의 "주택 보급 촉진"

독일의 '주택 보급 촉진'(Wohnraumförderung/Wohnungsbauförderung)은 제2차 세계대전 직후, 독일이 심각한 주택난에 직면해 있어, 이 시기(1950년대)에 입법을 통해 대규모 주택공급을 촉진한다. 1950년 제정된 제1차 주택 건설법으로 짧은 기간 내 수백만 채의 주택을 건설했다. 또한 이러한 과정에서 주택을 공공적 가치로 보고, 사회적 약자와 저소득층 등 시장에서 배제될 우려가 있는 계층에게 안정적인 주거를 제공하는 "사회적 형평성 실현"을 궁극적인 목적으로 삼았다. 1950년 연방 하원을 통과한

제1차 주택 건설법(Erstes Wohnungsbaugesetz)은 전후 복구와 광범위한 주택공급을 목표(500만~600만 채)로 하였다. 1956년 이후 2001년까지 제 2차 주택 건설법(II. WoBauG)을 실행하며 사회주택 건설을 위한 기본법과 '비용 기준 임대(Kostenmiete)' 등을 도입하고, 공공자금 지원 조건을 명시하여 추진하는데 이 과정에서 1980년대에는 공급 부족과 부적격자 점유 등의 구조적 한계가 드러나기도 한다. 2002년에는 당시까지 시행 중이던 1956년 제2 주택법(II. WoBauG) 을 대체하여 주택법 개정법 제1조로 제정으로 사회주택 진흥법(주택진흥법-WoFG)이 시행된다. 새로운 주택진흥법은 첫 번째 진정으로 도움이 필요한 사람들(대가족, 저소득층)에 대한 지원을 집중하고, 두 번째 주택 재고에 대한 현대화 고려, 세 번째 중고 주택 부동산 구매 촉진과 네 번째 지방정부 주택 및 도시개발 정책의 긴밀한 통합 등의 중요한 4가지 요소로 구성되었다. 그리고 이러한 요소는 주거지원법(WoFG) 제1절 제1항에 잘 표현되어 있다.

§1 목적과 적용 범위, 대상자

제1항

이 법은 임대주택의 공급을 위한 주택 건설 촉진 및 주거 안정 지원 목적의 다른 조치들을 규정하며, 여기에는 협동조합 방식으로 이용되는 주택을 포함한 임대주택과 자가 거주용 주택 형성 지원이 포함된다. 이를 통틀어, 사회적 주택 촉진(Soziale Wohnraumförderung)이라고 한다.

독일의 주택 보급 촉진 제도의 주요 내용은 4가지로 요약할 수 있다. 첫 번째는 자금 지원 구조로 KfW의 역할을 들 수 있다. 1949년부터 KfW(재건 은행)가 저리 융자 제공과 주택 건설을 주도하였으며, 1990년대 통일 이후 동독 지역 대규모 재건 사업에도 참여한다. KfW는 1996년 이후 에너지 효율화·친환경 개조 지원도 강화한다. 두 번째는 소득 지향 지원(EOF)으로 1994년 도입된 소득 지향 지원 제도는, 개발자는 일정 기간 저소득층에게 공급하는 것을 조건으로 장기 저리 융자 지원을 받고, 임차인은 소득 기준에 따라 임대료를 보조받을 수 있는 방식이라 할 수 있다. 세 번째는 주택수당(Housing Allowance)으로 이는 1960년대 도입된 주거비 보조 정책으로, 현재 점점 중요해진 수단이다. 주택수당은 Länder(연방주)가 주로 담당하며, 최근까지 다양한 시기에 확대되었고, 사회주택 양은 줄고 있지만 주택수당은 확대되는 추세다. 네 번째는 주택수당과 연관된 사회주택 재고 감소와 민영화 문제를 들 수 있다. 2011~2022년 사이 독일의 사회주택 재고는 약 150만 채에서 110만 채로 감소하고 있다. 이는 광범위하게 지원되던 사회주택 공급이 상당수 축소되고 있음을 알 수 있고, 재고 감소에 따른 우려와 또 다른 이유로 현재의 제도 반대 목소리 또한 높아가고 있다. Pestel 연구소는 현재 91만 채 이상의 사회주택 부족을 경고하며, 2030년까지 100만 채 체제 복원을 요구한다. 이를 위해 50조 유로 규모의 전용 기금 마련과 건설 부가가치세(VAT) 세율 인하 등을 주장하고 있다. 한편, 비영리 주택협회(GBV)의 보고에 따르면, 임대료 상한 확대는 신규 및 유지보수 자금 조달을 어렵게 만들고, 결과적으로 주택공급이 감소하는 결과를 초래한다고 주장한다. 2024년 공급은 전년 대비 9% 줄었고, 향후 3~4년간 약 690백만 유로 손실 예상을 지적하고 있다. 이에 반하여 최근 비영리 주택 지위(Wohngemeinnützigkeit) 부활 또한 논의 중이며, 1990년대 폐지된 비영리 주택 지위가 2024년 세법 개정을 통해 재도입 예정이다.

                                             공익개발론

세금 감면(법인세, 재산세, 양도세 등)과 임대료의 지속적인 저가 유지, 그리고 중산층까지 혜택 범위를 설정하고 있어 약 10만 명에게 혜택이 발생할 전망이다. 이에 대한 반대 측은 "미미한 공적 지원에 불과한 '미니 주택 보조'"라며 실효성 부족을 지적하고, 투자 보조금 확대의 필요성을 강조하고 있다. 이러한 독일의 주택보급 촉진 정책은 전후 재건과 사회적 안정에 큰 역할을 했다. 그러나 규제 기간 만료 후 사회주택이 시장으로 편입되면서 지속적 공공재 성격 유지에는 한계적 구조 또한 확인할 수 있다. 독일의 '주택 보급 촉진' 제도에서 인용할 수 있는 공익개발 시사점은 '소득 지향 지원(EOF)'으로 이는 건설기업과 임차인 모두를 엮어 지속 가능성을 높일 수 있는 방식이다. 또한 소규모 지원보다 장기적이고 직접적인 법인세·재산세·감면 등의 인센티브가 민간 참여를 유도하는 효과적인 방안이 될 수 있음을 알려 준다. 과도한 임대료 규제는 공급에 역효과를 줄 수 있으므로 공급 확대 대책과 병행하여야 한다는 점은 중요한 시사점이다. 이처럼 독일 사회주택은 공급 주체가 지방정부, 비영리 조직, 민간기업 포함하여 다양하다. 다만, 15~30년의 지원 기간이 끝나면 시장화되면서 사회주택 재고가 줄어드는 문제가 있다. 이는 공익개발 모델이 보완할 수 있는 중요한 한계 지점이라 할 수 있다.

6.4. 오스트리아-"제한된 이익 주택"

오스트리아의 '제한된 이익 주택'(Limited-Profit Housing)은 법(주로 Wohnungsgemeinnützigkeitsgesetz, WGG에 규정된)으로 규율되는 '제3 섹터'

모델이다. 법적 인정(="gemeinnützig" 지위)을 받은 주택 건설조직들은 이윤 분배를 제한받고, 임대료는 투입비용(Cost-rent) 기반으로 산정되며, 초과 이익은 새로운 건설과 기존 건물의 유지에 재투자되어 저렴 주택을 지속 공급하도록 설계되어 있다. 따라서 제한된 이익 주택은 주택을 장기간 저렴하게 유지해 중·저소득층뿐만 아니라 광범위한 계층에 안정적 주거를 제공하는 것이 목적이다. 또한 주택을 '투자 수단'이 아니라 '사회적 자산'으로 관리(이윤 한도·재투자 의무)하며, 제한된 이익 주택의 비중이 커짐에 따라 민간 주택 임대료의 완화(소위 Price-dampening) 효과도 있다. 이러한 제한된 주택은 법적 지위+비용 기반 임대+재투자 의무+세제 및 금융 인센티브 등이 조합하여 종합적으로 작동하는 구조이다. 제한된 이익 주택은 19세기~초 협동조합과 주택개량(주거 개혁) 운동에서 기원한다고 전한다. 1920년대에서 30년대에 빈 시(市)의 대규모 공공주택(Gemeinde-bauten, 레드 빈) 경험이 주요 배경으로 이후 민관의 제3 섹터 모델이 공존하고 있다. 오늘의 '제한된 이익(공익적) 주택'에 관한 법적 틀은 1979년 제정된 Wohnungsgemeinnützigkeitsgesetz(WGG, BGBl. Nr.139/1979)이 기초이다. 이후 이 법률은 여러 차례 개정·보완이 있었고, WGG는 LPHA(=GBV 등)의 운영·회계·감사·임대 규칙을 규정하고 있다. 제한된 이익 주택 제도는 1950년대부터 1970년대 전후의 현대화 시기에 공적인 제3 섹터 방식의 주택 보급을 확대하고, 1970년대 이후 LPHA(제한 이익 주택 조직)가 민간·공공의 중간 역할을 확대하여 수행한다. 1990년대 이후에는 '주택 채권·주택 은행(Housing Construction Banks)' 등 금융적 수단 도입하여 '제한된 이익 주택 제도'를 지원하고 있다. 다음으로 제한적 이익 주택 제도의 법, 운영, 재원, 할당 등의 주요 내용은 다음과 같다. ① WGG는 협동조합(Genossenschaft), 유한회사(GmbH), 주식회사(AG) 형태의 건설조직을 'Gemeinnützig(공익적)'으로 인정하는 절차와 요건(주체 요건·목적·활동 범위 등)을 규정한다. ② 운영은 비용(비영리) 기반 임대(Cost-rent)가 기본적인 원칙이다. 임대료 산정은 비용을 기준으로 토지비·건설비·관리비·금융비(이자·상환)·유지비·예비비 등을 고려한 '원가 기반'으로 개별 건물·단지 수준에서 임대료를 산정한다. 이후 임대료 상한은 원가를 초과할 수 없고 초과 이익은 제한된다. ③ 이윤 제한과 재투자 의무 및 세제 보상에 있어서 이윤 한도는 LPHA는 사적 주주에 대한 배당 및 이윤 배분을 엄격히 제한(Limited-profit)한다. 초과 잉여 이익 전액은 토지 매입, 재건축, 건물 유지, 사회적 프로그램 등에 재투자해야 한다. 이에 대한 보상으로 주요 활동에 대한 법인세 면제 등의 세제 혜택이 부여된다. ④ 제한된 이익 주택에 대한 회계 및 감사와 감독에 있어서 강한 회계감사를 규율한다. WGG와 관련된 시행령이나 지침(예: Gebarungsrichtlinienverordnung, Entgeltrichtlinienverordnung 등)이 LPHA의 회계, 비용 계산, 감사를 규정하고 있다. 제한된 이익 주택은 중간 감사를 포함한 연간 외부감사와 보고 의무가 있으며, 이를 준수하지 않을 경우, 혜택 회수와 지위 박탈 등의 조치가 가능하다. ⑤ 재원에 있어 주요 메커니즘은 공적 보조와 저리 융자로 구성되어 있다. 연방·주·지자체 보조와 함께, LPHA는 주택 건설 전용 금융(주택 건설 은행·주택 채권)에서 장기 저리 융자를 받을 수 있으며, 그중 주택건설채권(housing construction bonds/HCCB)과 같은 채권이 중요한 자금원이다. 개별 프로젝트에서 LPHA가 거둔 잉여는 회전기금처럼 다시 새 건설과 유지에 투입되어 '장기 재생산'이 가능한 revolving funds 구조를 하고 있다. ⑥ 공급·규모 및 공급량에 있어서 제한된 이익 주택(GBV·LPHA)은 오스트리아 주택 총량에서 상당 비중을 차지한다. 정부·연합 통계는 약 97만 채(≈ 971,000)이고, 전체 주택의 약 25% 수준(수치는 자료·연도별 변동)이다. LPHA(GBV) 소속 조직 수는 약 180~185개, 매년 LPHA 계통의 신규 완공 물량은 15,000채 내외이다. ⑦ 제한된 이익 주택의 입주 대상 및 배분에 있어서 LPHA는 전통적으로 '사회적 약자'만이 아닌 넓은 사회 계층(중하층부터 중산층까지)에게 주택을 공급하는 것을 목표로 하고 있다. 즉 '사회적 주거' 폭을 넓게 가져가는 것으로 이는 정책 설계상 소득계층의 폭을 넓게 설정한 것에 기인한다. ⑧ 법적·판례상 가격 비교 및 적정성 쟁점에 관하여 법원의 해석은 WGG 규정에 따라 '고정가격 제시가 현저히 부적절(Obviously inappropriate)'한 경우(예: 제시 가격이 현지 비교 대상 민간 가격보다 높을 때) 위법 판단이 내려질 수 있다는 대법원과 항소법원의 판례가 존재한다. 이는 WGG가 '시장 참조'도 고려하여야 한다는 것으로 해석하여야 할 것이다.

오스트리아의 제한된 이익 주택 또한 찬반 논쟁이 뜨겁게 달아오르고 있다. 찬성(지지) 옹호의 목소리를 종합하면, WIFO·HousingEurope·CIRIEC 등의 연구는 LPHA가 민간 임대가격을 억제하고 전체 주거비 부담을 낮춘다고 분석하고 있다. 그 예로 LPHA 임대는 민간 임대보다 평균적으로 약 25% 정도 저렴하고 일정 비중 이상일 때 가격 억제 효과 또한 관찰된다고 주장한다. 세제, 금융지원과 회전기금 모델의 결합으로 장기적인 재생산 주택 공급원을 만든다는 평가를 한다. 반면에 사업자 및 경제단체(WKO)는 WKO의 관련 입장문과 의견서에서 LPHA의 관리·운영 확대와 세제 혜택 및 규모의 경제 등 LPHA의 '구조적 우위'가 민간 소규모 사업자에게 불공정 경쟁을 야기하여, 시장 경쟁을 왜곡한다고 지적한다. 또한 일부 학자와 언론은 "빈 모델"을 비판한다. 특히 보수·자유주의 계열 매체에서는 빈(市)·주(州) 등에서의 대규모 사회주택 유지비와 리노베이션 비용이 커서 장기적으로 지속 가능성에 의문을 제기하는 논조를 내고 있으며, 일부 Reason, City Journal 등의 외신은 빈 모델을 '비용·불공정' 측면에서 비판하기도 하였다. 그 외 운영상의 우려도 있다. 토지비 상승과 보조 한계로 일부 LPHA가 '비보조(시장) 공사'에 진출하는 경향이 2010년대 이후 관찰되기도 하였는데, 이는 '초기 공익적 목표와의 이탈'로 해석할 수도 있기 때문이다. 더불어 법 규정과 사법해석에 관한 문제도 발생하였다. WGG 조건, 가격 비교 규정, 감독 범위에서 분쟁이 발생하며, 대법원 판례는 일부 가격 제한 조항의 적용 범위를 문제 삼기도 하였다. 학술(WIFO, HousingEurope, CIRIEC)적 연구에서는 LPHA가 임대료 억제·시장 안정에 실증적으로 기여한다고 보고하고 있다. 즉 '규모 있는 비영리 주택'이 시장 전체에 긍정적 외부효과를 만든다는 근거가 존재한다는 것이다. 반면에 토지비와 건설비 상승, 보조·세제의 한계, LPHA의 시장진출(비보조 공사) 등은 제도적 긴장 요인이 되고 있다. 따라서 관리·감독 강화(회계·감사)와 보조 설계의 정교화가 필요할 것으로 보인다. WGG 제도는 공익개발 설계에 많은 영감을 주는 제도이다. 코스트 - 렌트 + 재투자 규칙을 명문화하면 개발이익을 시민 환원(장기 재원)으로 전환하는 데 강력한 제도 설계가 될 수 있으며, 법적·회계적 투명성(연간감사·비용 구성 공개)을 강제하면 '공익' 위주의 운영을 지속 가능하게 만들 수 있을 것이다. 여기에 금융 수단(주택 채권·저리 융자·회전기금)을 결합하면 초기 건설비 문제(대규모 자금 조달) 또한 해결할 수 있을 것이다. 따라서 공급 규모가 충분할 때 시장에 미치는 가격 억제 효과가 크므로, 점진적이며 지속적인 공급목표가 중요하다.

6.5. 스페인의 "보호 주택"

스페인의 "보호 주택"(Vivienda Protegida/VPO, VPP)의 근거와 목표는 헌법에 있다. 스페인 헌법 제47조에는 모든 시민의 적정 주거를 보장해야 한다고 규정하고 있는바, 이를 구현하기 위해 국가 및 자치주는 가격상한 및 입주 자격, 그리고 전매 제한 등이 붙는 '보호 주택'을 제도화하고 있다. 보호 주택의 취지는 저소득과 중저소득층의 적정 가격 주거 접근성 확보와 투기 및 전매 이익 억제이다. 2023년 주거권 법(Ley 12/2023)은 임대 시장 불안정('긴장 지역') 대응과 저렴 임대 확충을 국가 차원의 의제로 재정립했다. 이는 장기적으로 스페인의 공공·사회임대 재고가 EU 평균보다 낮아(1.1~1.5% 수준으로 보도됨), 임대료 급등과 주거비 과부하가 심화 되었다는 진단이 누적되면서, 공공·사회·협동조합 주택 비중 확충 필요성이 반복적으로 제기됨에 따라 시장 실패와 공공개입의 필요성에 따른 조치다. 스페인의 보호 주택에 관한 입법 과정에 대한 역사를 타임라인으로 요약하면 다음과 같다.

1. 1911·1921·1922 '저가 주택(casas baratas)' 법 → 국가가 저렴 주택 공급에 처음 관여한 이후 1939.4.19. 법으로 저 임대주택 보호 체계와

　　　　　　　　　　　　　　　　　　　　　　　　　　　공익개발론

‘국립 주택원’(INV) 설치함.

2. 1954.7.15. ‘보호 주택법’을 제정하여 보호 주택에 대한 본격적인 법제화를 한다. 1968.7.24. 규정(Decreto 2114/1968)으로 세부 운용(가격·대상·보조 등)을 확정함.

3. 1978년대 정책 전환: RDL 31/1978 및 RD 3148/1978 등으로 현대적 보호 주택정책의 골격을 정비(분양·임대 유형, 금융·보조)하고, 이후 국가별 주택계획(Planes Estatales) 주기로 보조·대출·한도를 갱신함.

4. 2007/2015 토지·도시 재활용법(현행: RDL 7/2015): 신규 택지개발 시 보호 주택 토지 최소 30% ‘의무 확보’ 등의 공공성 규정(자치주·지자체가 상향 가능) 함. 이는 포괄적 포획(reserva) 규범으로, 도시개발 단계에서부터 보호 주택 몫을 묶어 둠.

5. 국가 주택계획 2022-2025(RD 42/2022): 청년임대 바우처, 저렴 임대 촉진, 공공지 주택공급 확대를 위한 보조 및 융자 지원함.

6. 2023.5.25. ‘주거권 법(Ley 12/2023)’: 임대시장에서 ‘긴장 지역’ 개념을 도입하고 임대규제 틀을 마련함. ‘인센티브형 저렴 주택(Vivienda asequible incentivada)’ 개념을 신설(세제·협약 등과 결합해 민간 공급을 저렴 임대로 유도) 하고, ‘대규모 임대인(Gran tenedor)’을 정의(일반적으로 주택 10호 이상) 하고 이들과의 분쟁·조정 장치 등을 마련함.

7. 2024년 임대갱신 상한 3% 적용 후, 2025년부터 INE가 산출하는 새 지수로 갱신 상한을 연동할 예정(주거권 법 후속).

스페인의 보호 주택과 관련하여 스페인은 자치주(Comunidad Autóno-ma) 권한이 커서 명칭과 기준이 지역별로 상이하다. 다만, 다음의 공통 원칙은 널리 적용된다. Vivienda Protegida(VP)/VPO/VPP 등이 공공 보호를 받는 주택을 총칭(분양·임대 모두 가능)한다. 마드리드 등 일부 지역은 VPPB/VPPL처럼 소득 대비 가격대별로 세분화하고 있으며. 제도의 실행은 국가계획(RD 2066/2008 등)과 자치주 규정을 겹쳐 이중으로 적용한다. 다음으로 입주 자격이나 대상에 있어서 주된 거주(주거)의무를 부여하는데 이는 통상 상시 거주용이어야 하며 공실이나 전용은 금지한다. 또한 입주는 소득 상한(IPREM 연동)은 가구 소득이 일정 배수 이하여야 하며, 자치주 고시로 차등(예 : 특별, 일반, 협약 등) 적용하고, 배정은 자치주가 신청자 등록부(예: 바스크 Etxebide 등)를 통해 추첨 및 점수제 방식으로 공급한다. 보호 주택을 재판매하거나 양도하는 경우, 관리청의 우선매수권과 매도자의 법정가격(최고가) 준수 의무가 부과되는데 이는 불법 프리미엄(검은돈) 방지를 위한 핵심적인 장치이다, 많은 자치주에서 15~30년 보호기간 후 조건 충족 시 '탈 보호(Descalificación)' 가능했으나, 바스크주(2015 주택법) 등 일부 주는 '영구 보호'를 도입해 공적 주택의 영구적 저렴성 유지 방향으로 선회하고 있다. 보호 주택은 토지 공급 정책도 포함하고 있다. 신규 주거지 개발 시에는 최소 30%를 보호 주택 용도로 확보(국가 토지법의 하한선; 자치주·도시가 상향 가능) 하도록 하고 있다. 국가 주택계획(2022-2025)에 따라 공공임대, 청년 임대, 리츠(공공-민간 협력(PPP)) 등 보조 및 융자 패키지로 저렴 임대공급을 확대 시행하고 있다. 2023 주거권 법의 '인센티브형 저렴 주택'은 민간 소유 주택이라도 행정과 협약하고, 세제 혜택을 통해 시세 이하 임대로 공급되면 '저렴 주택'으로 인정하

  공익개발론

는 제3의 트랙을 신설(공공 직접 공급과 기존 보호 주택 외) 하였다. 긴장 지역(Zonas de mercado residencial tensionado)에 대한 임대시장을 규율 하기 위하여 지자체나 자치주가 임대료 급등과 같은 사유로 부담 과중 지역을 지정하면, 갱신 상한, 기준 임대 산정, 대규모 임대인 규제 등의 추가적인 규율 장치가 가동된다. 이러한 과정에서 임대료 갱신은 2024년 기준 3%이며, 2025년부터 INE 신지수가 연동될 예정이다. 한편, 주거권 법 이후 IRPF 임대소득 공제 구조가 재설계되어, 시세 대비 인하하거나 신규 임대 등에 더 큰 공제를 부여함으로써 임대인 세제 유인 정책도 병행하고 있다.

이러한 스페인의 보호 주택 제도에 대하여 APCEspaña 중심의 전국 개발·건설업계는 법·규제 '과다'로 공급 위축된다고 주장하고 있다. 2023 주거권 법 및 지방의 30% 의무 할당 등은 수익성과 법적확실성 저하로 민간의 신규 공급을 줄인다는 주장이다. APCE는 "이 법은 이념화돼 있어 문제를 해결하지 못한다"라며, "이는 공급 축소와 투자위축만을 야기"라고 비판하고 있다. 이들은 현 제도의 대안으로 보호 주택에 용적·층수 등의 인센티브 부여와 행정 절차 단축 등 '민간 투자 유인형' 수단을 촉구하고 있다. 특히 바르셀로나 30% 사례에 있어서 업계는 자유 분양 주택 착공 감소와 인근 지자체로의 이동을 지적하며, 일부 위반에 대한 과태료 정당화 판결도 있었으나, 제도 자체의 효과와 설계에 관하여서는 계속 논쟁 중이다. 경제 및 금융 분석 쟁점에서는 다수 분석에서 스페인은 사회임대 비중(재고)이 EU 평균에 비해 매우 낮다(대략 1.1~1.5%)고 지적하며, 이는 과거 분양형 VPO 중심과 탈 보호 허용이 누적되면서 공공 재고가 시장으로 유출된 탓이라는 해석이 많다. 또한 임대갱신 상한과 대규모 임대인 규제 효과는 단기 임대료 급등 억제에는 기여할 수 있으나 신규 공급과 유주택자의 임대공급 유인은 약화할 수 있다는 우려가 또한 병존하고 있다고 주장하며 반대하고 있다. 하지만 이러한 업계의 반대 주장에 대하여 시민과 학계, 그리고 도시 운동 진영은 시장주도만으로는 저렴 주택이 거의 나오지 않으므로 토지·용적 단계에서 공공 몫을 확보해야 한다는 논리와 우선매수권(행정의 선매권)과 영구 보호 확대 등으로 유출(탈 보호) 차단을 강화하자는 재반박과 보완을 주장하고 있다. 이와 같은 스페인 보호 주택의 강점과 취약점을 요약하자면 다음과 같다. 장점으로는 법·계획·토지정책 연동(국가 주택계획+토지 예약 30%+자치주 세부 규정), 우선매수권·가격상한·전매 제한 등 가격·거버넌스 장치 축적, 2023년 이후 민간 유도형(인센티브형 저렴 주택) 도입으로 공급 채널 다각화 등을 들 수 있다. 하지만 보호 주택의 취약점 또한 존재한다. 보호 주택은 자치주 간 제도 파편화(명칭·가격표·보호기간 상이)로 법적 복잡성과 거래비용의 증가를 들 수 있으며, 과거 분양형·탈 보호 허용으로 공공 재고가 대량으로 시장에 유출되어 현재 사회임대 재고의 부족을 들 수 있고, 일부 지역의 의무 할당은 설계·집행에 따라 민간 신규 공급 위축과 효과 제한 등의 논란(완화논의/집행강화 주장의 동시 존재)이 병존하고 있으므로 이에 대한 사회적 대타협이 요구된다.

6.6. 영국의 지역사회 토지 신탁(CLT)

CLT(CLT, Community Land Trust/Community Land Trust Network)는

지역사회(거주자·주민조직 등)가 '토지의 장기적 공공·지역 관리를 확보'하면서 저렴 주택·커뮤니티 자산(공동시설·상업 공간·커뮤니티 농장 등)을 개발·보전하기 위해 만든 비영리·비매매(또는 재판매 규제) 기반의 지역 소유·관리 조직이다. CLT의 핵심은 "토지(Land)는 공동체가 소유 및 관리하고, 건물은 임대·분양하되, 가격 및 재판매는 통제"라는 구조이다. CLT의 입법 이유와 발전 과정을 핵심적인 사건을 중심으로 살펴보면, CLT의 기원은 1960년대부터 1980년대 미국·英 국외에서 CLT 개념 및 사례(특히 미국 버몬트 모델 영향)가 형성된다. 영국에서는 1990년대 말부터 2000년대 초 지역 기반 주택과 커뮤니티 소유에 관한 운동이 확산한다. 2002부터 2010까지가 초기 성장 과정이라 할 수 있으며 커뮤니티 주도 개활 실무 경험 누적되면서, 다양한 법적 형태(예: Company Limited by Guarantee, Cooperative, Community Interest Company 등)로 프로젝트가 출현하며, 가이드·핸드북(Carnegie UK 등)이 등장해 확산을 촉진한다. 2011부터 2016까지는 정책과 자금지원이 시작된 시기이다. 중앙정부·지자체 레벨에서 CLT 등 Community-led housing에 관심 증대하고, 2016년 정부의 Community Housing Fund(CHF) 발표(초기 파일럿·보조금)은 CLT 프로젝트의 초기 비용(开发可行성·取得토지)을 지원해 CLT의 확산을 가속화 한다. 2018년부터 2024년까지는 CLT의 제도화 및 네트워크 강화 시기이다. National CLT Network(현재 Community Land Trust Network, CLTN)의 조직화 및 모델 규칙 표준화(예: 2021 Model Rules)로 사업 확장하며, 2020년대 들어서 "도시 CLT(Urban CLT)" 사례(런던 등)가 등장하며 규모, 복잡성이 확대된다. 최근 보고서는 CLT가 영국에서 1,000채 이상 완공·약 7,000채 파이프라인을 보유했다고 집계된다. CLT에 관한 정책적 배경과 요지를 요약하자면 토지비, 투기, 지역 이탈(유출) 문제로 지역의 '영구적 저렴성'(Long-term affordability)을 확보하려는 필요가 커지면서 CLT가 실무 대안으로 부상한다. CHF · Homes England 일부 프로그램 등으로 초기 자본을 공급해 확산의 계기를 마련하게 된다.

CLT의 구조, 규칙, 재원 등에 관한 제도의 주요 내용은 프로젝트나 법적 형태에 따라 세부적으로 차이가 있지만, 등록, 법적 조직 구조 형태는 Company Limited by Guarantee(회원제 비영리 회사), Community Benefit Society/Co-op(Industrial and Provident Society에서 발전), Community Interest Company(CIC) 등. CLTN은 Model Rules(2021)을 통해 자선 · 비영리 · 거버넌스 표준을 제안하고 있다. 따라서 법적 형태는 기금 · 세제 · 토지 취득 방식에 많은 영향을 받게 된다. 토지 및 자산 소유 구조는 CLT의 핵심 설계이다. 토지(land)는 CLT가 영구 소유(또는 장기 지분 보유)하는데, 이는 토지 소유를 통해 장기적인 통제를 확보하기 위함이다. 건물(Housing units)은 CLT가 소유하거나 지역 주택 협력 · 주택협회(Registered provider)와 협력하여 소유하고 관리된다. 분양형 주택의 경우, 재판매 시 가격상한(예: 구매자가 얻을 수 있는 자본 이익을 일정 비율로 제한하고 CLT에 우선매수권을 부여)을 제한하여, 주택의 장기적 저렴성을 유지하는데, 이 규칙(예: Formula for resale) 은 CLT 모델의 핵심적 기능이다. 회원 · 이사회 · 지역 대표성에 관한 거버넌스는 삼원 대표 구조를 권장한다. 주민(주거자) · 지역사회 조직 · 지역 이익 대표(지역 기관 · 이해관계자)로 구성되는 'Tripartite' 이사회 구성을 권장하며, 사용자 · 주민의 의사 반영이 제도적으로 보장되도록 모델 규칙 권고사항이 설계되어 있다. 이는 '장기적 지역 대표성'을 확보하기 위한 장치이다. 자금 조달(How CLTs pay for land & build)에 있어서 공적 보조와 기타 보조금을 지원한다. Community Housing Fund(과거 중앙정부), Homes England 지역 기금, 지역 의회 또는 위원회로부터 승인된 초기 보조금 등, 한국의 경우와 유사하게 초기 토지 매입 및 개발비에 공공 보조가 중요한 역할을 하며, 영국에서는 CHF 등이 '전초 자금' 역할을 했다. Community Development Finance Institutions(CDFIs), 건설 대출, 윤리적 은행(예, Triodos), 사회 투자 채권 등으로 갭 펀딩을 채우며, CLT는 shared-equity 모델(부분 지분 판매)로 자본을 회전시키는 구조이다. CLT의 자본구조에도 난점이 발견되었다. CLT는 초기 취득비와 개발 리스크가 커 보조가 없으면 실현이 어렵다. 즉, 확장성은 보조·금융의 가용성에만 의존하는 구조이기 때문이다. 따라서 각종 여러 보고서는 CHF의 초기 기여가 CLT의 '핵심'이었다고 평가한다. 주택 유형 및 임대, 분양 모델을 지켜보면, 임대형(Affordable rent/Social rent)은 CLT가 장기 임대(저 임대)로 운영한다. 분양형(Shared ownership/Intermediate sale)은 CLT가 지분 제한(예: 재판매 공식)에 따라 분양 및 재판매를 통제하고, 주거를 하지 않는 커뮤니티 자산(비주거)과 같은 공동체 스페이스, 소매 및 업무공간, 커뮤니티 농장 등도 CLT 포트폴리오에 포함되어 완전한 '지역' 생태계 구축을 목표로 하는 경우가 많이 있다. CLT는 토지와 건물 소유를 분리하는 장기 지대(Ground lease)를 활용하여 토지 통제권을 장기간 확보하며, 분양 주택의 미래 가격상승에서 지역사회가 일부 이익을 환수하거나 가격상승을 제한하는 규정(예: Pice=original price+capped % of increase)을 두고 있는데 가격상승 제한 규정 또한 CLT의 핵심이라 할 수 있다. 한편, CLT는 지역주민 주도의 '장기적 저렴성' 확보 수단으로 찬사를 받지만, 반대와 비판도 존재하는데, 반대와 비판은 크게 두 축으로 정리된다. 확장성과 개발 속도에 관한 실무적 이유와 효율성에 관한 정책적 비판을 들 수 있다. 건설업계와 개발업자 일부의 주장은 CLT는 프로젝트당 적은 가구 구성으로 작고 추진이 느리며, 또한 초기 비용 보조 없이는 실현 불가하다. 따라서 대규모 공급 문제를 해결하기엔 역부족이며, 또한 복잡한 규제, 검증 절차가 민간 투자를 위축한다고 지적한다. 또한 재정 보수적 학자와 정책 전문가들의 주장은 CLT가 장기적 '공유·관리' 모델로 성공하려면 공공의 지속적 보조가 필요하고, 이는 재정적 부담을 야기 한다고 지적한다. 또한 CLT가 지역 내 일부 계층(예: 집 주민·활동가)에 의해 포획될 위험도 경고한다. 형평성과 거버넌스와 관련하여 대표성과 포획(Risk of capture) 우려를 들 수 있다. 일부 연구는 CLT의 거버넌스가 특정 이해관계자나 활동가 그룹에 의해 포획될 위험을 지적(예: 의사결정이 '열린' 주민보다 참여가 가능한 중산층에 유리할 수 있음)한다. 즉, 거버넌스 설계(회원 구성·투표권·이사회 구성)가 약하면 지역사회 전체 이익을 못 반영할 수 있다는 지적이다. 또한 '지역 배타성'도 우려된다. 특히 농촌·휴양지 CLT 사례에서는 'Local connection' 규칙(예: 특정 마을 거주자 우선권)이 외부 신규 유입을 제한해 지역경제와 포용성 측면의 반발을 일으킬 수 있다. 마지막으로 일부 학자와 운동 내부의 전략 및 정치적 논쟁과 비판에서는 CLT를 '근본적 해결책'으로 과대평가해서는 안 된다고 주장한다. 그들은 CLT는 지역 차원에서 중요한 수단이지만, 국가적이거나 대규모 공급정책(사회주택 확대 및 공공 대규모 공급) 없이는 근본적으로 주택 위기 해소가 어렵다고 보고 있기 때문이다. 즉, CLT는 보완적(또는 보폭 좁은) 해법이라는 견해이다.

CLT에 관하여 학계와 정책 평가 증거를 기반으로 한 장점은 첫째, 재판매 규칙과 토지 통제로 지역의 영구적 주거 저렴성 달성에 기여함으로 장기적 저렴성을 보장한다는 점. 둘째, 지역 참여와 관리 역량을 강화하고 지역자산을 창출하는 등 커뮤니티 역량을 강화한다는 점. 셋째, 주거뿐만 아니라 커뮤니티시설과 상업 공간을 결합해 지역적 복원력을 제공하는 장점들이 있다. 하지만, LT는 상대적으로 작은 규모의 프로젝트(수십~수 백호 규모)에서 효과적이기 때문에 국가적 공급을 대체하기는 어려워 규모와 속도 측면에서 한계를 보인다. 초기 토지 매입과 개발비는 보조 및 저리 대출에 의존하기 쉽고, 보조 종료 시 확장성이 매우 취약해 자금에 관한 의존성 문제가 지속된다. 지역 대표성과 투명성, 그리고 리더십의 질에 따라 결과의 편차가 큼으로 거버넌스 문제의 해결 방안이 필요하다. 따라서 공익개발은 CLT의 장점을 인용하고 단점을 보완하는 구조로 설계되어야 한다.

6.7. 기타 남미의 "법정 가치 환수 방식"과 공익개발

기타 남미의 도구 중심의 "법정 가치환수 방식"에 대한 검토이다. 이는 브라질의 CEPAC(개발권 증서)와 콜로비아 Plusvalia(계획 이득 환수) 등으로 용도변경, 공공투자 기인 증가분을 공익에 선 환수하며, 이는 인프라에 재투자하는 방식이다. 하지만 이들은 민·관 합동 사업에서 개발이익의 민간 무배당까지 강제하지는 않는다. 따라서 이와 같은 세계 사례로 볼 때 "PF 이자만 보전+성과급"이라는 공익개발의 핵심 설계 개념과 동일한 국제적인 제도는 찾아볼 수 없었다. 다만, PF 구조를 쓰면서도 민간의 보상은 "이자·수수료·관리·성과급(성과연동)"으로만 제한하는 방식은, 비영리 주택법인(오스트리아)·영국 HA/CLT의 개발자 수수료+관리비 논리 등에서 "배당 없음"과 같은 공통점은 합치된다. 따라서 공익개발은 이들 제도 보다 확장된 개념이라 할 수 있으며, 해외제도들과 공익개발을 비교해 보면 다음과 같다.

① 완전 무배당의 "민관합동 도시개발"

유럽의 공익주택과 공공개발은 민간 지분 배당 자체가 원천 금지(비영리 법형식)되는 방식으로, 공공 주체가 공적자금을 활용하여 토지와 개발권을 장악하고, 민간은 '용역·시공·관리·수수료' 역할로 제한하는 방식이므로 한국의 공영개발과 유사하다. 공익개발과 기능적 결과는 동일하지만, 법적 형태(법인 형태·PPP 유형)는 다른 방식이다.

② 강제력의 근거

오스트리아는 연방법(WGG), 영국 CLT/HA, 스페인 보호 주택 등은 비영리, 자산 잠금을 법·정관·규제로 강제하고 있다. 따라서 한국에서 공익개발을 구현하려면 조례+사업 협약+인가 조건 등의 3중 락 장치의 구현이 필요할 것이다.

③ 가치 환수만으로는 부족

남미의 LVC(CEPAC/Plusvalía)는 공공이 선환수 하지만, 민관합동 법인의 배당 금지까지는 담지 않고 있다. 즉, '환수 도구'+'거버넌스·법형식' 둘 다 설계해야 완전 무 배당형 공익개발을 달성할 수 있을 것이다.

공익개발론

한국에서 민관합동 도시개발은 비영리 도시개발로 하되, 외국의 비영리 주택 제도 등을 인용하여 ① 영국 CLT/HA식 자산 잠금 방식의 비영리 법 형식 또는 WGG형 '제한 이익 법인'에 준하는 규정을 사업 협약 및 조례로 흡수하여 배당과 이익 분배는 금지하고, 잉여는 지역 공익에만 제한적으로 활용하며, 목적 외 사용 금지를 규정하도록 한다. ② 가격 및 원가 규율에 관하여 원가 상한, 간접비 상한, 금융비 벤치마크(WGG의 cost-rent 논리) 검토 및 인용. ③ 인정·성과급에 관한 공정 수수료제(성공보수 상한)를 도입하고, 영국 HA의 VFM 공개·감사 체계를 참고하여 클로백과 페널티를 규정할 필요가 있다. ④ 디지털 투명성을 확보하기 위하여 공인된 회계법인으로 하여금 정기적 외부감사와 정보 공개 등이다. 지금까지 해외 사례와 비교해 볼 때 "PF 이자 보전+성과급만 인정하고, 개발이익 전액을 공익화"하는 "공익개발방식"은 국제적으로도 충분히 적용이 가능한 철학적 논리를 가지고 있으며, 오스트리아·영국 비영리 주택센터의 운영철학과도 일치한다. 조사에서 공익개발과 완전히 일치하는 PPP 템플릿(Public-Private Partnership template)은 없지만, 동등한 경제적 결과(민간 배당 0, 잉여 전액 공익)가 되는 제도 및 거버넌스 조합은 세계 여러 나라에서 이미 작동 중임을 알 수 있었다. 이제 한국에서는 이들의 제도보다 진보한 공익개발방식이 제도화될 수 있도록 필자가 직접 공모에 참여하여 실질적 사례를 구현해 나갈 것이다. 공익개발 현장에서 지속적인 실험을 수행하고 프로젝트 시기별 과제와 성과 과정을 상세하게 정리하여 현장의 목소리로 보완된 공익개발 실행 본을 만들어 갈 것이다. 필자가 비영리 도시개발부터 본 공익개발을 집필하는 데 약 5년이 소요되고 있다. 하지만 현재까지 부동산의 기생소득에 관한 물음에 철학적 담론을 담지 못하고 있다.

때문에 필자는 대한민국에서 최초의 공익개발을 직접 현실로 옮기려 다시
도시개발 현장으로 가려 한다.

제7장

공익개발의 문제화와 정치학

본 장에서는 "문제가 아닌데 문제를 삼으면 문제가 된다."는 일상적 경제를 출발점으로 삼아, 문제의 사회적 구성성(Cnstructivism)을 고전 및 근대 사상가들의 이론과 연결하여 공익개발방식을 분석해 보하고자 한다. 특히 헨리 조지의 토지 지가론, 롤스의 정의론, 푸코의 문제화(Problematisation) 개념 등은 공익개발(Public-interest development)의 철학적, 정치적 정당성을 설명하는 데 유용한 이론적 자원이라고 생각한다. 또한 한국의 '토지공개념', 영국의 '가든 시티 운동', 싱가포르의 '공공 주택정책' 사례를 통해 공익개발이 어떻게 문제를 제기하고, 담론을 형성하며, 제도화의 과정을 거쳐 현실 정책으로 정착하는지를 실증적으로 검토하고자 한다. 결론적으로 공익개발은 단순한 제도적 개혁이 아니라, 무엇을 공익의 문제로 인식할 것인가에 대한 사회적 합의를 만들어내는 정치적 실천임을 논증해 보고자 한다.

"지금까지 문제가 아닌데, 문제를 삼으면 문제가 된다."는 말은 일상적 담론에서 흔히 쓰이는 경구이다. 보통은 갈등 유발을 경계하는 맥락에서 사용되지만, 이를 사회학이나 정치 철학적 관점에서 보면 문제의 구성성을 드러내는 통찰이다. 즉, 어떤 사안이 객관적 문제로 '존재'하는 것이 아니라, 특정 시점에 사회의 행위자들이 그것을 '문제화'(Problematise)함으로써 사회적 현실과 제도의 변화를 촉발한다는 뜻이다. 도시와 토지 등의 분야에서 이 명제는 문제의 본질이자 핵심이다. 토지는 물리적 대상이지만, 토지에 대한 규범적, 경제적 의미는 역사적이고 정치적으로 구성된다.

예컨대 토지의 지대(Land rent)와 개발이익을 사적 재산으로 보는 관점은 한 시대의 담론이었지만, 필자의 공익개발에서는 이를 공익적 몫으로 환수해야 한다는 주장은 또 다른 담론이다. 공익개발은 바로 이러한 담론 전환을 제도화하려는 시도로도 볼 수 있다. 필자는 이와 같은 새로운 담론을 검증하기 위하여 세 가지를 목표로 하고자 한다. 첫째, 고전과 근대 사상가들의 '문제 인식' 이론을 정리하고, 둘째, 문제화 개념을 공익개발 이론과 연결하여 이론적 틀을 제시하고자 하며, 셋째, 한국, 영국, 싱가포르 사례를 통해 공익개발의 문제화 과정과 제도화 가능성을 실증적으로 검토하고자 한다.

먼저 검증 방법은 사상사적 문헌 검토와 사례 연구의 결합이다. 각 사례는 역사적 맥락에서 문제 제기의 주체, 담론 확산 경로, 제도적 수용 과정을 중심으로 분석하였다.

7.1. 고전과 근대 사상가들의 문제 인식이론

공동선(共同善) 관점에서의 문제부터 살펴보자. 플라톤에게 사회문제는 이데아적 질서의 불균형과 관련된다. 그는 정의의 붕괴를 사회병리의 근원으로 보았고, 각자의 역할(정신·용기·절제 등)의 불균형이 문제의 기원이라고 진단했다. 그는 개인의 윤리 문제와 도시(국가)의 정치 및 제도 문제를 부결시켜 생각했다. 개인이 정의로워지려면 도시가 정의롭게 조직되어야 하고, 반대로 정의로운 도시는 각 개인의 영혼이 조화롭게 기능할 때 가능하다고 보았다. 이러한 관점에서 그는 교육, 제도, 문화, 계급 구조, 정치적 리더십 등을 통해 사회문제를 해결해야 한다고 보았고, 이상 국가에서는 "철인(철학자) 통지"가 핵심으로 이는 진리를 이해하는 자가 국가를 이끌어야 사회가 올바르게 운영된다고 보게 된다. 그는 이상 도시에서 수비자 계급은 재산, 가족, 사적 사유를 억제하고 공유 및 집단 양육을 택한다. 이는 통치자의 사익 추구로 인한 사회적 부패를 막기 위한 장치인데, 현대 기준에서는 강한 통제, 사생활 침해로 비판받는다. 플라톤 철학에서 모든 가치는 "선의 이데아"(ἰδέα τοῦ ἀγαθοῦ)로 수렴되는데 이는 "태양의 비유"(Book VI, 507b-509c)로 유명하다. "선의 이데아는 모든 지식의 원천이며, 존재 자체를 있게 하는 힘이다."라고 하였다. 즉, 공공선의 이상적 상태가 선의 이데아(Idea of the Good)인 것이다. 한편, 플라톤의 이상적 정의론에 대하여 아리스토텔레스는 실천적 공공선을 제시한다. 아리스토텔레스는 인간을 '정치적 동물'로 규정하며, 개인의 이익과 공동선 사이의 충돌이 문제의 핵심이라고 보았다. 따라서 문제는 개인 차원의 불만을 넘어 공동체의 목적을 저해할 때 비로소 사회적 문제가 된다고 보았다. 따라서 공공선은 개인 선의 총합이 아니다. 즉, 공공선은 단순히 '모든 개인의 사익 합계'가 아니라, 공동체 구성원이 '함께 잘살기 위해 추구하는 공동의 목적'을 의미한다고 하였다. 따라서 정치의 목적은 공공선의 실현이고 '각자에게 그에 합당한 몫을 주는 것'이 공공선과 정의의 관계로 정의한다. 그는 『정치학』 1283b에서 "정의는 공동체를 보존하는 덕이며, 정의는 공공선에 대한 관심이다."라고 하였다. 이들 고전적 관점은 공익개발논의에서 '공동선'의 복원이라는 규범적 방향을 제시한다. 즉, 토지이용의 판단 기준은 사적이익의 극대화가 아니라 공동체의 좋은 삶을 얼마나 증

　　　　　　　　　　　　　　　공익개발론

진 시키는가에 두어야 한다는 교훈을 주고 있다.

　다음으로 정치적, 구조적 발원 측면에서 살펴보자. 홉스는 자연 상태의 혼돈을 전제로, 주권의 창설을 통해 특정 행위들이 문제로 규정된다고 보았다. 문제의 규정은 주권자의 권한 행사를 통해 이루어지며, 따라서 정치적 결정 과정과 문제 인식은 분리될 수 없다. 루소는 사회적 불평등이 어떻게 문제로 형성되는지 설명했다. 자연적 상태에서의 불평등은 문제가 아니지만, 사유재산 제도가 들어서면서 불평등이 제도적으로 고착되고 그 결과가 문제로 드러난다고 보았다. 한편, 마르크스는 자본주의적 생산 관계를 통해 문제를 구조적으로 설명했다. 토지 사유화와 도시공간의 자본화는 계급적 배제를 생성하고, 이는 문제의 집합적 폭발로 이어질 수 있다고 보았다. 이전의 세 전통은 문제를 주로 권력 구조와 제도, 경제구조의 결과로 파악하였다. 공익개발은 이러한 구조적 분석을 바탕에서 개발이익 환수와 보상제도 개혁과 같은 제도적 개입이 정당화될 수 있음을 알 수 있다.

　롤스는 정의의 원칙을 통해 불평등의 문제화를 규정하였다. 그는 불평등이 허용될 수 있는지에 대한 여부는 그것이 최저 수혜자의 이익을 증진시키는가로 판단되어야 한다고 주장했다. 이러한 관점은 토지 개발의 분배적 결과를 기준으로 정책의 정당성을 재단하는 데 유용하다. 그리고 하버마스는 공론장의 합리적 담론 과정을 강조하며, 사회적 문제는 공적 토론을 통해 정당화되어야 한다고 주장했다. 따라서 필자의 공익개발에 대한 정당성 또한 단순한 전문가의 판단이 아니라 시민적 토론과 공론장의 합의 과정을 통해 축적되어야 할 것이다. 그러므로 기존의 담론을 벗어난 공익개발은 문제화(problematisation) 과정이 필요하다고 생각한다. 푸코는 문제화 개념을 통해 '무엇이 문제로 호명되는가'가 어떻게 권력과 지식 체계에 의해 결정되는지를 분석해 보고자 했다. 특정 행동과 현상은 권력 담론 속에서 문제로 구성되며, 이에 대한 개입은 곧 권력의 재구성으로 보았다. 공익개발은 이러한 관점에서 '공공성'과 '사유성'의 경계가 어떻게 담론적으로 구성되는지를 보여 준다. 누가 어떤 이익을 '사익'으로 간주하고, 누구의 권리를 '공익'으로 환수할 것인가 하는 문제는 단순한 기술적 문제가 아니라 권력의 문제로 전이된다.

7.2. 공익개발의 문제화와 메커니즘

공익개발이 정책으로 도입되기까지는 통상 다음과 같은 단계가 관찰될 것이다. 첫 번째는 문제의 제기이며, 두 번째는 담론의 형성이고, 세 번째 제도의 디자인과 네 번째로 정치적 수용 및 실행이다. 여기에 추가적으로 공익개발 실행에 따른 사후 평가와 과정에서의 발생할 수 있는 문제점들에 대한 재문제화 메커니즘 등도 포함되어야 할 것이다. 그럼 첫 번째, 문제 제기 및 행위자와 문제 제기를 위한 전략에 관하여 살펴보자. 대부분의 문제 제기는 시민단체나 학계, 언론, 정치인, 또는 이해당사자(공익개발에서는 주민이나 토지주 등)에 의해 촉발될 것이다. 효과적인 문제 제기는 감정적 호소뿐 아니라 자료와 사례, 그리고 이론적 근거를 결합하여 '문제임을 입증'하는 작업이 포함되어야 한다. 헨리 조지류의 논리는 여기서 핵심적 자원이 될 수 있다. 그의 주장과 같이 도시개발 이익은 토지의 형질 변경에 의하여 발생한 것임으로 이는 비생산적 불로소득이다. 따라서 이를 공익적 자원으로 환수해야 한다는 명제는 문제 제기의 이념적 기반을 제공한다고 보아도 무방하다. 따라서 이와 같은 문제의 제기는 담론의 형성하기에 충분하다고 생각한다. 그리고 이러한 담론의 형성에는 프레이밍(Frames)과 공론장이 필요한데, '개발이익 환수'는 여러 방식으로 프레이밍될 수 있다. 조지적 프레임 즉, 불로소득 환수와 최저 수혜자 보호에 관한 분배적 정의 프레임과 투명성, 참여에 관한 거버넌스 프레임, 마지막으로 지속 가능성에 관한 환경 프레임 등. 각 프레임은 다른 연대체와 연계되어 공론장에서 경쟁할 수 있을 것이다. 이처럼 공론의 장을 통하여 환수 방식과 보상에 관한 제도의 재설계 과정을 가져올 수 있다. 그러나 실질적 제도 설계는 매우 기술적이며 매우 다양한 갈등을 수반한다. 환수 방식(토지 지가세, 개발이익 환수금, 기부채납 등), 보상 기준, 이행 메커니즘(조례, 법률, 시행 정책 등), 분배 방식(주택공급, 인프라 투자, 사회복지 등) 등이 설계의 변수이다. 설계의 공정성과 실효성은 결국 정책 수용 여부를 좌우하게 된다. 공익개발 또한 이해관계의 충돌을 초래할 것이다. 일부 토지주, 개발업자와 건설업자 그리고 금융권 등의 반대 행동을 가져올 수 있으며, 주민이나 시민사회도 기대치에 따라 호응하거나 반발할 수 있다. 따라서 정치적 합의 형성을 위한 절차적 정당성을 확보하기 위하여 투명성과 참여성, 그리고 보상의 공정성에 관한 집중적 재논의 과정이 필요하며 이는 매우 중요한 절차이다.

공익개발의 실질적 전개를 이해하기 위해 세 가지 대표적 사례 한국 토지의 공익적 개념, 영국의 가든 시티 운동, 싱가포르의 HDB 정책을 통합적으로 검토해 보자. 이 세 사례는 시기, 제도, 문화적 맥락이 다르지만, 모두 문제 제기와 제도화, 그리고 공익 실현이라는 같은 구조를 지닌다. 우선 한국의 토지 공익적 개념은 1988-89년 헌법 개정을 통해 토지의 공공성을 명문화한 제도적 전환점이었다. 당시 급등하는 부동산 가격과 투기적 토지이용이 사회적 불만을 증폭시켰고, 이는 '토지의 공공적 제한'을 합리화하는 사회적 담론으로 발전했다. 공익개발 논의의 초기 형태로서 개발이익 환수, 보상 기준, 주민 참여 제도 등이 도입되었으며, 이후 「개발이익 환수에 관한 법률」(1989년)의 제정으로 제도화되었다. 이러한 과정은 토지문제가 경제적 현상에서 정치·윤리적 문제로 전환되는 전형적 문제화 과정으로 볼 수 있다고 생각한다. 다음으로 영국의 가든시티 운동은 산업혁명 이후 급격한 도시화로 인한 환경오염, 주거난, 사회적 불평등이 문제로 규정되면서 출발했다. 에버네저 하워드는 『내일: 평화로운 개혁의 길』(1898)에서 "도시의 불행은 토지의 사유화에서 비롯된다."고 지적하며, 공동 소유의 토지를 기반으로 한 도시 개혁을 주장했다. 가든 시티 운동은 토지를 공공이 신탁하여 관리하고, 토지 이익을 공동체에 재투자함으로써 사회적 정의와 경제적 지속성을 동시에 달성하려 하였다. 이는 문제의 인식 측면에서는 공익개발과 사상적 원형을 같이한다고 평가할 수 있으나, 실천에 있어서는 방법을 달리하고 있다. 마지막으로 싱가포르의 공공 주택정책(HDB)은 1960년대 초 주택난을 국가적 위기로 규정하고 이를 국가 주도로 해결한 사례이다. 정부는 토지수용을 통해 도시 전체의 토지 구조를 재편하고, 주택을 공공재로 제공함으로써 사회적 통합을 달성해 왔다. 하지만 과거 모범사례였던 공공 주택정책 또한 많은 문제점을 야기하고 있다. 공공주택(재판매) 가격 급등으로 저소득층, 청년층 부담이 커지고 있으며, 99년 임대 체계는 시간이 지나면 자산가치가 떨어진다는 구조적 문제와 장차 세대 간 자산 이전의 불공정 문제가 제기되고 있으며, 장기적으로 인종별 주거 분리 방지에 기여한 사회적 통합 정책(EIP, Ethnic Integration Policy)은 인구구성 변화, 시장 수요, 정책 정보의 부족 등으로 불만과 논쟁이 증가하고 있다. 여기에 건설비 인플레이션 압력과 공공주택의 '사회주택 vs. 자산'의 정체성 충돌, 세대 간 불평등 심화 등의 문제에 직면하고 있어 지속가능성이 위협받고 있다. 이와 같이 '문제를 문제로 인식하는 순간'의 정책적 실천이 사회 변화를 촉발하는 대표적 사례다. 세 사례 모두 문제의 본질이 아닌 사회적 인식과 제도적 대응에서 변화가 시작된다는 공통점을 보여 준다. 즉, 토지 자체가 아니라, 사회가 토지문제를 어떻게 정의하고 다루는가가 문제의 핵심이며 그 대안이 공익개발이다.

7.4. 논의와 결론

공익개발은 '문제화의 정치학'이라는 틀로 이해될 때 가장 설명력이 크다. 문제화는 단순한 인식 변화가 아니라 제도적 변화를 위한 담론적, 정치적 작업이며, 제도 설계의 기술적 측면(환수 방식, 보상 원칙 등)은 담론적 정당화와 분리될 수 없다. 따라서 설계는 담론을 반영하고, 담론은 설계를 제약한다. 그러므로 공익개발은 이 둘의 정렬에 달려 있다고 생각된다. 또한, 공익개발의 제도적 설계에 있어서 권력의 문제를 간과한다면, 공익개발은 또 다른 권력 집중의 수단이 될 수도 있다. 푸코적 비판은 공익을 내세운 행정권의 남용 가능성을 경고하였으며, 하버마스적 공론장을 통한 절차적 정당성 확보를 요구하고 있다. 따라서 역사적, 제도적 맥락들이 공익개발의 결정적인 요소들로 인식되어야 한다. 같은 공익개발 아이디어라도 정치적, 문화적, 행정 역량, 법체계의 차이로 인해 매우 다른 결과를 낳을 수 있기 때문이다. 본 장에서는 공익개발을 '문제화의 정치학' 관점에서 재해석하고자 하였다. '문제가 아닌데 문제를 삼으면 문제가 된다'는 평범한 경구는 문제의 구성성과 그 결과로써의 제도 변화를 이해하는 핵심적 단서다. 고전 사상에서부터 현대 정치철학까지의 논의를 통해, 공익개발은 단지 토지제도의 기술적 개편이 아니라 "사회가 무엇을 공적 문제로 받아들일 것인가?"에 대한 근본적 합의를 마련하는 정치적·윤리적 실천임을 입증하고자 하였다. 더 좋은 사회를 만들기 위하여 우리는 행동하여야 한다. 실천하지 않으면 아무런 변화도 기대할 수 없기 때문이다.

개발이익을 이야기하면 사람들은 늘 이렇게 말한다. "어쩔 수 없는 거 아니야?" "민간이 했으니까 가져가는 거지." "위험을 감수했잖아." 이런 말들이 틀렸다고 말하고 싶지는 않다. 사실 우리는 그렇게 배워왔고, 그렇게 익숙해져 왔다. 하지만 어느 날 문득 이런 생각이 들었다. 우리는 혹시, 너무 당연하게 여겨온 것 때문에 정작 중요한 질문을 하지 못했던 건 아닐까? 도시개발은 자연스럽게 생기는 일이 아니다. 논과 밭이 아파트가 되고, 허허벌판이 상업지구가 되며, 땅값이 수십 배 오르는 일은 누군가의 결

　　　　　　　　　　　　　　　　　　　공익개발론

정 없이는 일어날 수 없다. 그리고 그 결정은 시장이 하지 않는다. 기업도, 개인도 아니다. 행정과 제도, 즉 사회의 결정이다. 그런데 우리는 늘 개발이익은 투자에 대한 기회비용으로 여겨왔다. 왜 그랬을까? 필자는 그에 대한 해답을 찾고자 선진국의 법과 제도 그리고 많은 사례를 찾아보았다. 특히 복지가 강하다는 북유럽 국가들도 살펴보았다. 놀랍게도 개발이익을 100% 사회가 가져가는 나라는 어디에도 없었다. 그래서 처음엔 이렇게 생각했다. "이건 불가능한 이야기인가?" 하지만 더 들여다보니, 이유는 달랐다. 불가능해서가 아니라, 아무도 끝까지 질문하지 않았기 때문이었다. 우리는 개발이익을 하나로 정의하고 묶어버렸다. 투자에 대한 보상, 위험을 감수한 대가 그리고 행정 결정으로 생긴 가치, 이 세 가지를 구분하지 않았다. 구분하지 않았기 때문에, 모두를 '투자의 몫'이라는 말로 덮어버린 것이다. 그래서 이런 질문은 한 번도 제대로 등장하지 않았다. "투자에 대한 보상이 시장의 보편적 기준에 따라 이미 충분히 지급된 뒤에도 왜 행정 결정으로 생긴 이익까지 투자의 몫이 되는 걸까?"이건 악의의 문제가 아니다. 누군가의 탐욕 때문만도 아니다. 우리는 그냥, "모르는 것을 모르고 있었을 뿐이다."

근대형 도시계획과 토지 이용 규제의 기원과 역사는 1922년 미국에서 공포된 "표준 주별 구역 설정 시행법" (SZEA, Standard State Zoning Enabling Act)으로 볼 수 있다. 개발이익은 이를 기준으로 고작 100년 남짓한 사회 현상이다. 인류는 노동권, 인권, 참정권에 대하여 수백 년에 걸쳐 질문을 던지고, 갈등을 겪고, 정리되어 사회에 정착된 것에 비하면, 공익개발론은 첫돌 정도이며, 나이만큼 너무 짧다. 이는 질문이 충분히 축적되지 않았고, 개념이 아직 정리되지 않았다는 것을 의미한다. 공익개발론은 거창한 혁명이 아니다. 민간을 배제하자는 주장도 아니다. 그저 이 질문에서 출발한다. "투자에 대한 보상은 보상으로, 사회의 결정이 만든 가치는 사회의 몫으로 구분할 수는 없는가?" 이 질문을 처음 던지는 사회는 언제나 불편하다. 하지만 역사는 늘 그 질문에서 앞으로 나아갔다. 우리는 지금까지 몰랐을 뿐이다. 그리고 이제는, 알기 시작했다. 이 깨달음은 끝이 아니라 다음 장을 열어가기 위한 서문일지도 모른다.

"개발이익 사유화 문제는 탐욕만이 아니다.
무엇을 모르는지조차 몰랐던 사회 침묵의 틈에서
불평등은 제도처럼 굳어졌다,"

더 나은 삶을 위하여

8.1. 인간적 삶에 대한 근본적 물음

인류의 역사는 끊임없는 "더 나은 삶"을 향한 여정이었다. 과거에는 기아와 전염병에서 벗어나는 것이 삶의 개선이었으나, 오늘날에는 불평등 해소, 환경적 지속 가능성, 공동체적 연대가 새로운 과제로 부상하고 있다. 특히 도시공간에서의 주거 문제와 토지 불평등은 인간적 삶의 조건을 직접적으로 위협한다. 필자는 "더 나은 인간적 삶"이라는 주제를 토지제도와 도시개발의 맥락에서 탐구하고자 했다. 따라서 인간적 삶의 조건을 규정한 철학적 논의를 검토하고, 역사적 토지 사상을 되짚어 본 뒤, 세계 선진국들의 토지와 주거정책에 관한 입법 취지와 변천 과정들 그리고 그들이 당면한 현재의 논쟁과 문제점 등을 살펴보고, 오늘날 진보하지 못한 토지정책에 공정에 관한 공공선을 첨가하고자 한다.

인류는 산업 혁명으로 생산력을 증대시켜 기아로부터 해방되었고, 민주주의의 확산은 자유와 권리를 보장했으며, 현대의 기술 발전은 인간의 생활을 더욱 풍요롭게 만들고 있다. 그러나 이러한 발전에도 불구하고 인간은 여전히 불평등, 주거 문제, 환경파괴, 공동체 해체라는 근본적 위기에 직면해 있다. 특히 도시 공간에서 나타나는 불평등은 인간적 삶의 질을 직접적으로 위협한다. UN World Urbanization Prospects(2022년)에 따르면 2025년을 기준으로 전 세계 인구는 81억 이상으로 추정되며, 세계 도시화율은 약 58%로 예측되어 있어 약 47억 명이 도시지역에 거주하고 있음을 의미한다. 세계는 2007년을 기점으로 세계 인구 66억~67억 명 중 도시인구(33억 명)가 농촌인구를 넘어섰으며, 이 같은 추세는 유엔 WUP 2018 기준 전망에 따르면 2050년 기준 세계 인구는 97억 명으로 도시인구는 64억 명(66%)에 달할 것으로 전망해 도시인구는 33억 명이 증가할 전망이다. 현재도 진행되고 있는 급격한 도시화는 부동산 가격상승으로 인해 청년과 서민이 안정된 주거환경을 확보하기 어렵고, 개발이익은 소수의 토지소유자나 특정 민간 투자자에게 집중되고 있다. 이 과정에서 사회적 갈등은 심화되고, 인간적 삶의 기반이 되는 "공정성"은 훼손되고 있다. 어쩌면 훼손이라는 단어보다는 난도질에 가깝다. 이러한 맥락에서 20여 년을 도시개발업에 종사한 나는 다시금 묻지 않을 수 없다. "더 나은 인간적 삶"을 위한 토지제도와 도시개발은 어떠해야 하는가?

8.2. 인간적 삶의 조건과 공정성

인간적 삶은 단순히 생존을 넘어 존엄, 자유, 공동체적 연대, 그리고 자기실현을 포함한다. 철학자 아리스토텔레스는 인간을 "폴리스적 동물"로 규정하며, 공동체 안에서만 인간다운 삶이 가능하다고 보았다. 현대에 와서 존 롤스(John Rawls)는 "정의로운 사회란 사회적·경제적 불평등이 가장 불리한 위치에 있는 사람들에게도 이익이 되도록 설계된 사회"라고 주장했다. 즉, 더 나은 인간적 삶은 개인의 자유와 공동체의 연대가 조화를 이루는 상태라 할 수 있다. 하지만 현실의 능력주의 사회에서는 토지와 주거가 투기의 대상이 되면서 공동체적 연대는 약화 되고, 자유조차도 경제적 능력에 의해 제약받고 있다.

오늘날 현대사회에서의 "공정성"은 인간적 삶을 가능케 하는 핵심 조건
이다.

"공정"이라는 말은 현대사회에서 정치적 구호로도, 사회질서의 기준으
로도, 개인적 도덕의 지표로도 자주 쓰인다. 그러나 공정의 의미는 시대
와 맥락에 따라 달라져 왔다. 고대 철학에서 정의와 공정은 사회질서 유지
의 핵심 덕목이었으며, 근대 이후에는 개인의 권리와 자유를, 현대에 이르
러서는 불평등 완화와 기회의 보장이 핵심 논점이 되었다. "공정"은 오늘
날 한국 사회뿐만 아니라 전 세계에서 가장 자주 언급되는 가치 중에 하나
다. 대학 입시, 일자리, 부동산, 세금, 복지정책 등 삶의 거의 모든 영역에
서 "이것이 공정한가?"라는 질문이 제기된다. 하지만 공정의 의미는 단순
하지 않다. 어떤 사람에게는 노력과 능력에 따라 보상을 받는 것이 공정이
고, 다른 사람에게는 사회적 약자를 배려해 결과를 보장하는 것이 공정이
며, 또 다른 사람에게는 기회 자체의 평등이 보장되는 것이 공정이다. 따
라서 공정의 기준을 논의하려면 철학적 전통 속에서 정의의 개념이 어떻
게 발전했는지를 살펴보고, 이를 바탕으로 현대사회의 제도와 현실에 어
떻게 적용되고 있는지를 검토해야 한다. 특히 토지와 도시개발이라는 영
역에서는 공정의 문제가 직접적으로 제도 설계에 영향을 미친다. 고대 그
리스의 아리스토텔레스는『니코마코스 윤리학』에서 정의를 분배적 정의
와 교정적 정의로 구분했다. 분배적 정의는 각자의 능력과 공헌에 따라 적
절히 나누는 것이고, 교정적 정의는 불법적 이득이나 손해를 바로잡는 것
이다. 아리스토텔레스에게 공정은 단순한 '동일 분배'가 아니라 비례적 분
배였다. 예컨대, 도시개발 과정에서 어떤 사람은 더 큰 기여를 했고, 어
떤 사람은 적은 기여를 했다면, 각자의 몫도 달라야 한다는 것이다. 공정

                                    공익개발론

에 관하여 중세의 토마스 아퀴나스는 정의를 신의 질서와 연결했다. 그는 "공정은 신이 부여한 자연법에 따르는 것"이라고 보았다. 따라서 사유재산도 단순한 개인의 권리가 아니라, 공동선을 위한 질서 속에서 의미를 가진다. 이는 오늘날 "재산권은 절대적이지 않고 공공 복리를 위해 제한될 수 있다"라는 헌법적 원칙과 맞닿아 있다. 근대 철학자들은 공정을 개인의 권리와 사회계약을 중심으로 해석했다. 홉스는 자연 상태를 "만인의 만인에 대한 트쟁"으로 보았다. 여기서 공정은 불가능하며, 오직 강력한 주권자가 법을 제정하고 강제할 때만 질서와 공정이 유지될 수 있다고 주장했다. 이에 반해 존 록은 생명·자유·재산을 기본적 자연권으로 규정하고, 재산권의 정당성을 노동에서 찾았다. 즉, 토지를 개간하고 노동을 투입한 자가 그 땅을 소유하는 것이 공정하다고 보았다. 그러나 그는 과도한 축적을 제한하는 '충분성 조건'을 붙였다. 또한 루소는 불평등을 문명의 산물로 비판했다. 진정한 공정은 사람들이 일반의지에 참여하여 자신이 만든 법에 복종할 때 가능하다고 보았다.

현대에 들어서 존 롤스는 "공정으로서의 정의"를 체계화했다. 무지의 베일 뒤에서 합의한다면 누구도 불리한 원칙을 택하지 않을 것이므로, 모든 사람의 기본 자유가 평등하게 보장되고, 불평등이 있더라도 최소 수혜자에게 최대 이익이 돌아가는 '차등 원칙'을 선택할 것이라 했다. 하지만 로버트 노직은 『무정부, 국가, 유토피아』에서 롤스를 비판했다. 그는 공정은 결과가 아니라 절차에 있다고 보았다. 정당하게 획득하고, 정당하게 이전된 재산이라면 불평등이 크더라도 공정하다는 것이다. 그러나 아마르티아 센은 기존 이론들이 지나치게 제도적·형식적이라고 비판하고, 사람들이 실질적으로 누릴 수 있는 능력(Capability)을 공정의 기준으로 삼았다. 단순히 소득이 비슷하더라도, 교육, 건강, 사회적 기회가 다르면 불공정하다는 것이다.

국가별 제도와 현실 속 공정 기준으로 살펴보면 스웨덴, 덴마크, 노르웨이 등 북유럽은 공정을 사회적 연대와 보편적 복지로 실현하려 한다. 높은 세율을 통해 부의 재분배를 적극적으로 수행하며, 교육과 의료, 주거에서 최소한의 생활수준을 보장한다. 북유럽 복지국가에서의 공정은 결과의 평등보다는 기회와 역량의 평등을 보장하는 방향으로 설계됨을 알 수 있다. 반면에 미국은 전통적으로 자유주의와 기회의 평등을 중시했다. 미국에서의 공정은 '노력한 만큼 얻는 것'이라는 성과주의 원칙에 가깝다. 그러나 현실적으로는 세습 자산과 교육 격차로 출발선이 크게 다르며, 최근에는 대학 입시, 인종적 불평등, 의료 보장 문제에서 공정에 관한 논란이 심화되고 있다. 그와 반대로 아시아에서 중국은 헌법상 토지를 국가와 집체가 소유하는 공유제를 택하고 있다. 이는 토지 불평등을 해소하고 공정성을 확보하려는 사회주의적 시도였다. 그러나 실제로는 도시화 과정에서 농민의 토지수용, 부동산 투기, 도시-농촌 격차로 인해 공정성이 크게 훼손되었다. 이러한 현실은 제도적 공유제가 반드시 사회적 공정을 보장하지 못한다는 실질적 사례로 보아야 한다. 아시아의 신흥 선진국인 한국은 토지 사유재와 함께 토지의 공익적 개념을 헌법에 규정하고 있다. 그러나 현실에서는 개발이익이 특정 소수에게 집중되면서 공정 논란이 지속적으로 반복된다. 토지초과이득세, 택지소유상한제 등은 위헌으로 좌절되었고, 개발이익환수제 역시 충분히 작동하지 못했다. 따라서 한국 사회에서는 "개발이익은 누구의 것인가"라는 질문이 곧 공정의 문제로 직결된다. 토지는 개인의 노동이 아니라 제도의 변화와 사회적 투자로 가치가 급격히 상승한다. 농지가 도시 용지로 바뀌는 순간 발생하는 이익은 개인이 아니라 사회 전체의 산물이다. 따라서 이를 특정 개인이나 기업이 독점하는 것은 공정하지 않다. 이 지점에서 "공익개발"이라는 새로운 패러다임이 필요하다. 민간은 자본과 역량을 투입하고, 공공은 제도와 행정을 지원하며, 개발이익은 사회 전체로 환원하는 방식이다. 이는 롤스의 차등 원칙, 센의 능력 접근법과도 조응하며, 절차적 공정과 결과적 공정을 동시에 추구하는 제도적 대안이 될 수 있다. 공정은 단일한 기준으로 정의될 수 없다. 고대의 비례적 정의, 근대의 권리 중심 정의, 현대의 차등 원칙과 능력 접근법은 모두 각기 다른 측면에서 유효하다. 오늘날 공정은 기회의 공정, 과정의 공정, 결과의 공정이라는 세 축이 균형을 이룰 때 실현될 수 있다.

토지와 도시개발이라는 구체적 현실에서 공정은 단순히 법적 절차의 정당성만으로는 충분치 않다. 개발로 인한 이익이 사회 전체로 환원되고, 청년·서긴·미래 세대가 혜택을 누릴 수 있을 때 비로소 사회적 신뢰가 회복된다. 공정은 곧 지속 가능한 공동체를 위한 조건이다. 따라서 공익개발은 단순한 제도 실험이 아니라, 철학적 전통과 현실적 요구를 연결하는 새로운 공정의 설계라 할 수 있다. 이는 한국 사회가 공정의 위기를 넘어, 정의롭고 공정한 토지제도를 모색하는 씨앗이 되길 바란다. 우리의 일상에서 공정성이란 단순히 법적 평등을 의미하지 않는다. 사회적 자원의 분배, 특히 토지와 같은 기초적 자원의 배분에서 누구도 부당하게 배제되지 않고, 기회가 균등하게 보장되는 상태를 우리는 만들어 가야 한다. 그것은

막대한 국가부채와 불공정한 사회를 만든 현재 세대가 미안함에서 우러나
오는 표현이자 다음 세대를 위한 최소한의 도리일 것이다.

8.3. 토지와 인간적 삶

　토지는 인류가 생존하는 기반이며, 동시에 모든 경제 활동의 출발점이
다. 인간의 의식주(衣食住) 중 의(衣)와 식(食)은 토지를 경유한 생산을 통
해 이루어지고, 주(住)는 곧 토지 위에서만 가능하다. 농경사회에서는 토
지가 곧 생존이자 수단이었고, 산업사회에서는 도시와 공장의 공간이 되
었으며, 오늘날 지식 정보사회에서도 여전히 토지는 주거와 삶의 터전으
로서 대체는 불가능하다. 따라서 토지는 단순한 경제적 자산이 아니다. 그
것은 인간이 공동체적 삶을 영위하고, 자유롭게 역량을 실현하며, 세대 간
지속성을 유지하는 토대다. 따라서 토지제도의 설계는 개인의 자유와 사
회적 공익 사이의 균형, 현재와 미래세대 간 정의, 그리고 인간적 삶의 존
엄성 보장이라는 목표를 향해야 한다. 오늘날 도시화가 전 세계적으로 가
속화되면서, 토지는 단순한 농업적 기반을 넘어 주거·산업·문화의 무대
가 되었으며, 동시에 자본 축적의 도구로 전락하기도 했다. 따라서 토지 문
제를 올바르게 다루는 일은 인간적 삶을 지탱하는 핵심적 과제가 되었다.

　고대사회에서 토지는 신의 선물로 여겨졌다. 아리스토텔레스는『정치
학』에서 토지를 포함한 재산은 '좋은 삶'을 위한 필요조건이라 보았다. 그
러나 그는 동시에 사적 소유가 인간적 삶을 안정시킨다고 보면서도, 공동

　　　　　　　　　　　　　　　　　　　　　　　　　　　　　공익개발론

체적 책임과 결부되어야 함을 강조했다. 반면, 플라톤은『국가』에서 토지의 사유가 사회 불평등을 낳는다고 보고, 수호자 계급은 재산 소유를 금지시켜 공동체적 삶을 유지하고자 했다. 중세의 아퀴나스는 토지 소유를 인정했으나, 이는 절대적 권리가 아니라 "공동선을 위한 관리권"이라 규정했다. 즉 토지는 하느님이 인류 전체에게 준 것이므로, 개별적 소유라 할지라도 공공의 필요에 부합해야 한다는 것이다. 근대에 들어와 홉스는 국가의 절대권력이 없이는 토지 소유권이 무력화된다고 주장했다. 따라서 소유권은 자연권이 아니라 국가가 보장하는 사회적 권리라 주장하였으며, 로크는 토지 소유를 노동에 의한 정당화로 설명했다. 그러나 그는 "공통을 위해 남겨질 만큼 충분히 있어야 한다."라는 조건을 붙였다. 이는 현대의 '공정 이용 원칙'으로 확장될 수 있다. 루소는 사유재산의 기원을 강하게 비판하며, "최초로 토지에 경계선을 긋고 '이것이 내 것'이라 말한 자"가 불평등을 낳았다고 보았다. 그에게 토지는 불평등의 원천이자 인간 소외의 근원이었다. 근대 이후에 급진적 사상의 헨리 조지는『진보와 빈곤』에서 토지 가치 상승에서 비롯되는 지대가 불로소득이며, 이를 환수하여 공동체를 위해 써야 한다고 주장했다. 그의 '토지 단일세(Land Value Tax)'가 대안이 될 수는 없어도 오늘날 불평등 해소의 필요성에 직관적 문제를 제시하고 있다.

토지는 인간의 노동으로 새로이 창출될 수 있는 자원이 아니다. 따라서 토지에서 발생하는 개발이익은 개인 노력의 산물이 아니라 사회적 합의와 제도적 결정의 결과다. 예컨대 농지가 도시 계획 등의 인가로 상업용지나 아파트 용지로 변경되었을 때 발생하는 막대한 지가의 변동은 개인의 능력 때문이 아니라, 사회 전체가 함께 이룬 산업화·도시화 과정, 그리고 정부의 행정적 결정 덕분에 발생한 것이다. 그럼에도 불구하고 현재의 제도는 이러한 개발이익을 소수의 토지소유자가 또는 특정 민간 참여자자 독점하는 상황을 방치하고 있다. 이것으로 인하여 기생소득이 누적되고, 기생소득은 사회적 불평등을 심화시키는 원인이 된다. 결국 대부분의 도시 용지는 인간적 삶을 가능케 하는 자원이면서 동시에 불평등을 구조화하는 원인이 된 것이다.

8.4. 새로운 대안

이처럼 불공정한 토지개발에 관한 문제의식에서 출발한 것이 바로 공익개발 구상이다. 공익개발은 단순한 공공개발도, 민간개발도 아니다. 핵심은 "민간은 자본을 투자하되, 개발이익은 전액 공익적으로 환원한다."라는 원칙에서 출발한다. 공익개발은 사적이익과 공적 가치를 조화시켜, 정의로운 도시화를 만드는 도구이며, 미래지향적 공정의 실현과도 같다.

공익개발은 구체적으로 다음과 같은 구조를 가져야 한다.

1. 자본 조달: 개발 자금은 민간이 조달하되, 금융권 대출(PF)을 포함한 모든 투자비에는 합리적인 수준의 이자를 보장한다.
2. 공정 대가: 민간이 수행한 모든 업무와 기술에는 공정한 대가를 지급한다.

   공익개발론

3. 행정 지원: 정부나 지방자치단체는 인허가, 인프라 조성 등 행정력을
   지원한다.

4. 이익의 공익 환원: 토지 형질변경에서 발생하는 개발이익은 민간이
   독점하지 않고, 전액 공익 재원으로 환원한다.

5. 시민 환원 프로그램: 환수된 이익은 주거 안정 기금, 청년 주거지원,
   공공임대주택 건설, 지역 기반 시설 확충, 사회적 약자를 위한 공동체
   프로그램 등에 투입된다.

이러한 공익개발은 단순히 재정적 효율성을 넘어, 도시개발의 정의와
공정성을 실현하는 새로운 제도적 틀이 될 것이다.

8.5. 더 나은 인간적 삶을 위한 길

공익개발은 단순히 도시개발의 방식이 아니라, 더 나은 인간적 삶을 위
한 사회적 실험이다. 개발이익을 소수가 아닌 사회 전체가 공유한다는 것
은 곧 공동체적 연대를 강화하는 일이다. 이를 통해 청년과 서민이 안정된
주거를 확보하고, 사회적 갈등이 줄어들며, 도시가 더 지속 가능한 방향으
로 발전할 수 있다.

궁극적으로 인간적 삶은 존엄, 공정, 연대 위에서만 가능하다. 토지제도
와 도시개발이 이 세 가지 가치를 구현할 때, 우리는 진정으로 더 나은 삶
을 영위할 수 있다. 공익개발이라는 주제는 철학적 이상이 아니라, 우리가
반드시 풀어야 할 현실적 과제다. 오늘날 도시에서 발생하는 불평등과 갈

등의 뿌리는 토지 문제에 있으며, 이를 공정하게 해결하지 않고서는 인간 적 삶의 토대도 흔들릴 수밖에 없다. 공익개발은 이러한 문제를 극복하기 위한 하나의 구체적 제안이자, 새로운 사회 계약적 도전이다. 이는 단순한 개발 방식의 전환을 의미하는 것이 아니라, 인간적 삶을 위한 정의로운 제 도의 새로운 모색이다. 우리가 지금 이 길을 선택할 수 있다면, 미래 세대 는 보다 공정함 속에서 풍요로운 삶을 살아갈 수 있을 것이라 믿는다.

우리가 지금까지 살펴본 공익개발은 단순히 토지에서 발생하는 개발이익을 환원하는 제도에 머물지 않는다. 그것은 사회 정의를 다시 세우려는 시도이며, 미래 세대를 위한 새로운 규범적 실험이다. 토지와 도시개발은 단순한 경제적 행위가 아니라, 사회 전체의 정의를 시험하는 무대라 할 수 있다. 토지는 생산의 기본 수단이자 인간 생활에 있어서 근간을 이루는 희소 자원이며, 그 가치는 시장 거래의 산물이기 이전에 제도적 결정, 공공 인프라의 구축, 그리고 사회적 상호 작용의 결과물이다. 다시 말해, 토지 가치의 상승은 결코 특정 개인의 능력이나 창의성에 의해 발생하는 것이 아니다. 오히려 그것은 국가와 사회 전체가 형성한 구조적 환경 속에서 이루어진다.

그럼에도 불구하고 현대 도시개발 과정에서 발생하는 이익, 즉 개발이익은 종종 특정한 사적 주체가 독점한다. 이는 정의의 관점에서 심각한 문제를 제기한다. 개발이익은 사실상 사회적 산물인데, 이를 사적으로 귀속시키는 것은 사회적 정의의 파괴로 이어지기 때문이다. 이러한 문제의식에서 제안된 것이 바로 공익개발이다. 공익개발은 토지 형질변경이나 인프라 구축 과정에서 발생하는 개발이익을 민간이 독점하지 않고, 사회 전체를 위한 재원으로 환수하려는 제도적 실험이다. 하지만 공익개발을 단순히 경제학적 차원의 재분배 장치로만 이해하는 것은 그 함의를 축소하는 것이다. 공익개발이 지닌 정당성을 충분히 드러내기 위해서는 다차원적 정의론이 필요하다. 여기서 주목할 만한 이론이 바로 낸시 프레이저(Nancy Fraser)의 분배(Distribution), 인정(Recognition)·대표(Representation)의 3차원 정의론이다. 프레이저는 현대사회의 정의 논의가 단일 차원에 머물러 있다는 점을 비판하며, 정의는 반드시 세 가지 차원의 결합을 통해서만 실현될 수 있다고 주장한다. 따라서 공익개발은 단순한 분배 정의를 넘어, 사회적 인정과 정치적 대표성의 차원에서도 그 정당성을 확보해야 한다.

프레이저는 1990년대 이후 신자유주의 시대의 사회정의 담론을 비판적으로 성찰하며, 기존의 정의론이 지닌 편향성을 지적하였다. 전통적으로 정의는 주로 경제적 분배의 문제로 이해되어왔다. 예컨대 롤스(John Rawls, 1971)의 정의론은 사회적 재화와 기회의 공정한 분배를 강조하였다. 그러나 1980년대 이후 다문화주의와 정체성 정치가 부상하면서, 사회정의는 점차 문화적 인정의 문제로 이동하였다. 여성, 소수인종, 성소수자, 이주민 등 특정 집단의 정체성과 존엄을 인정하는 것이 정의의 핵심 과제로 부각 된 것이다.

프레이저는 이 두 접근이 모두 중요하지만, 어느 한쪽에 치우치는 것은 정의를 불완전하게 만든다고 보았다. 경제적 분배만을 강조하면 문화적 차별과 사회적 배제의 문제를 외면하게 되고, 반대로 인정만을 강조하면 구조적 불평등의 문제를 해결하지 못한다. 더 나아가 그녀는 여기에 정치적 대표성(Representation)의 차원을 추가해야 한다고 주장하였다. 분배와 인정이 실현되더라도, 사회적 의사결정 과정에서 특정 집단이 배제된다면 정의는 완성되지 않기 때문이다.

프레이저 세 차원 정의론은 다음과 같이 요약된다.

- 분배(Distribution): 자원과 부의 공정한 배분.
- 인정(Recognition): 정체성과 존엄의 존중.
- 대표(Representation): 정치적 의사결정 참여의 보장.

프레이저의 이론은 단순히 정의의 조건을 나열한 것이 아니라, 현대사회에서 정의를 다층적으로 구성할 수 있는 틀을 제공한다. 따라서 이를 도시개발과 토지 정의 논의에 적용하는 것이 필요하다는 생각이 들었다. 공익개발의 가장 기본적인 정당성은 분배 정의에 있다. 개발이익은 사적 노동이나 창의적 성취의 결과물이 아니다. 그것은 사회적 제도, 공공의 인프라, 행정적 결정에서 비롯된 사회적 산물이다. 예컨대 농지가 도시 용지로 전환되는 순간, 그 가치의 증가는 농부의 노동이나 토지소유자의 경영 능력에서 비롯된 것이 아니라, 행정적 결정과 도시 전체의 발전 전략에서 비롯된다. 따라서 그 이익은 사회 전체가 공유하는 것이 정의롭다. 그리고 이러한 문제의식은 이미 19세기 헨리 조지(Henry George)의 사상에서 잘 드러난다. 그는 『진보와 빈곤』(1879)에서 지대를 "사회가 만든 가치"라고 규정하고, 그것을 사회 전체에 환수해야 한다고 주장하였다. 이는 오늘날 공익개발의 핵심 논리와 직결된다.

　프레이저의 분배 정의 틀에서 보면, 공익개발은 단순한 경제 정책이 아니라 사회적 불평등을 시정하는 제도적 장치다. 개발이익을 사회화함으로써 불로소득의 사적 독점을 방지하고, 그 자원을 교육, 복지, 환경 등 사회적 필요에 재투자함으로써 공정한 분배를 실현하는 것이다. 이는 롤스의 "차등의 원칙"(Difference principle)-사회적 불평등이 오직 사회적 약자의 이익을 증진시키는 경우에만 정당화될 수 있다는 원칙-과도 긴밀히 맞닿아 있다. 따라서 공익개발은 분배 정의의 제도화로 볼 수 있으며, 이는 프레이저의 첫 번째 정의 차원을 충실히 구현하는 것이라 할 수 있다.

　그러나 정의를 분배 차원에서만 논의하는 것은 충분치 않다. 도시개발은 언제나 인정의 정치를 동반하기 때문이다. 개발 과정에서 특정 지역이 '낙후된 곳'으로 낙인찍히거나, 원주민 공동체가 개발 논의에서 배제되는 경우가 그러하다. 이러한 경험은 단순한 경제적 손실이 아니라, 존엄과 지위의 침해로 이어진다.

　프레이저의 인정 차원은 바로 이러한 문제를 드러낸다. 사회정의란 자원의 분배만이 아니라, 사회적 정체성과 존엄이 존중되는 과정이어야 한다. 공익개발이 단순히 개발이익을 환수하는 경제적 장치에 머문다면, 여전히 지역 주민이나 사회적 약자의 목소리는 배제될 수 있다. 따라서 공익개발은 반드시 인정의 정의를 포함해야 한다. 예를 들어, 이주민, 세입자, 사회적 약자 집단이 개발 과정에서 존중받고, 그들의 생활 터전과 문화적

정체성이 보장될 때 비로소 공익개발은 정의로운 과정으로 완성된다. 이
는 아마르티아 센(Amartya Sen)의 "역량(Capability) 접근"-인간다운 삶을
가능하게 하는 실질적 자유와 기회를 보장하는 것-과도 연결된다. 공익개
발은 단순히 재화를 나누는 것이 아니라, 시민 개개인이 존엄을 유지하며
사회에 참여할 수 있는 기회를 보장하는 제도여야 한다.

마지막으로, 프레이저가 강조한 대표성의 차원은 공익개발 정당성의 핵
심이다. 개발이익을 분배하고 사회적 인정을 보장하더라도, 개발 방향과
방식이 누구에 의해 결정되는가의 문제가 해결되지 않으면 정의는 불완전
하다. 현대 도시개발은 종종 대규모 자본과 그 자본의 이해관계자 그리고
행정기관이 중심이 되어 추진되며, 실제 주민이나 미래 세대는 배제된다.
이는 프레이저가 지적한 "대표되지 못한 집단의 정의 결핍"의 전형적 사례
다. 따라서 공익개발은 참여적 거버넌스를 통해 의사결정의 민주성을 확
보해야 한다. 주민, 세입자, 시민사회가 개발 과정에서 발언권을 가지며,
이익과 책임을 공유하는 구조를 마련할 때 비로소 공익개발은 정치적 정
당성을 획득한다. 이는 단순히 민주주의의 절차적 원리를 넘어, 정의의 본
질적 조건으로 자리한다.

공익개발은 단순한 도시개발 제도를 넘어, 21세기 정의론의 최신 실험
으로 평가될 수 있다. 프레이저의 3차원 정의론은 이를 분명히 드러낸다.

분배 차원에서, 공익개발은 개발이익의 사회적 환원을 통해 불평등을 시
정하며, 인정 차원에서, 공익개발은 사회적 약자와 공동체의 존엄을 보장

한다. 대표 차원에서, 공익개발은 민주적 거버넌스를 통해 정치적 정당성을 확보한다. 따라서 공익개발은 단순한 경제적 제도가 아니라, 사회 정의와 민주주의를 재구성하는 패러다임적 실험이다. 이는 롤스, 헨리 조지, 센과 같은 전통적 정의론을 계승하면서도, 프레이저의 이론을 통해 다차원적이고 최신적인 정의 실천으로 자리매김할 수 있을 것으로 나는 기대한다. 앞으로 우리가 만들어갈 도시는 단순히 건물과 도로의 집합이 아니라, 정의로운 분배와 존중, 그리고 참여를 담아내는 공간이 되기를 기원한다.

공익개발이 현재 우리 사회에 만연한 모든 불평등을 해소하지는 못한다. 다만, 광범위하게 방대한 역설이 펼쳐진 도시공간에서 공익개발이 공정한 사회로 나가는 첫 발걸음이자 공동체 의식의 토대가 될 수 있기를 바란다. 따라서 나는 공익개발을 실행할 것이며, 현실화할 것이다. 다시 도시개발 현장으로 나가 최초의 공익개발부터 추진할 것이다. 그리고 공익개발 과정에서의 모든 논쟁과 문제점들을 정리하여 10년 후 그 결과를 토대로 합리적이고 진보한 공익개발을 써 내려가고자 한다. 이에 남은 나의 일생을 공정한 사회 구현을 위한 공익개발에 바칠 것이다.

10년 후 다시 만날 것을 기다리며…….

안녕!

참고 문헌

플라톤의 국가론(플라톤, 변역(최현), 집문당, 2006년).

아리스토텔리스의 〈정치학〉(J,A 스완슨,C.D. 코빈, 변역(김영균), 서광사, 2014년).

아퀴나스의 신학대전(토마스 아퀴나스, 유대칠 저, 웅진지식하우스, 2019년 전자책).

리바이어던(토마스 홉스, 변역(최진원), 동서문화사, 2009년).

통치론(꼭 읽어야 할 인문 고전 서양편 06)(존 로크, 변역(조현수), 타임기획, 2006년).

국부론(상, 하) 경제학 고전, 개혁판(애덤 스미스, 변역(김수행)비봉출반사, 2007년).

노예의 길(사회주의 계획경제의 진실)(프리드리히 하이에크, 변역(김이석), 나남, 2006년).

자본주의와 자유(밀턴 프리드먼, 번역(심준보, 변동열), 청어람미디어, 2007년).

선택할 자유(밀턴 프리드먼, 변역(민병균, 서재명, 한홍순), 자유기업원, 2022년).

사유재산권과 토지공개념(김정호, 자유기업원, 2018년).

자본론(칼 마르크스, 변역(김수행), 두리미디어, 2012년).

가족 사유재산 국가의 기원(프리드리히 엥겔스, 번역(김대웅), 두레, 2012년).

공상에서 과학으로(사회주의의 발전)(프리드리히 엥겔스, 번역(박광순), 범우사, 2013년).

진보와 빈곤(헨리 조지, 변역(김윤상), 비봉출판사, 2016년).

루소의 사회계약론(장 자크 루소, 편집인(배용구), 넥센미디어, 2025년).

맹자(선한 본성을 향한 특별한 열정)(맹자/김선희, 풀빛, 2006년).

순자(인간의 악한 본성과 그 해결의 길)(순자/최영갑, 풀빛, 2017년).

내일의 전원도시(에벤에저 하워드, 번역(조재성, 권원용), 한울아카데미, 2016년).

거대한 불평등(우리는 무엇을 할 수 있는가)(조지프 E. 스티글리츠, 열린책들, 2017년).

Two Lectures on the Checks to Population(Lloyd, William Forster, Franklin Classics Trade Press, 2018년).

공유지의 비극:지속 가능한 발전을 위한 해결책(씨익북스 편집부 2팀, 2025년).

공유지의 비극을 넘어(공유 자원 관리를 위한 제도의 진화)(일리너 오스트롬, 번역(윤홍근, 안도경, 알에이치코리아, 2010년).

정의론(존 롤스, 번역(황경식), 이학사, 2003년).

인간 불평등 기원론(리커버)(장 자크 루소, 번역(공봉만), 책세상, 2018년).

신제국주의(데이비드 하비, 번역(최병두), 한울아카데미, 2016년).

한국은행 · 통계청 2021년 국민대차대조표[잠정], 2022. 7. 21. 공보2022-07-22호.

대한민국/행정안전부/국가기록원 홈페이지/정책/제도 검색.

한국경영정책연구원/개발부담금 업무편람.

대한민국시도지사협의회(지방정부의 지방부담금 부과 권한 신설과 제도개선 방안)/2021.08.

에너지경제신문, 서울시, 정비사업 현금 기부채납 통로 개통, 2017. 07. 06. 신보훈 기자.

국가법률정보센터/토지구획정리사업법.

서울정책아카이브/토지구획정리사업(2015), 김선웅 서울연구원 선임연구위원.

국민권익위원회/토지구획정리사업감보율재산정불가처분취소등청구, 2000-00424, 2000.03.06.

한국경제, [보상/재건축] 환지방식(토지구획정리사업) 땅 경매, 김은유 필진, 2015.10.08.

한경닷컴, 이재명, 내일 '대장동 결합개발' 현장 방문, 연합뉴스, 2021.10.28.

뉴데일리경제, [르포] 최초 결합개발 '인천 송림4구역'… 기대 · 걱정 공존, 이보배, 2017.09.25.

파이낸셜뉴스, 경기도, '전국 최초' 산단 결합개발, 공감언론 뉴시스, 2019.12.26.

공익개발론

성동저널, 서울시, 공공성을 강화한 도시개발 제도, 2012.10.25.

정치경제학 원리 세트(사회철학에 대한 응용을 포함하여),(존 스튜어트 밀, 변역(박동천), 나남, 2010년).

21세기 자본,(토마 피케티, 번역(장경덕), 글항아리, 2014년).

카를 멩거의 경제학 오스트리아학파 톺아보기,(박정훈, 루미너리북스, 2024년).

정치경제학 이론,(윌리엄 제번스, 번역(김진방), 나남, 2011년).

공정하다는 착각,(마이클 샌델, 번역(함규진), 와이즈베리, 2020년).

공정 개념의 철학적 재구성: 정의, 평등, 공평과 구분 가능한 공정의 의미 탐색, 윤리학 제11권 제1호 1-23 한국윤리학회, 2022년 6월, 정원규 서울대학교 사회교육과 부교수.

공정의 배신(능력주의에 갇힌 한국의 공정),(장은주, 피어나, 2021년).

목민심서,(정약용, 보물창고, 2015년).

흠흠신서: 전발무사편(조선의 법과 정의),(정약용, 역자(나우권, 박계화, 박성종, 심재우, 심희기, 이승현, 이종일), 편집간사(허문행), 사암, 2017년).

Porter & Kramer(2011), "Creating Shared Value", Harvard Business Review.

UN-Habitat, "Inclusive and Sustainable Urban Development".

김종걸(2021), 「공유가치 창출 기반의 도시재생 기획모델 연구」.

서울연구원, 「사회적 경제를 활용한 도시문제 해결전략」.

국토연구원, 「지속 가능한 도시개발을 위한 민관협력 모델」.

Michael E. Porter and Mark R. Cramer. "공유가치를 창출하라: 자본주의를 재창조하는 방법과 혁신 및 성장의 흐름을 창출하는 방법". Harvard Business Review.

Valerie Bocktette, Mike Stamp. "Creating Shared Value: A How-to Guide for the New Corporate(R)evolution". FSG.

Rebel CitiesFrom the Right to the City to the Urban Revolution(David Harvey, Verso, 2019).

The Just City,(Fainstein, Susan, Cornell University Press, 2021).

UN-Habitat(2016). New Urban Agenda. United Nations Conference on Housing and Sustainable Urban Development(Habitat III).

위터마크, 유스투스(2012). "실제로 존재하는 정의로운 도시? 암스테르담에서 도시권을 위한 투쟁".

닐 브레너; 피터 마르쿠제; 마르기트 마이어(편). 『사람을 위한 도시, 비영리: 비판적 도시 이론과 도시권』.

Green Urbanism: Learning from European Cities, (Timothy Beatley. 2000).

김성환 외(2016). "생태도시 계획 요소 및 평가 기준 설정에 관한 연구" 『국토계획』.

Seto, K. C. et al.(2014). "Human Settlements, Infrastructure and Spatial Planning"-IPCC 보고서.

이현석 외(2020). "도시의 탄소중립 전략에 관한 고찰" 『도시설계』.

"Urban resilience for whom, what, when, where, and why?"-Landscape and Urban Planning, Meerow, S., Newell, J. P. (2016).

정현정 외(2021). "도시 회복력 평가 및 향상 전략에 관한 연구" 『도시정책연구』.

Circular Economy in Cities, (Ellen MacArthur Foundation, 2019).

박주현 외(2020). "도시 순환 경제 구현을 위한 정책과제" 『환경정책연구』.

SRU 목적·의무비율·집행: 프랑스 정부(에콜로지·영토부) 공식 안내. 영토개발부.

France-Rénov, ANIL. 프랑스 리노베이션, ANIL.

Le Monde, LCP, USH(부결 브리핑).

Le Monde.fr, LCP-Assemblée nationale, union-habitat.org.

FNAIM·UNPI(상한제 비판), iFRAP(SRU 비판). assemblee-nationale.fr, Sénat.

Fondation IFRAP.

BL(Danmarks Almene Boliger)-sector overview, beboerdemokrati, 통계.

Landsbyggefonden(LBF)-기금 역할·회전기금 모델.

Danmarks Nationalbank-사회주택 금융 모델·정부 보증 모기지 관련 자료.

Luise Nøring et al. (CBS), Rikke Skovgaard Nielsen 등-거버넌스·재원·정책 변화 'Ghetto package' 관련 보도·법적자료: 덴마크 정부 문서(2018).

UN·OHCHR 권고, EU/ECJ 심리·언론 보도(Reuters, The Guardian 등).

Wohnraumförderungsgesetz(WoFG, 2001)-독일 연방 차원의 사회주택 공급 촉진법.

Wohnungsbindungsgesetz(WoBindG, 1965)-사회주택에 대한 사용 제한 및 임대규제 근거.

Sozialgesetzbuch(SGB II, XII)-주거보조금 및 저소득층 주거지원 규정 포함.

Bundesministerium für Wohnen, Stadtentwicklung und Bauwesen(BMWSB)-연방 건축·주거부 공식 보고서 및 통계.

IW Köln(Institut der deutschen Wirtschaft)-독일 주택시장 분석 및 사회주택의 경제적 효과 보고서.

DIW Berlin(Deutsches Institut für Wirtschaftsforschung)-주거정책과 소득 불평등 관련 연구.

Wüstenrot Stiftung-사회주택 역사와 현황에 대한 정책 분석 자료.

Hans-Böckler-Stiftung-노동자 계층과 주거정책 관련 연구 보고서.

Häußermann, H., & Siebel, W. (2000). "Soziale Wohnraumförderung in Deutschland"-독일 사회주택의 역사와 구조 분석.

Kofner, S. (2014). "Social Housing in Germany"-국제 비교 시리즈(European Journal of Housing Policy).

Scanlon, K., Whitehead, C., & Arrigoitia, M. (2015). "Social Housing in Europe"-독일 장(章)에 상세한 내용.

OECD Affordable Housing Database-독일 사회주택 관련 지표.

EU Housing Europe Report(2019, 2021)-독일 포함 유럽 사회주택 제도 비교.

UN-Habitat(Housing Policies in Germany)-국제적 관점에서 본 독일 주거 보장 제도.

Wohnungsgemeinnützigkeitsgesetz(WGG, 1979)-원문(법령). (연방법률·개정본).

BM(연방 주택정책 안내)-WGG와 LPHA.

GBV(오스트리아 제한된 이익 주택 연합)-통계·보고서(GBV 발간 브로셔).

CIRIEC working paper/Koessl-'The system of limited-profit housing in Austria'(코스트렌트·회전기금·경제효과 분석).

WIFO 연구(요약본)-LPHA의 경제적 영향과 임대료 억제 효과 분석.

Housing2030/전문 포털-오스트리아 법·감독·감사 체계 요약.

주택건설채권·주택은행 관련 연구(코슬·Koessl 등)-금융수단(주택채권/HCCB)의 역할.

City Journal·Reason 등에서 빈·오스트리아 모델에 대한 회의적 시각(비용·지속 가능성 논쟁).

IIBW 보고서('The Austrian model of affordable housing')-구조·효과·정책적 함의.

Ley 12/2023, por el Derecho a la Vivienda(주거권법)-BOE(2023.05.25): 긴장지역, 인센티브형 저렴 주택, 대규모 임대인 등. comunidad. madrid.

RDL 7/2015(토지·도시재활용법)-통합본: 보호주택 토지 최소 30% 예약 원칙의 근거.

RD 42/2022(국가주택계획 2022-2025): 청년임대·저렴임대 보조·융자틀. 위키백과.

Banco de España(2024·2025 문서): 2024년 임대갱신 3% 상한, 2025년부터 INE 지수 연동 등 제도적 변화 설명.

역사법령: 1954 보호주택법·1968 시행규정(BOE). Boe, uria.com.

자치주 가이드(예시): 마드리드의 VPP 안내·유형, 안달루시아의 모듈·최고가격 표. comunidad.madrid, juntadeandalucia.es.

사회임대 재고·국제 비교: Housing Europe 2023, 로이터(스페인 1.5% 보도). Housing Europe, Reuters.

우선매수권(공공 선매): 보호 주택 매각·양수 시 행정 우선매수권 안내. tinsa.es.

도시 의무할당(바르셀로나 30%) 논쟁: 효과·집행·판결 등 최근 동향. El País, legaltoday.com, Idealista.

업계 비판(APCEspaña): 공급 위축·절차 간소화·인센티브 확대 요구. Idealista.

Community Land Trust Network(UK)-홈페이지 & 자료, 정책·보고서·모델규칙 (2021) 등.

State of the CLT Sector Report(2020)-활동현황·파이프라인 데이터.

Community Housing Fund(UK Govt)-평가/리뷰 자료.

CLTN의 CHF 영향 리뷰(2023-24) 및 정부 발표 자료.

The Community Land Trust Handbook(Carnegie UK Trust, 2016)-설립·운영·거버넌스·지원 실무 지침(핸드북).

Academic literature & 평가보고서.

"Urban Community Land Trusts as Opposition to the Slow Violence of Gentrification"(Read et al., 2025, Urban Planning)-런던 사례 등.

"Rethinking Communities, Land and Governance"(Doyle et al., 2023)-정책적·정치적 분석.

CAF(Charities Aid Foundation)/CLT funds review-금융·펀딩 사례 분석.

Practical lender/CDFI 사례·보고서(지역 금융 사례)-자금 조달 모델 참고.

Network for Public Health Law.

The Times, The Guardian 등 지역 사례·인터뷰(예: Hook Norton CLT 등).

의사소통 행위이론 1 : 행위 합리성과 사회 합리화,(위르겐 하버마스, 나남, 2006년).

의사소통 행위이론 2 : 기능주의적 이성 비판을 위하여,(위르겐 하버마스, 나남, 2006년).

감시와 처벌,(미셸 푸코, 번역 고광식, 다락원, 2009).

The Making of the English Working Class(Thompson, E.P. Vintage, 1966).

Housing Policy and Economic Power: The Political Economy of Owner Occupation, (Ball, Michael,Ball, Michael, Routledge, 1983).

Lin, G.C.S., Reproducing Spaces of Chinese Urbanisation: New City-based and Land-centred Urban Transformation, 2007.

Anarchy, State, and Utopia, (Robert Nozick, Basic Books, 2008).

Development as Freedom, (Amartya Sen, Oxford University Press, 2001).

유엔 인구부(World Urbanization Prospects, World Urbanization Prospects 2007/2018 등).

유엔 세계 인구 전망(World Population Prospects, 2019/2022 등).

PRB(인구 참고국 · Population Reference Bureau) · UNFPA 2007 보고서.

Justice Interruptus: Critical Reflections on the "Postsocialist" Condition, (Fraser, N. Routledge, 1996).

A Theory of Justice. Cambridge : Harvard University Press. Rawls, J. (1971).

헌법재판소, 「토지초과이득세 위헌 결정」, 1994; 「택지소유상한제 위헌 결정」, (1999).

공익개발론